마음을 여는 수업

인성교육 실천편

마음을 여는 수업

인성교육 실천편

백금자 · 이성원 · 조선미 · 김경선 · 윤병육 · 심상덕 지음

지필미디어

마음을 여는 수업 인성교육 실천편

발행일 : 2017년 3월 1일 초판 1쇄 발행
저자 : 백금자, 이성원, 조선미, 김경선, 윤병육, 심상덕
발행인 : 김성남
발행처 : (주)지필미디어

주소 : 10881 경기도 파주시 문발로 132 조에아울렛 402호
전화 : 031-957-4504
팩스 : 031-957-4503
이메일 : book@jiphil.co.kr
홈페이지 : www.jiphil.co.kr
등록번호 : 제 312-1997-000043호 (1997년 7월 16일)

ISBN : 979-11-86674-44-4 13370
편집 : 디자인 콤마
정가 : 15,000원

저자 서문

「마음을 여는 수업, 인성교육 실천편」을 통해 사랑과 행복이 넘쳐나는 교실을 소망하며

인성교육에 관한 교사들의 관심은 높아지고 있습니다. 실례로 최근 교사모임이나 연수에서 강사들이 다루는 강의 내용을 들여다보면 영역과 방식은 조금씩 다르지만 인성교육을 통한 사랑과 행복이 넘치는 교실에 대해 다루고 있습니다.

2014년 12월 국회에서 인성교육을 의무로 규정하는 법안이 통과되었습니다. 바로 인성교육진흥법입니다. 인성교육은 가정에서 그리고 학교에서 자연스럽게 이루어져야 하는 것인데, 얼마나 잘 되지 않으면 이렇게 법으로까지 정해야 하는 것인가 하는 의문이 듭니다.

이것은 현재 가정에서나 학교에서, 나아가 사회에서 발생하는 폭력문제나 왕따 문제, 부적응문제, 자살문제 등이 심각하다는 것을 반증하는 것이기도 합니다. 그런 점에서 인성교육은 단순한 수업 기술이나 방법을 넘어선 가치관 교육이고 실천적인 행동 철학이 되어야 한다고 생각합니다.

백금자 선생님은 인성교육을 고민하고 실천해 오신 분들께 '인성교육을 통한 사랑과 행복이 넘쳐나는 교실, 학생과 교사가 함께 성장하는 교실' 책을 공동 집필할 것을 제안했습니다. 왜냐하면 '친절한 금자쌤의 공감대화'라는 주제로 인터넷신문인 KNS 뉴스통신 칼럼을 꾸준히 집필했지만, 대화법에 대한 칼럼이다 보니 인성교육 전반을 다루는 것에 한계가 있었습니다. 또한 교실 상황이 모두 다르듯이 인성교육의 다양하고 구체적인 사례가 있는 인성교육 책이 필요할 것이라 생각했기 때문입니다.

공감대화를 통해 회복적생활교육을 실천해오신 백금자 선생님, 감정코칭으로 교사와 학생 간의 관계를 개선해 오신 김경선 선생님, 감정카드, 마음의 보석 가치카드를 통해 학생들과 소통하는 법을 추구해 오신 조선미 선생님, 또래관계를 위한 선생님의 지원방법을 고민해 오신 심상덕 선생님, 식물 가꾸기를 통한 생명존중 사상을 몸으로 익히게 하는 윤병육 선생님, 자연미술을 통해 자연에 말을 걸고 의미를 만드는 법을 안내해주시는 이성원 선생님이 함께했습니다.

이렇게 각자 다른 방법으로 소통하고 공감하는 교실을 만들어 오신 여섯 분의 선생님들이 모여 자료를 모으고 다듬어, 「마음을 여는 수업, 인성교육 실천편」이라는 주제로 한 권의 책으로 묶었습니다. '혼자 가면 빨리 가지만 함께 가면 멀리 간다.' 라는 아프리카 속담처럼 여섯 명의 저자는 「마음을 여는 수업, 인성교육 실천편」을 통해 대한민국의 교사들과 함께 손잡고 멀리 가기를 소망합니다.

또한 각자 다른 영역에서 인성교육을 고민해 오신 분들의 교실 속 이야기가 이 책을 읽는 교사들의 고민에 맞닿아 자신의 색깔에 잘 맞는 인성교육의 실천적 지침서가 되기를, 소통이 어려운 학생에게 가까이 다가갈 수 있는 대화 방법과 선생님과 학생과의 관계를 돈독히 하는 방법에 대한 안내서가 되기를, 그래서 사랑이 행복이 가득 넘쳐나는 교실이 되길 기원합니다.

아이들의 마음을 읽어주고 공감해주고 싶은 선생님들, 상처 입은 마음을 치유해주고 싶은 선생님들, 아이들이 자연과 더불어 살아가도록 애쓰시는 이 땅의 모든 선생님들께 이 책을 바칩니다.

2017년 2월

「마음을 여는 수업, 인성교육 실천편」 저자 일동

추천의 글

수업을 통하여 성장하려는 교사를 위한 책 「마음을 여는 수업, 인성교육 실천편」

「위대한 평민을 기르는 덴마크 자유교육」 책에 소개된 '니 렐레스콜레' 학교는 우리나라의 학교를 다시 생각해보게 한다. 이 학교의 학생들이 친구 및 어른, 누구와도 자유롭게 관계 맺고 두려움 없이 솔직하게 대할 수 있게 된다는 것에 무척 마음이 끌렸다. 무엇이 학생들을 그렇게 만들었을까? 어떻게 하여 이 학교는 재밌고, 서로 신뢰하고, 협동적이며 온정이 넘치는 공동체가 되었을까? 다양한 이유들이 있겠지만, 그중 하나는 학생이 원하는 것을 원하는 만큼 할 수 있도록 운영된다는 것이고, 또 하나는 비범한 교사에게 있다고 한다. '교사가 가진 자원과 재능을 아이들이 충분히 활용할 수 있도록' 교사들이 교육 방법을 만들어 가고 있는 것이다.

우리나라에서 교사는 학교를 운영하고, 학생들과 수업하고, 교사를 이끄는 등 다양한 역할을 하고 있다. 어떤 역할의 교사라도 갖추어야 할 덕목이 일반 사람에 비하여 많다고 생각한다. 왜냐하면 교사는 학생에게 다양한 길을 열어주어 행복한 삶을 찾아갈 수 있도록 도와주어야 하는 책무가 있기 때문이다.

학생이 이미 가정에서의 상황에 의하여 행복하지 않다면, 그 학생을 따뜻이 품어 변화하게 할 가능성을 가장 많이 가진 사람이 교사라고 본다. 가정의 상황이 달라질 수 있는 확률은 지극히 낮기 때문이다. 물론 가정의 건강한 변화를 위하여 국가의 정책이 개입되어야 하는 것은 분명하지만, 그 변화가 일어나고 학생이 행복해지는 기간은 헤아리기 어렵다. 그러므로 어느 시대라도 변화의 중심에는 교육, 즉 교사가 중요한 역할을 하는 사람들 중 하나일 것이다.

얼마 전, 젊은 교사가 가르치던 학생과 소송하기 직전의 상태까지 갔다는 이야기를 들었다. 교사도, 학생도, 학부모도 모두 힘든 시간을 보냈을 것이다. 이 사건의 상처는 오랫동안 남을 것이고, 서로에 대한 불신은 사회 불신의 한 단초가 될 것이다. 교사는 그 후 수업이 즐겁지 않을 수 있고, 그 수업의 학생들도 신나는 수업을 하기는 힘들 것이다. 요즈음 여러 통계들은 대한민국의 교사도, 학생도 행복하지 않다는 것을 보여주고 있다. 어디서부터 변화의 노력이 시작되어야 할까? 누가 엉킨 실타래의 실 하나를 살며시 당겨야 할까?

이 시대의 고민들을 가지고 6명의 교사가 모였다. 학교 현장에서 학생들과 오래 함께 한 경력을 가지고 있다. 이 교사들도 수업을 하며 때로는 답답했고, 힘들었고, 안타까웠고, 때로는 뿌듯했을 것이다. 이 경험을 통하여 찾아낸 최선의 수업 방법을 엉킨 실타래 앞에서 고민하고 있는 교사를 위하여 적었다. 오랫동안 현장에서 검증된 수업, 학생들이 긍정적으로 변하는 수업을「마음을 여는 수업, 부제: 인성교육 실천편」책으로 엮었다. 6종 각각의 수업에서 변화하는 학생들을 만나며 교사가 느꼈던 희열감이 생생하게 적혀있다. 그리고 그 수업 방법이 자세히 설명되어 있다.

이 책을 만나는 행운을 가진 교사는 우선 제시된 수업 방법대로 따라해 본 후 학생 및 학교의 특성에 맞추어 변화, 발전시키기를 권한다. 물론 실패의 쓴맛도 볼 수 있고, 책에 적힌 반응이 나오지 않을 수도 있다. 하지만, 여러 상황을 경험한 후 틀림없이 자신만의, 만족할만한 수업을 만들 수 있을 것이다. 싱그러운 미소를 짓는 학생, 자신의 이야기를 담담히 풀어놓는 학생을 만나게 되고, '누구와도 자유롭게 관계 맺고 두려움 없이 솔직하게 모든 사람들을 대하는' 학생으로 성장하는데 도움을 줄 것이다, 리 렐레 스콜레 학생들처럼.

2월의 끝자락, 쌀알만큼 흰색을 보여주고 있는 매화꽃봉오리를 만났다. 까치발을 들어 가까이 들여다보는 기대감… 이번 새학기에 많은 교사들이 행복해지기를, 매화 피기를 기대하는 마음보다 더 크게 기대해본다.

2017년 2월의 끝자락에,
고현희
공감대화 연구원 원장

저자 소개

백금자 • 서울 관악고등학교 수석교사

친절하고 꼼꼼하게 가르쳐주는 선생님으로 유명해 학생들로부터 '친절한 금자쌤'이라 불리고 있다. '친절한 금자쌤의 공감대화' 칼럼을 KNS뉴스통신에 연재하였으며, 공감대화를 통해 학생들과 소통하면서 학생들에게 도움을 주는 것을 기쁨과 보람으로 생각하고 있다. 2006년 제4대 명예지식인으로 선정되었으며, 2005년 즐거운 신문 만들기 공모에서 한국교육학술정보원장상 수상, 2006년 교수학습혁신 유공교원 부총리 겸 교육부장관상을 수상, 2013년 행복독서교육 유공교원 서울시교육감상 수상, 2016년 스승 존경문화 조성 유공교원으로 부총리 겸 교육부장관상을 수상하였다. 현재까지 「친절한 금자쌤의 논술카페」, 「3일 만에 끝내는 입학사정관제」, 「친절한 금자쌤의 토론 달인되기」, 「3일 만에 끝내는 학생부종합전형」, 「질문이 있는 교실 실천편」 총 5권의 단행본을 집필했다. 현재 서울 관악고등학교의 수석교사로 재직 중이다.

이성원 • 충남 서산고등학교 수석교사

20여 년 전부터 자연미술 야외 현장 작업을 꾸준히 해 오고 있으며 10여 년 전부터는 학생들과 자연미술 수업을 해오고 있다. 특별히 가르친 것도 없는데 기발한 발상으로 작품을 해내는 아이들을 보며 자연이 주는 예술적 영감의 위대함을 깨닫고 있다. 그동안 여러 차례 교사 연수, 대학, 대학원 등에서 자연미술을 소개하는 강의를 했으며 학생들이나 일반인에게, 바람직한 인성과 창의성을 길러 주는 자연미술을 알리기 위해 지속적으로 노력하고 있다. 6회의 개인전과 200여 회의 국내외 단체전에 참가했으며 「자연미술이 뭐지?」라는 책을 냈다. 현재 서산고등학교 수석교사로 재직 중이다.

조선미 • 전남 여수부영초등학교 수석교사

서로의 마음을 존중할 수 있게 효과적으로 사용할 수 있는 "마음을 열어주는 감정카드", "내 마음의 보석, 가치카드"를 개발하였다. 「마음의 힘을 기르는 감성수업」, 「토닥토닥 토론해요」, 「꿈 숲을 향한 첫 걸음, 진로」 등을 공동 집필하였고 사제동행 원격연수원에서 감성나누기 행복더하기 직무연수와 서울을 비롯한 부산, 대구, 광주 등에서 마음의 힘을 기르는 감성수업에 대한 강의를 하고 있다. 전국에 있는 초중고특수 선생님들 600여 명과 함께 한국감성수업연구회를 만들어 꾸준히 연구 활동을 하고 있으며 현재 여수부영초등학교 수석교사로 재직 중이다.

김경선 • 서울 서초중학교 수석교사

오랜 시간 동안 학생들의 진로를 고민하고 마음을 읽어주는 교사가 되고자 여기저기 기웃거렸다. 감정코칭을 만나 공부하면서 교사의 감정조율이 얼마나 중요한지 알게 되었으며 교사가 행복해야 인성교육이 잘 이루어질 수 있다는 것을 피부로 느끼게 되었다. 서울교육청 교원감정코칭 자료 개발 및 강사 활동을 통해 아이들 혹은 학부모들로부터 상처 입은 교사들을 도와 마음의 근육을 키우도록 돕는 활동을 해왔다. 교육부 인성교육수업을 위한 기본인성덕목 교수학습자료를 개발하여 전국의 교사들의 인성교육에 대한 이해를 돕는데 참여하였다.

현장에서 좌충우돌 중 1, 2학년 학생들과 감정의 홍수에 빠지기도 하지만 감정코칭을 통해 아이들이 건강한 어른으로 성장할 수 있도록 조력자로서 최선을 다하고 있다. 현재 도덕과 수석교사로서 서울 서초중학교에서 매일이 행복한 교사가 되고자 최선을 다하고 있다.

윤병육 • 서울 창일중학교 수석교사

교실에 앉아서 듣기만 하는 수업에서 벗어나 정원이나 텃밭, 인근 공원에 이르기까지 활동 공간을 넓혀서 학생이 주도하는 수업을 구현하고자 힘쓰고 있다. 서울 창일중학교의 수석 교사로 재직 중이며, 2007년부터 영재반 학생의 인성교육을 위한 '영재 리더십' 교육을 실시해오고 있다. 서울시교육청 공모 〈자유학기 선택교과 운영 프로그램 개발팀〉, 〈융합교육(STEAM) 수업자료 개발팀〉, 〈TOCfE 수업모형 개발팀〉 등의 활동으로 학생 참여형 수업모형 개발에 힘써 왔다.

심상덕 | 전 서울 선린초등학교 교장

한국교원대학교 대학원에서 수업방법론을 연구하고 서울교육대학교 대학원에서 초등윤리교육을 전공하였으며 또래놀이, 독서교육, 협력학습, 상담을 통한 인성교육 방법, 부모와 자녀의 긍정적인 관계형성, 자녀의 자기주도학습 지도방법 등을 연구하고 있다. 서울특별시학부모지원센터 인성 분야 강사로서 2년 동안 활동하였으며 현재는 인성교육과 중간놀이 보급을 위해서 학교방문 강의를 하고 있다.

교장으로 재직하였을 때, 학생들이 친구들과 자유롭게 놀 수 있도록 '또래놀이'를 매일 30분씩 운영하였고, 이를 다른 학교에 보급하고자 노력하였다. 창의·인성교육 활성화를 위하여 '아이들 미래를 여는 창의·인성교육, 이제는 문제없다!' '수업에 바로 적용할 수 있는 하이터치 인성교육', '소통과 공감의 흡연예방 및 금연교육' 주제로 교원원격직무연수를 기획하여 현재 원격연수직무연수 기관에서 교사 대상 연수를 진행하고 있다. 2016년 서울특별시 어린이도서관에서 주관하는 '어린이와 독서 제37집에 '창의·인성 독서로 알파고 시대를 선도하자'라는 글을 통하여 독서교육을 통한 인성교육 방안을 제시하였다.

차례

PART 2 속삭이는 자연 끄덕이는 미술 — 자연미술 수업을 통한 인성교육

이성원 | 충남 서산고등학교 수석교사

PART 3 마음을 열어주는 감정카드와 내 마음의 보석, 가치카드

조선미 | 전남 여수부영초등학교 수석교사

PART 4 인성 교육의 디딤돌, 감정코칭

김경선 | 서울 서초중학교 수석교사

PART 5 생명이 살아 숨 쉬는 교실, 공감이 싹트는 아이들

윤병육 | 서울 창일중학교 수석교사

PART 6 긴밀한 또래관계 형성을 위한 지원 방법을 고민하다

심상덕 | 전 서울 선린초등학교 교장

PART

1

공감대화를 통한 회복적 생활교육

백금자 | 서울 관악고등학교 수석교사

“날 존중해 주세요.” 어떻게 표현해야 할까?

‘평가가 들어가지 않은 관찰을 하는 것이 인간 지성의 최고 형태이다.’

크리슈나무르티가 한 말이다. 평가하고 판단하는 대신에 자신이 관찰한 것을 바탕으로 느낌만 말하는 것이 공감대화이다. 공감대화는 그 상황에서의 느낌을 바탕으로 자신이 바라는 것을 질문의 형태로 전달하는 것이다.

자신이 알아차린 느낌이 내면의 어떤 바람과 연결되는지 파악하고, 자신의 삶을 더 풍요롭게 하기 위하여 다른 사람이 해 주길 바라는 것을 표현하는 것이다. 이때 자신의 바람을 부탁할 때에는 질문의 형태로 하는 것이 좋다. 긍정의 언어를 사용하여 질문형으로 하는 것이다. 예를 들어, 교실에서 학생이 떠들면서 수업에 집중하지 않고 있다고 가정해 보자. 이때,

길동아, 떠들지 마.

라고 말하는 것은 공감대화법에 맞지 않는다.

길동아, 조용히 해주겠니?

또는

길동아, 조용히 해주면 선생님이 설명하는데
도움이 되겠는데. 어때?

라고 바꾸어서 말하는 것이 공감대화이다. 그리고 명확하고 구체적인 행동을 부탁해야 한다.

날 존중해주세요.

라고 하지 말고,

제게 말할 때는 존댓말을 사용해 주세요.

또는

저에게 말할 때 존댓말을 해주시면 마음을 여는데
도움이 될 거예요. 부탁드려도 될까요?

이렇게 말하는 것이 공감대화이다.

반면, 소통을 방해하는 대화로는 어떤 것이 있을까? 도덕주의적 비판을 들 수 있다. 예를 들면,

그 애는 너무 게을러서 책상 위도 정리를 못해.

이다. 게으르다는 말은 도덕주의적 비판이다. 또 소통을 방해하는 것으로는 비교하기가 있다.

철수는 이렇게 하는데 너는 왜 그러니?

도덕주의적인 비판이나 다른 사람과 비교해서 말하게 되면 상대방은 불쾌감을 갖게 된다. 우리는 누구나 존재 자체로 존중받고 사랑받고 싶어 한다. 그렇기 때문에 도덕주의적 잣대로 비판을 받거나 다른 대상과 비교를 당하게 되면 불쾌함을 느끼며 마음을 닫아버리게 된다.

치유의 힘을 갖고 있는 공감대화

공감(共感)은 '남의 감정, 의견, 주장 따위에 대하여 자기도 그렇다고 느낌. 또는 그렇게 느끼는 기분'이라고 표준국어대사전에 나온다. 공감이란 다른 사람이 경험하고 있는 것을 존중하는 마음으로 이해하는 것이다. 공감대화란 우리를 서로에게 이끌어 주는 소통방법이라고 할 수 있다.

공감대화는 분석이나 비판, 비교가 아닌 타인의 욕구에 귀기울임으로써 새로운 측면으로 타인을 보게 되어 효과적인 변화를 일으킬 수 있다. 따라서 공감은 치유의 힘을 갖고 있으며, 자신의 여린 면을 내보이게 할 수 있는 능력을 갖고 있다. 또한 '아니오'라는 상대의 부정의 말을 들었거나 거절의 말을 들었을 때에도, 거기에 공감함으로써 상대방의 바람을 알게 되면 상대의 말을 개인적으로 수용하지 않을 수도 있는 힘이 생기게 된다. 그리고 침묵 뒤에 숨겨진 느낌과 바람에 귀를 기울임으로써 공감할 수도 있다.

공감대화를 궁극적으로 우리가 자신을 대하는 방법에 적용함으로써 자신을 성장시키고 행복한 삶을 가꿀 수 있게 한다. 쉽지는 않지만 이를 위한 노력과 관심에 비례하여 자신의 삶의 질은 향상될 것이라고 확신한다. 쉽게 판단하고 비판하려고 할 때마다, 다시 생각하고 다시 선택을 하면 된다. 특히, 과거와 연결지어서 '언제나, 결코, 절대로, ~할 때마다, ~한 적이 있다, 번번히, 좀처럼' 등의 단어를 사용하지 말고 현재, 지금 이 순간의 상황에 대한 자신의 느낌을 말해 보자.

수업시간에 교사와 학생의 소통에서 음성언어가 차지하는 비중은 얼마나 될까? 언어학자의 연구결과에 의하면, 우리가 의사소통을 할 때, 언어가 차지하는 비중은 7% 정도라고 한다. 억양이나 목소리의 크기, 빠르기 등의 비언어는 38%, 표정이나 눈맞춤,

몸짓 등의 반언어가 차지하는 비중은 55%라고 한다.

학생과 소통하면서 즐겁고 행복한 교실을 만들려면 먼저 학생 한 명 한 명을 쳐다보면서 관심을 갖는 것부터 시작해야 한다. 관심과 사랑은 관계회복의 출발점이다. 관심을 갖게 되고 사랑을 하게 되면 억양이나 목소리, 몸짓, 표정이 달라지게 된다. 또한 전에는 보이지 않던 것도 보이게 된다. 이때 학생은 교사에게 존중받고 사랑받는다는 느낌을 갖게 되며 공감대화는 더욱 빛을 발하게 된다.

수업시간에 학생들과 대화할 때 공감대화를 하면 학생들과 소통이 원활해지고 화를 낼 일이 줄어든다. 우리가 교실에서 매일 쓰는 언어의 방식을 바꾼다면 우리 안에 잠재해 있는 긍정적인 면이 밖으로 나타나기 때문에 훨씬 소통이 잘 될 뿐만 아니라 더욱 평화롭고 따뜻한 관계를 유지할 수 있다.

'상황, 느낌, 바람, 부탁(상.느.바.부)' 4단계 '공감대화'

학생의 잘못된 행동을 변화시키기 위해 최근에는 비난과 처벌의 방식이 아닌 조정과 화해의 방식으로 문제를 해결하려고 하는 것이 대세이다. 이 해결방식을 '회복적 정의'라고 하고 학교에서 실천하는 접근방식을 회복적 생활교육이라 한다. 이 방법은 학교문화를 평화적으로 변화시킬 수 있는 새로운 생활교육 패러다임으로 평화·용서·화해에 초점을 두고 학교폭력으로 인해 발생한 갈등을 단순히 해결하는 차원을 넘어 학교의 문화를 평화적으로 정착시키는 데 큰 효과를 거두고 있다. 회복적 생활교육을 하는 데 있어서 자신의 느낌을 솔직하게 표현하며 상대의 말에 귀 기울여 듣고, 상대의 느낌을 알

아채고 공감해주는 공감대화법이 교사나 학생 모두에게 아주 필요하다.

공감대화는 크게 다음의 네 단계로 말하는 것이다. 상황, 느낌, 바람, 부탁(상.느.바.부)이 그것이다. 하지만 상황에 따라 네 단계는 두 단계나 한 단계로 생략되기도 한다. 공감대화로 말을 할 때에는 '나' 입장에서 말하기와 '너' 입장에서 말하기가 있다.

'상황, 느낌, 바람, 부탁(상.느.바.부)' 4단계 '공감대화'

첫째, 상황 — 지금 저는 이러한 상황에 있어요. (지금 당신은 이러한 상황에 있군요.)

둘째, 느낌 — 그래서 지금 이러한 느낌을 갖고 있어요. (그래서 지금 이렇게 느끼고 계시군요.)

셋째, 바람 — 이렇게 되었으면 좋겠어요. (이렇게 되면 좋겠죠?)

넷째, 부탁 — 이렇게 해주실 수 있나요? 또는 해주실래요?
(이렇게 해 드릴까요?) (반드시 긍정문으로 해야 한다.)

상황이란, 어떤 상황에서 실제로 일어나고 있는 것을 지극히 객관적으로 관찰하는 것으로서 평가하지 않고 구체적으로 표현하는 것이다. 그리고 그 행동을 보았을 때 어떻게 느끼는가를 표현하는 것이 느낌이다. 느낌은 솔직하게, 구체적 어휘로 세밀하고 풍부하게 표현하고 생각이나 해석과 구분해야 한다.

그리고 자신이 알아차린 느낌이 내면의 어떤 바람과 연결되는지를 표현한다. 이때 자신의 바람을 부탁할 때에는 반드시 질문의 형태로 해야 한다. 긍정의 언어를 사용하여 질문형으로 하는 것이다.

예를 들어, 등교시간에 자주 늦게 오는 학생이 있는데, 오늘 아침에도 아침조회를 하고 있는데 교실에 늦게 들어와서는 가방을 책상 위에 큰소리가 나게 올려놓았다고 가정해 보자. 이때, 교사 입장에서 공감대화를 할 수도 있고 학생 입장에서 공감대화를 할 수도 있다. 학생이 감동하는 경우에는 학생의 입장에서 공감대화를 하는 것이다.

교사 입장에서 비난하거나 비판하지 않고 자신의 바람을 솔직하게 표현하는 공감대화를 한다면 다음과 같이 말할 수 있다.

> 조회시간에 늦게 들어오면서 가방을 큰소리가 나게 올려놓는 것을 보니 **(상황)**
> 길동이가 걱정된다. **(느낌)** 왜 늦게 교실에 들어왔는지 알고 싶은데 **(바람)**
> 이야기해 줄래? **(부탁)**

학생을 비난하거나 비판하지 않고 학생의 마음과 느낌을 대신 말해주는 학생 입장에서 말하는 공감대화를 한다면 다음과 같이 말할 수 있다. 즉, 교사 입장이 아닌 학생 입장에서의 공감대화를 해 본다면 이렇게 표현할 수 있다.

조회시간에 늦게 들어오면서 가방을 큰소리가 나게 올려놓는 것을 보니 (상황) 길동이가 화가 많이 났구나? (느낌) 오늘은 일찍 오려고 했었는데 늦잠을 잤나 보구나 (바람) 길동아, 내일부터는 5분만 일찍 일어나면 어떨까? (부탁)

공감대화는 앞에서 언급한 네 가지 요소로 말하고 듣는 것이다. 물론 때로는 상황은 생략하고 바람과 부탁만 말할 수도 있다. 말할 때에는 솔직하고 구체적으로 표현해야 한다. 이때 부탁을 질문형으로 하는 것은 일명 '공 던지기'라고 비유한다.

예를 들어

길동아, 내일부터는 5분만 일찍 일어나면 어떨까?

이렇게 선생님이 질문한다면 길동이는 분명히

예, 선생님, 내일은 진짜 일찍 일어날게요.

이런 대답을 할 것이다. 사람들은 대부분 자신이 직접 말한 것은 지키려고 노력한다고 한다. 이렇게 학생 스스로가 깨닫고 변화된다는 것을 믿고 기다려준다면 분명 길동이는 달라질 것이다. 공감으로 듣는다는 것은 타인의 경험을 존중하는 마음으로 이해하는 것이다. 잘못을 저지른 학생들을 훈계할 때 꾸중이나 체벌은 일시적이고 생명이 짧다. 공감대화를 통해 '내 말에 귀 기울여 주시고 나를 진심으로 믿어주시는 우리 선생님, 선생님이 나를 진정으로 사랑하는구나.' 이렇게 느낀다면 그 학생은 분명 변화될 것이다.

판단하는 대신 느낌을 표현하기

어떤 사람이 나를 판단하지 않고, 나를 책임지려 하거나 나에게 영향을 미치려 하지 않으면서 내 말을 진지하게 귀 기울여 들어줄 때는 정말 기분이 좋다. 누군가 내 이야기를 듣고 나를 이해해주면, 나는 새로운 눈으로 세상을 다시 보게 되어 앞으로 나아갈 수 있다.

— Carl Rogers

미국의 심리학자 칼 로저스의 말이다. 이처럼 공감이란 다른 사람이 경험하고 있는 것을 존중하는 마음으로 이해하는 것이다. 공감대화는 판단하거나 해석하는 대신에 '느낌'을 표현하는 것이다. 우리 사회는 느낌을 말하거나, 느낌을 물어보지 않는 사회이다. 오히려 느낌을 이야기하면, '굳이 자신의 느낌을 왜 말하는거야?' 하는 이상한 눈초리를 받기도 한다. 그래서 대화를 나누다가 느낌이 무엇인지 물어보면 '그저 그래…', '몰라…', '글쎄…' 등의 모호한 표현으로 얼버무리는 경우를 보게 된다.

혹은 자신의 생각을 말하면서 느낌이라고 하는 경우도 많다. 예를 들면 '교실 바닥에 쓰레기가 떨어져 있는 것은 잘못되었다고 느껴.' 이렇게 말하는 경우 이것은 느낌이 아니다. '잘못되었다'는 것은 생각이지 느낌이 아니다. 느낌을 넣어서 표현해 보면, '교실 바닥에 휴지가 떨어져 있는 것을 보면 화가 나거든.'이라고 할 수 있다.

어떤 사람은 자신의 느낌을 세밀하게 알아차리기도 한다. 하지만 대부분의 사람들은 좋다, 싫다, 기쁘다, 슬프다, 괜찮다, 즐겁다, 힘들다 등의 몇 가지로만 표현한다. 어떤 상황에서 한 가지 느낌만 생기지는 않는다. 여러 가지 복합적인 느낌이 올라오는 경우가 대부분이다. 자신에게서 생기는 느낌을 찬찬히 들여다보고, 느낌을 정확히 알아차린 후 어떻게 느낀다고 말하는 것이 공감대화에서 가장 중요한 항목이다.

느낌을 말하는 것이 가장 중요한 이유는 모든 것이 상대 때문이 아니고, 나로부터 일어나는 것을 인식하게 해주기 때문이다. 또, 느낌을 말해야 관계가 꼬이거나, 불투명해지지 않고 소통이 잘되기 때문이다.

느낌을 말할 때는 첫째, 모호하고 추상적인 표현보다는 구체적이고 세밀하게 표현해야 한다. 다양한 느낌 표현 단어를 적어보고, 말해보는 것이 도움이 된다. 예를 들면, '기분이 아주 좋다'라는 표현보다는 '뛸 듯이 기쁘다'라는 표현이 더 삶을 풍요롭게 할 것이며, '기분 안 좋아 보이네' 보다 '기운 없고 풀이 죽어 보이네'라는 표현이 바로 그것이다.

둘째, 오해받았다거나, 모욕당했다거나, 무시당했다는 피동의 느낌은 사용하지 않는 것이 바람직하다. 이 단어들은 내 느낌이 상대에게서 나왔다고 표현하는 것이다. 그러나 상대는 오해하지 않았을 수 있고, 모욕하지 않았을 수도 있기 때문이다. 느낌은 내가 만든 것이다. 상대 때문에 나온 것이 결코 아니고, 내가 어떤 사건이나 사람에 대해 내가 느낀 것이기에 나에게 책임이 있다. 상대가 나를 오해하거나 모욕하거나 무시하고 있다고 느낄 때, 다른 선택을 한다면 훨씬 더 평화롭고 행복해진다. 이 느낌을 선택하는 대신, 다른 선택을 할 수 있기 때문이다.

긍정이나 부정의 느낌을 나타내는 단어로는 다음과 같은 것들이 있다.

'용기나는, 편안한, 두려운, 걱정스러운, 어색한, 안심이 되는, 불편한, 다정한, 평화로운, 후련한, 신나는, 혼란스러운, 답답한, 궁금한, 무안한, 불안한, 마음이 아픈, 초조한, 든든한, 실망한, 경이로운, 난감한, 억울한, 괴로운, 감사한, 상쾌한, 활기 넘치는, 기쁜, 행복한, 뿌듯한'

이러한 단어들을 사용해서 자신의 느낌을 표현하면 먼저 자신이 바뀌게 한다. 그리고 주위 사람을 전염시켜 주위 사람들을 행복하게 평화롭게 만든다. 나아가 어두운 사회를 밝은 사회로 바뀌게 하는 힘을 발휘한다. 특히 교사가 풍부한 느낌을 표현하는 공감대화법을 사용하면 학생들의 인성도 좋아지고 교사와 학생들의 관계도 좋아질 것이다.

느낌을 읽어주고 명확하고 구체적으로 표현하기

나의 느낌의 근원은 바람이다. 다른 사람을 비판하고, 비난하고, 분석하고, 해석하는 것은 자신의 바람을 돌려서 표현하는 것이다. 그런데 비판, 비난, 분석, 해석하는 말하기는 상대와의 소통을 방해하는 말하기이다. '나는 무엇을 느끼는가, 나는 무엇을 바라는가, 삶을 풍요롭게 하기 위해 나는 상대방에게 무엇을 부탁해야 하는가'를 생각하면서 대화를 한다면 훨씬 더 소통이 잘 될 것이다. 어떤 사람이 '넌 나를 한번도 이해한 적이 없어!"라고 했다면, 실제로 '그는 이해받기를 바라는 자신의 바람이 충족되고 있지 않다'는 말을 하고 있는 것이다.

바람이 충족되었을 때의 느낌말로는 어떤 것이 있을까?

'가벼운, 고마운, 기쁜, 든든한, 뭉클한, 뿌듯한, 생기가 도는, 신나는, 안심한, 자랑스러운, 즐거운, 충만한, 편안한, 평온한, 평화로운, 홀가분한, 흐뭇한, 흥미로운, 희망에 찬, 힘이 솟는' 등등.

이런 단어들은 자신의 바람이 충족되었을 때 쓸 수 있는 말들이다. 반대로 바람이 충족되지 않았을 때의 느낌말로는 다음과 같은 것들이 있다.

'걱정되는, 괴로운, 꺼림칙한, 낙담한, 난처한, 답답한, 당혹스러운, 당황한, 두려운, 불편한, 슬픈, 실망스러운, 아쉬운, 외로운, 우울한, 절망적인, 조바심나는, 지루한, 짜증나는, 혼란스러운, 화나는' 등등

어느 날 수업시간에 있었던 일이다. 열심히 설명을 하고 있는데, 한 학생이 따지는 듯한 말투로 나의 설명에 대해 이해가 안 된다고 얘기를 했다. 그래서 나는 칠판에 필기를 하면서 구체적으로 설명을 하고 하는데, 그 학생이 또 따지듯이 질문을 했다. 순간 당황한 나는

지금 설명을 하고 있잖아. 끝까지 설명을 듣고 말하렴.

이렇게 다소 격앙이 된 말투로 그 학생에게 말을 했다. 그랬더니 그 학생은

아니 평소에 하브루타를 강조하시면서 왜 지금은 못하게 하세요? 불친절하시네요.

이 말을 들은 나는 일단 나의 감정을 살폈다. 나는 학생의 질문하는 태도에 기분이 상했던 것이다. 학생이 나에게 말을 할 때는 예의를 갖추어서 해 주었으면 좋겠다는 나의 바람이 충족이 안 되었다고 느꼈다. 그리고 이 바람이 충족이 안 되어서 말이 좀 거칠게 나갔다는 것을 알게 되었다. 그리고 그 학생의 감정을 생각하며 공감대화를 했다.

학생이 느끼는 감정을 직접 말로 표현해주어서 학생이 객관적으로 자신을 볼 수 있는 기회를 준 것이다. 그리고 학생이 화가 난 원인은 교사에게 있는 것이 아니고 바로 자기자신에게 있음을 스스로 깨닫는다면 그 학생의 태도는 달라진다는 것을 믿기 때문이다. 같은 상황에서도 어떤 학생은 화를 낼 수도 있고 어떤 학생은 전혀 화가 나지 않을 수도 있다는 것은 화가 나는 원인은 나 자신에게 있다는 것을 알려준다.

길동아, 선생님이 불친절하게 말하는 것처럼 느껴져서 화났니?

네.

설명을 하려고 하는데 중간에 따지듯이 말하는 길동이를 보고
당황해서 그랬던 것 같다. 불친절하게 느꼈다면 미안하다.

나의 이 말에 길동이는 조금 전보다 약간 부드럽게,

네.

라고 했다.

이렇게 일단 상황은 자연스럽게 지나갔고, 나는 이어서 설명을 할 수 있었다. 이때 만일 내가 그 학생에게 '너는 학생이 왜 그렇게 예의가 없니?'라고 비난, 판단, 평가를 했다면 아마 상황이 더욱 악화가 되었을 것이다.

그리고 수업이 끝난 후, 길동이를 불러 잠시 얘기를 나누었다.

길동아, 아까 네가 따지듯이 말할 때 선생님은 무척 당황했었단다.

선생님, 죄송해요. 제가 흥분하면 말투가 그래요. 고치려고 노력하고 있는 중이예요.

그렇구나. 고치려고 노력하고 있다니 기쁘구나.

선생님, 이해해 주셔서 감사합니다.

공감대화는 상대의 말을 이해하려는 의도를 가지고 경청해야 한다. 내가 먼저 상대방을 이해하려고 노력해야 한다. 다른 사람의 관점을 통해서 사물을 보다 보면, 그들

이 느끼는 감정과 바람도 이해할 수 있다. 상대의 감정에 공감해주었을 때, 상대방은 자신을 있는 그대로 인정받았다는 느낌을 받고 감동을 하게 된다. 따라서 공감대화는 공감적 듣기라고 할 수 있다. 공감으로 듣는다는 것은 타인의 경험을 존중하는 마음으로 이해하는 것이다.

비난, 판단, 비교하지 않고 현재 있는 그대로 보기

작년부터 '팀플[1]'이라는 어플을 활용하여 거꾸로 교실, 질문이 있는 교실수업을 해오고 있다. 강의동영상을 만들어 '팀플'에 올리고 학생들에게 질문을 2개씩 올리는 과제를 내주고 있다.

얼마 전, 수업에 들어가니 어떤 질문이 올라왔는지 학생들이 모두 궁금하다고 해서 '팀플'에 올린 질문을 확인하였다. 첫 번째로 올라온 질문을 확인하는 순간 꺽정이라는 친구가 큰 소리로 말했다.

야, 저게 뭐야? 저걸 질문이라고 했냐?

이 말을 듣는 순간, 나는 너무 당황했다.

"폭력은 언제나 반대되는 폭력을 불러일으키는 것이다."

J. R. 사르트르가 한 말을 인용하여 비난의 말을 못하도록 학기 초부터 강조해 왔었다. 친구의 말에 비난보다는 칭찬, 격려를 해 주자고 누누이 말해 왔다. 더군다나 이렇게 말한 친구는 그 반의 회장이다.

잠깐 당황했던 나는 이 순간 공감대화를 해야 한다고 생각하고 이렇게 말했다.

꺽정아, 길동이의 질문을 보고, 비난보다는 네 느낌을 말해보렴.
그리고 그 느낌은 어떤 바람에서 온 것인지 생각해 보렴.

꺽정이는 내 말을 듣고 잠시 생각하더니,

길동이가 좀 더 수준 높은 질문을 하기를 바라는 마음이 컸어요.
그래서 저 질문을 본 순간 아쉬운 느낌이 들었어요.

그래, 앞으로는 비난을 하려고 할 때는 잠깐 멈추고 자신의 느낌을 살펴보렴.
그리고 그 느낌은 어떤 바람에서 나온 것인지 생각해보고 자신의 느낌을 말하렴.

---

1) '팀플(www.timplus.co.kr)'은 팀기반 학습(TBL) 또는 프로젝트기반 학습(PBL)의 장점을 잘 살릴 수 있도록 개발된 앱으로서, 질문이 있는 거꾸로 교실에 유용한 교육용 어플이며 무료이다.

네.

그런데 놀라운 변화가 일어났다. 수업 중간에 또 어떤 학생이 집중을 못하고 딴 짓을 하자, 옆에 있던 학생이 비난을 했다. 그런데 이 비난의 소리를 듣고 있던 다른 학생들이 이구동성으로

비난하지 말고, 느낌을 말하라고.

를 외치는 것이 아닌가!

나는 이 놀라운 변화를 보면서 감동했다. 내가 가르치는 아이들은 고등학교 2학년 학생들이다. 역시 아이들은 순수했다. 나의 의도를 금방 알아차리고 변화하는 모습을 보면서 정말 기뻤다. 수레는 바퀴를 따르듯이 선생님이 하는 대로 학생들이 그대로 따라 간다는 것을 다시 한 번 확인하는 순간이었다.

공감대화는 비난하지 않고, 판단하지 않고, 또 비교하지 않고 현재 있는 그대로 보는 데에서 시작된다. 왜냐하면 비난, 판단, 비교는 항상 과거에 의존하며 과거의 경험이 판단의 기초가 되기 때문이다. 상대를 판단하지 않으려면 자신이 상대에 대해 가지고 있는 과거의 편견이나 선입견들을 제거하여야 한다. 이 편견이나 선입견이 사라지면 상대가 현재 있는 그대로 보일 것이다. 바로 이 순간이 사람들과 소통할 수 있는 준비가 된 순간이다. 공감대화로 언어가 살아나는 거룩한 순간을 경험해보자.

'공감' 어렵다고요? "앵무새가 되어 보세요."

오늘 등교하는데 마을버스에 사람이 너무 많아서
숨쉬기도 힘들었어요. 가방도 놓치는 줄 알았어요.

라는 말을 학생한테 들었을 때 어떻게 답해야 할까? 다른 사람의 말을 듣고는 어떻게 답해야 할지 모를 때에는 앵무새되기를 하는 것이 좋다. '앵무새되기'란 상대의 말을 그대로 반복하되 질문의 형식으로 말하는 것이다.

마을버스에 사람이 너무 많아 숨쉬기도 힘들었구나.

혹은

가방을 놓칠 뻔했구나.

라고 하면 '앵무새되기'를 잘한 것이다. 이 대답에 그 학생의 느낌을 말해주면 더 만족스러운 공감대화가 된다.

더 나은 공감대화는

마을버스에 사람이 너무 많아 등교하기 힘들었구나.

혹은,

가방 안 놓치려고 힘 좀 썼군. 가방 놓치지 않아 감사했겠네.

이렇게 답을 하면 더 많은 대화가 오고 갈 것이다. 그런 다음에 질문을 던져 보자.

오늘 눈이 많이 와서 그런가?

좀 일찍 나오면 사람들이 적을 것 같은데?

라고 질문하는 것이다. 공감대화는 '질문'에서부터 시작된다.

질문은 상대의 머리를 움직이게 한다. 그리고 대화를 풍요롭게 한다. 특히 아이들은 질문을 받으면 어른이 상상하기 어려운, 기발한 대답을 하곤 한다. 그래서 질문을 많이 받으며 자란 아이들은 좋은 인성이 길러진다고 한다. 그러나 우리나라의 부모와 교사들은 아이들에게 명령과 지시를 주로 한다.

그러나 유대인 어머니들은 학교에서 돌아오는 자녀에게 이렇게 묻는다고 한다.

"오늘은 선생님께 무엇을 질문하였니?"

질문을 받아본 적도, 질문을 해 본 적도 별로 없는 아이들에게 '어떻게 질문을 잘하게 할 것인가?' 필자는 이 문제에 대해 고민을 많이 해 왔다. 지금도 질문이 있는 교실을 만들기 위해 노력을 많이 하고 있는데, 질문을 통해 아이들의 바른 인성이 길러진다고 생각하기 때문이다.

질문 있는 교실을 위해서는 교사는 어떠한 질문이 나오더라도 허용하고 이해하는 교실 분위기를 조성해야 하며, 어떠한 질문에도 허용적이고 관대한 열린 마음과 열린 귀를 가져야 한다. 이러한 교실 문화가 정착된다면 왕따나 학교폭력 등의 문제도 자연스럽게 해결이 될 수 있을 것이다.

질문이 있는 교실을 만들기 위해 교사는 가장 먼저 아이들에게 질문을 던지고, 답을 들으려고 해야 한다. 그리고 앵무새가 되어 반복하여 주고, 다시 질문을 던지도록 하자. 아이들이 질문하면 성실히 대답하고, 모르는 경우 솔직히 '잘 모르는 것을 물어보니 답하기 어려운 걸, 우리 같이 찾아볼까?'라고 하며 같이 성장하려는 교사의 태도가 무엇보다 중요하다. 교사의 이런 모습에서 아이들은 자연스럽게 공감대화를 배우게 되며 습관으로 형성이 될 것이다.

집중해서 상대의 말을 들으면, 내 느낌이 어떤지, 상대 느낌이 어떤지, 상대가 무엇을 원하는지를 알 수 있다. 그것을 질문으로 말하면 공이 다시 내게 넘어온다. 만일 상대의 느낌과 원하는 것을 알기 어려울 때는 '앵무새되기'를 하면 된다. '앵무새되기'란 상대의 말을 그대로 반복하되 질문의 형식으로 말하는 것이다.

학교 쓰레기분리수거장 근처에 있는 유리창이 깨졌는데 유리파편들을 제대로 치우지를 않아서 위험한 상황이 생겼다고 가정해보자. 학생이 교사에게 와서 이런 상황에 대해 걱정을 하면서 얘기했을 때, 교사가 학생에게 하는 대답을 4가지로 구분하면 표와 같다.

	내 상태를 말하는 것	상대의 상태를 말하는 것
느낌과 바람을 말하는 것	그 유리파편들 때문에 다칠까봐 걱정되네. 학생들이 안전하게 다닐 수 있도록 빨리 치워야겠다.	그 유리파편들 때문에 다니는데 불편했구나?
비판하고 평가하는 것	내가 아까 그쪽에 갔었는데 못 보았네. 나는 뭘 꼼꼼히 못보고 다닌다니까.	너는 왜 그런 것들에 신경을 쓰니? 행정실 주무관님이 알아서 치워주실거야.

내가 하는 말이 비판과 평가라는 것을 인식하면, 다시 그 말을 하게 될 때 멈출 수 있다. 설사 그 동안의 습관이 강하여 멈추지 못하고 해버리더라도, 후회하게 된다. '이게 아닌데…'라고 후회하는 것이 내 말버릇을 바꾸는 첫걸음이다.

교사가

그 물건 때문에 다니는데 불편했구나?

라고 공을 받아 넘기면, 학생은 수많은 생각들을 정리하여 다시 대답할 것이다.

네, 저도 불편했지만, 지나가다 다치는 친구가 생길까봐 걱정됐어요.

이런 멋진 핑퐁 공을 받는다면, 다시 학생에게 질문하면 된다. 절대 결론을 내리지 말고 질문해야 한다.

그럼 어떻게 하면 이 문제를 해결할 수 있을까?

음, 주무관님께 지금 말씀드릴까요?

그거 좋은데!

또는

선생님이 지금 수업이 없으니 가서 치워야겠구나.

너는 왜 그런 것들에 신경을 쓰니? 공부나 해.

이렇게 교사가 말했다면 학생은 교사와의 대화는 불편하고, 불가능한 것이라고 생각했을 것이다. 대화는 소통이고 행복한 것이 되기를 기원하는 것이 되어야 한다.

공감대화 3무(三無): 비난, 평가, 강요의 말을 버려라

'비난'은 남의 허물을 드러내거나 꼬집어 나쁘게 말하는 것이다. 우리가 하는 말에는 비난의 말이 많다. 남의 허물이 보이거든 그 눈을 안으로 향하여 나의 허물을 찾고, 고쳐나가야 한다. 또, 우리들의 말 중에는 본인이 기준점을 세워놓고 그 기준점과 비교하여 판단하고, 평가하는 말도 많다. 평가를 잘하는 것이 잘난 것이라고 인식되어 끊임없이 평가를 내린다. 강요하는 대화도 많다. 자신보다 어리거나 낮다고 생각되는 상대에게 주로 강요를 한다. 강요를 하는 쪽도 강요를 받는 쪽도 결코 유쾌하지 않다. 비난과 평가와 강요는 공감대화에서 버려야 하는 대화형식이다.

지각을 자주 하는 학생이 지각을 안 하고 일찍 왔으면 좋겠는데 또 지각하는 것을 보았을 때

네가 그렇지 뭐!

라고 하면 비난의 말이 된다. 비난받은 학생은 위축이 된다. 그리고 반감이 생긴다. 이 반감은 자신을 공격하고, 나아가 선생님을 공격할 수도 있다. 자신을 공격한 사람은 자존감을 키워나갈 힘이 없어진다. 비난은 불편함을 만들고, 불편함은 상대를 할퀸다. 자신이 받은 비난을 돌려주려고 더 심한 비난을 하곤 한다. 이 경우 비난하지 않고 공감대화로

네가 또 지각하는 것을 또 보니 엄청 답답하다. 고쳐지기를 바라고 있었거든.

이라고 말해야 한다. 덧붙여

내일은 어떻게 하면 제 시간에 올 수 있을까?

라고 질문으로 마무리 하여야 한다.

어떤 학생이 청소당번인데 청소하기가 싫어서, 그냥 집에 가버렸다고 생각해 보자. 그래서 그 학생이 해야 할 구역을 다른 친구들이 하게 되었을 때, 선생님은 그 학생에게

너는 다른 사람 배려할 줄도 모르는 이기주의자야.

라고 말할 수 있다. 이기주의자라는 평가는 말하는 사람의 기준에 따른 것이다. 평가의 말보다는

네가 청소를 안 하고 그냥 가버리니까 다른 친구들이 늦게까지 남아서 청소를 하게 되어 안타까웠어. 자신이 맡은 구역은 책임지고 해주길 바라는데, 네 생각은 어떠니?

라고 공감대화를 할 수 있다.

우리 사회는 쉽게 나이에 의해, 지위에 의해, 돈 등에 의해 상대를 강요한다. 자신의 의견을 다른 사람에게 강요하면 수동, 복종, 군림의 사회를 만드는 일에 동참하는 것이다. 그런 사회를 원하는가? 이해, 상호 존중과 배려의 사회를 원하는가? 배려가 가득한 사회를 원한다면 강요하지 말자.

아이들은 어른의 말을 듣는거야!

라고 말하지 않아야 한다. 아이들은 어른의 말을 맹목적으로 들어야 하는 존재가 아니다. 아이의 키에 맞게 자세를 낮추고, 눈을 맞춘 후 '네 의견은 어떠니?'라고 너그러운 마음으로 물어보아야 한다. 새로운 희열의 세계를 만나게 될 것이다.

또, 자신에게도 굴레를 씌워 강요하지 말아야 한다. '나는 선생님이니까 아파도 참아야 해!'라고 자신을 몰아붙이지 말아야 한다. 선생님의 신분에 의해서 그 일을 해야 하는 것이 결코 아니다. 어떤 신분이더라도, 어떤 상황이더라도 스스로의 결정에 의해서 하는 것이다. 신분, 나이, 지위에 강요당하지 않고, 자발적 결정에 따라야 한다. 자신의 결정을 넣어 이렇게 바꾸어 말하면 된다.

가르치는 일이 보람이 있어서 방과 후에도 학생들을 지도하기로 결정했어.

이렇게 바꾸어 말해보면 모든 결정은 내가 원하는 것을 위해서 내가 결정한 것이 된다. 선생님이기에 교육활동을 위해 방과 후에 학교에 남아서 지도하기로 결심한 것은 '나'이다. 누가 옳지도, 누가 그르지도 않다. 다만 자신이 결정한 대로 할 뿐이다. 지구상의 사람 숫자만큼 다양한 사람이 있다는 것을 인정하면 된다. 그러면, 편안한 사회가 될 것이다.

공감대화 3행(行): 앵무새되기, 질문하기, 웃음으로 마무리하기

우리가 말하는 방법은 주로 가족에게서 배운 것이다. 물론 사회에서 하는 일에 따라, 만나는 사람들에 따라 조금 달라질 수는 있지만, 말을 처음 배울 때 같이 살던 사람들의 말하는 방법으로 평생 말하며 사는 것이 일반적이다. 부모가 아이의 눈을 맞추고 말을 들어주었다면, 그 아이는 상대에게 눈을 맞추고 대화를 할 줄 아는 어른이 되었을 것이고, 부모가 '네 생각은 어때?'라고 질문하며 키웠다면, 상대의 의견을 물어보는 어른이 되었을 것이다.

여러분은 상대가 말할 때 눈을 바라보며 고개를 끄덕이는가? 아니면, 귀로 듣기는 하지만, 표정은 없으며, 눈길을 다른 곳으로 돌리는가? 평소에 어떻게 대화를 하는가를 깊이 생각해보고, 아래 상황에 할 말을 적어보자.

상황

어느 날 아침, 학교에 일찍 온 학생에게 선생님이,

"오늘 학교 일찍 왔네?"

"네."

학생은 얼굴을 외면한 채 무성의한 대답을 한다. 다음 날 아침, 또 일찍 온 그 학생에게
"아침에 일찍 오니까 여유 있게 하루를 시작해서 좋지?"

"네."

학생은 고개를 숙이고 책만 보고 있다. 이렇게 건성으로 하는 대답과 외면이 일주일 계속되었다.
종례 후에 청소하는 그 학생에게,

"이쪽이 조금 지저분하니 이쪽을 좀 더 깨끗이 청소해 줄래?"

"……"

학생은 아무 대답 없이 자신이 지금 하던 곳만 청소하고 있다.

선생님의 말:

이 상황에서 선생님이 할 수 있는 말을 네 가지로 분류할 수 있다. 첫 번째는 학생을 비난하거나 상황을 판단하는 말이다. '너! 왜 선생님 말을 무시하니?' 더 심하면, '선생님 말이 말 같지 않아?'라고 버럭 화내는 것이다. 두 번째는 학생에게는 더 말을 하지 않으면서 자신을 비난하는 것이다. '나는 왜 저렇게 학생을 가르쳤지?', '저렇게 하는 학생에게 아무 말도 못하다니… 한심한 선생님이네…'라고 생각하며 불편한 맘으로 뒤돌아선다. 세 번째는 아이의 상황을 짐작해서 말하거나, 마음을 헤아려서 말해주는 것이다.

'선생님 말 못 들었어?', '선생님 말에 귀 기울이지 못 할 만큼 힘든 일 있니?'라고 말하는 것이다. 이렇게 말하면 서로 불쾌할 수 있는 상황이 반전된다.

네 번째는 나의 느낌을 말하는 것이다. '네가 아무 답도 안하고 청소만 해서 놀랐어. 선생님 말 못 들었어?' 혹은 '네가 요즘 힘든 일이 있다고 생각되어 걱정되네...'라고 말하는 것이다. 세 번째와 네 번째 대화를 하면 공감으로 소통할 수 있다.

이때 학생이 '선생님, 저 요즘 막 화가 나요!' 라고 말을 한다면, '요즘 화가 많이 나니?'이렇게 앵무새가 되어 똑같이 되물어주는 것이다. 학생이 그렇다고 답을 하면, '화를 참기 어려워?' 이렇게 질문을 던져 보자. 그리고는 '화가 자꾸 나는구나……' 라고 앵무새처럼 따라해 본다. 그러면 학생이 어떤 말을 할 것이다. 예를 들면, '예. 화를 어떻게 해야 할지 모르겠어요……' 라고 말할 수 있다.

대화는 핑퐁이다. 따라서 학생의 느낌을 읽어주면서 대화를 계속 이어나가게 되면 학생의 마음이 많이 풀리는 것을 볼 수 있을 것이다. 학생의 마음을 읽어주면서 대화를 이어나가다 보면 의외로 심각한 일이 아닌 경우도 있다. 물론, 심각한 이유가 있다면 거기에 맞게 대화를 이어 나가면서 풀어주어야 할 것이다.

그리고 마지막으로 이러한 심각한 상황을 웃음으로 마무리해보자. '에이, 너 사춘기로구나? 사춘기 너무 늦게 온 것 아니야?' 라고 하며 웃음으로 마무리한다면 어떨까? 다음 날, 학생이 훨씬 더 밝아진 모습으로 선생님에게 다가와서 얘기할 것이다. 단지, 자신의 상태를 말한 것만으로 선생님과 소통했다고 생각했다는 생각이 들기 때문이다.

이처럼 공감을 받으면 여유로워지고, 너그러워진다. 자신감이 생겨 가슴을 펼 힘이 생긴다. 이런 힘들이 쌓여 인생에서 만나는 어려운 일들을 헤쳐 나가게 되는 것이다. 상대가 하는 말을 공감해주자. 어떻게 공감해야할지 모르겠다면, 앵무새처럼 따라 해보고, 질문을 던져 보자. 그리고 웃음으로 대화를 마무리해 보자. 이렇게 한다면 소통의 실마리를 잡을 수 있을 것이라 확신한다.

공감으로 소통하실래요? 명령은 이제 그만

필자는 3년 전에 공감대화 개발원 '공소풍(공감.소통.풍요)' 고현희 원장님께 독서모임 선생님들과 같이 공감대화에 대한 강의를 들으면서, 마셜 B. 로젠버그의 『비폭력대화』 책도 읽었다. 그때 이후로 공감대화 실천모임도 하면서 공감대화를 실천하려고 노력하고 있다. 덕분에 예전의 명령조로 지시하거나 상대의 마음을 헤아리지 못하고 그냥 툭툭 내뱉는 말투를 많이 고칠 수 있었다.

공감대화는 명령하기보다 질문하기를 권장한다. 명령을 듣고 따르기만 하는 아이는 자기 생각을 갖지 않고 자라게 된다. 어른들은 아이들이 스스로 우러나서 뭔가를 하려고 하기 전에 아이를 몰아갈 때가 많다.

명령은 '그 말에 따를 것인가? 아닌가?'만 생각하게 한다. 대답은 '네, 아니오'로 할 수 있다. 하지만, 명령하지 않고 질문을 한다면 다양한 생각을 하게 되고, 그에 따른 다양한 답을 말할 수 있다. 이렇게 계속 질문을 받고 자신의 생각을 말하다 보면 자연스레 아이의 사고력도 신장될 것이다.

명령하지 않고 말할 수 있나? 하고 의아해하는 사람도 있을 것이다. 예를 들어, 선생님이 수업 시간에 열심히 강의를 하고 있는데, 아이들 두 명이 얘기를 해서 수업에 방해가 되었다고 가정해보자. 이 경우에, 선생님은 '야, 시끄러워!' 혹은 '조용히 해!' 라고 명령할 수도 있다. 크게 말하고 있다고 생각하지 않은 학생들은 깜짝 놀랄 것이다. 우리가 얘기한 것이 시끄러웠나 생각하면서, 남의 말이 시끄러울 때는 저렇게 말하는 것이로구나! 하고 체험으로 배울 것이다.

이 경우 명령 대신 질문을 한다면,

조용히 해줄래?

라고 말하는 것이다. 이것보다 더 바람직한 공감대화는

선생님이 설명하는데 너희 소리 때문에 전달이 잘 안 되네.
선생님 설명이 끝난 다음에 말해주겠니?

라고 부탁하는 것이다. 이 부탁을 들은 아이들은 대화를 멈추고 선생님을 위해 자신들이 결정하여 대화를 멈추었다는 것, 배려했다는 것에 기쁘고, 뿌듯해할 것이다.

아침에 학생에게 '교실에 떨어진 쓰레기를 주워라.'고 하는 명령을 질문으로 하면 어떻게 말할 수 있을까? 그리고 그 다음 어떻게 공감대화로 말할 수 있을까? 여태 해오던 명령들을 질문형의 부탁으로 바꾸면, 명령보다 말이 길어진다. 길어진 부탁의 말에 아이들의 감성은 풍부해질 것이다. 감성이 풍부해진 아이들은 길게 답하고, 자신의 의견을 말하게 될 것이다. 그 나이에서 나오는 기발한 의견들을 자신 있게 내놓을 것이다. 그리고 그 의견들을 들을 때는 하던 일을 잠시 멈추고, 아이와 눈 맞추며, 미소로 들어주어야 한다. 그러다 보면 어느새 자력이 키워지고, 자존감이 높아진 아이를 보게 될 것이다. 자존감이 높아진 아이는 타인을 배려할 줄 안다. 자신의 말과 행동에 책임을 진다. 그리고 보기만 해도 밝은 기운을 뿜는 아이가 된다.

교실에 떨어진 쓰레기를 주워라.

를 질문으로 말하면

교실을 깨끗하게 사용할 수 있겠지?

혹은

각자 자기 주위의 쓰레기를 주워서 쓰레기통에 버리면 어떨까?

라고 말할 수 있다. 공감대화로 바꾸어 보면

교실에 쓰레기가 없어야 기분 좋겠지?

라고 하면 될 것이다.

부탁하는 말을 할 때에는 '바람' 포함해 '질문'하고 '대답' 들어야

내가 누군가에게 부탁을 하였는데 상대가 거절을 한다면 그때의 나의 느낌은 어떨까? 나는 상대가 거절하는 것을 너그럽게 이해할 수 있을까? 반대로 내가 누군가의 부탁을 받고 거절한다면 그때의 나의 느낌은 어떤가? '부탁'은 공감대화의 네 항목인 '상황, 느낌 바람, 부탁' 중에서 마무리를 할 때의 항목이다. 만약 특별히 부탁할 것이 없다면 생략해도 된다.

부탁은 질문형식으로 하는 것이 효과적이다. 일반적인 부탁의 말, '~해 주세요.' 보다 더 바람직한 부탁은 '~해 주시겠어요?' 혹은 '~해 주시기를 바라는데, 어떠세요?'이다. 이렇게 부탁을 질문형으로 한 후에는 답을 듣는 것이 좋다. 왜냐하면 일반적으로 사람들은 자신이 한 말을 지키려고 하고, 책임지려고 하기 때문이다. 이것을 일명 '공 던지기'라고 한다.

또, 질문을 할 때는 긍정적 표현을 하는 것이 좋다. 수업시간에 교사가 열심히 설명하고 있는데, 학생들이 잡담하는 소리로 인하여 설명하기 힘든 상황을 예로 들어보자. '시끄러워! 왜 이렇게 떠드니?'라고 말하는 것보다는 이 상황에서 교사가 원하는 것을 말하면서, 긍정의 부탁으로 말하는 것이 좋다.

선생님이 모두에게 설명을 잘하고 싶은데,
꼭 필요한 얘기가 있으면 나중에 말하면 어떨까?

이 부탁을 들은 학생들은, '네'하고 선생님의 설명에 귀를 기울이면, 자신이 선생님의 부탁을 들어주었다는 것에 뿌듯함을 느낄 것이다. 질문을 받고, 대답을 하면서 자란 학생들은 자존감이 굳건해져서 인성도 좋아진다고 한다. 그리고 학생들이 선생님의 이 말투를 따라하고, 배우게 되어 저절로 공감대화를 한다면, 공감으로 소통이 잘되는 교실이 될 것이다.

부탁한 것은 내가 원하는 것을 얻기 위한 것이고, 상대가 거절한 것은 상대가 원하는 것에 충실한 것이기 때문이다. 상대의 거절에도 '솔직하게 말해주서 고마워!'라고 할 수 있어야 한다. 상대의 거절을 인정하고 받아들일 수 있어야 진정한 부탁이라고 할 수 있다. 부탁의 목적은, 솔직함과 공감에 기반을 둔 인간관계를 만들어 소통을 원활하게 하기 위한 것이다.

부탁을 받으면 들어줘야 한다고 생각하는가? 부탁을 할 때는 들어줄 것이라고 생각하는가? 우리 사회는 부탁에 대한 부담감이 많은 사회이다. 그래서 부탁을 할 때도, 받을 때도 부담스러워한다. 상대가 나의 부탁을 받아들이지 않은 것은 상대에게 이유가 있었기 때문일 것이다. 그 이유를 공감해줄 때 진정한 부탁이 되는 것이다. 그렇지 않으면 강요한 것이 된다. 또 내가 원하는 것에 맞지 않는 부탁을 받았다면 정중히 거절할 수 있어야 한다. 그리고 부탁을 거절하고 불편해하지 말아야 한다. 그 때 본인은 최선을 다한 것이다.

지난 6월 어느 날이었다. 옆에 있는 동료 선생님에게

오늘 퇴근할 때에 안양천을 산책하면서 같이 갈까요?

라고 부탁하니,

전 오늘은 안돼요. 다음에 같이 갈게요.

라고 했습니다. 그 선생님은 퇴근 후에 바쁜 일이 있는 것 같아 보였다.

바쁜 일이 있으시군요?

라고 공감해주고, 필자는 더위와 함께 녹음이 짙어지는 안양천을 산책하며 퇴근했다. 상대에게 부탁할 때에도 이렇게 질문의 형식으로 부탁을 하되, 상대가 부탁을 들어주지 않아도 화를 낼 필요는 없다. 만일 화를 낸다면 그것은 부탁이 아니고 강요가 되는 것이다. 상대가 내 부탁을 거절해도 기분 나빠 하거나 불편해 할 필요가 없다. 거절하는 이유가 있을 것이기 때문이다.

사람들과의 관계에서 미안함, 두려움, 거북함, 수치심 등으로 솔직하게 말하지 못하고 참는다면 언젠가는 문제가 발생한다. 자신에게 충실한 사람이 타인도 배려할 수 있다. 먼저 자신의 감정에 충실하고, 자신에게 만족해야 한다. 그런 후에 타인을 배려할 힘을 발휘할 수 있기 때문이다. 자신부터 매일매일 행복하고 편안한 삶을 만들어 나가는 것이 중요하다.

공감대화는 될 수 있으면 웃음으로 마무리하는 것이 좋다. 심각한 대화를 한 후에도, 화를 낸 후에도 웃음으로 마무리 한다면 마음에 여유가 생긴다. 교실이 지저분하여 학생들에게 '지저분한 교실을 보니 화가 난다. 항상 깨끗한 교실을 보고 싶다.' 라고 화를 냈더라도 대화의 마무리는, '아무튼 내일은 선생님이 깨끗한 교실을 보게 해줄 수 있는 거지?' 라고 말하며 미소를 짓는다면 화는 사그라지고, 서로의 마음에는 앙금이 남아있지 않을 것입니다.

사람관계는 매우 오묘하고 다양한데, 공감대화의 방법도 마찬가지다. 공감대화 네 항목을 상황에 맞게 사용하여 자신만의 공감대화 방법을 만들어나간다면 소통하고, 행복하고, 풍요로운 교실이 만들어질 것이다.

공감대화 공식 상.느.바.부(상황.느낌.바람.부탁) 실습하기

공감대화를 네 항목으로 구분해 보면, '상황, 느낌, 바람, 부탁(상느바부)'이다. 하지만 상황에 따라 네 단계는 두 단계나 한 단계로 생략되기도 한다. 가장 중요한 부분은 느낌이다. 공감대화에서는 '느낌'을 세밀하게 인식하는 것과, 그 느낌이 생겨난 '바람'을 알아내는 것이 중요하다. 세밀한 느낌은 바라는 것이 있기 때문에 생긴다. 바라는 것이 성취되었을 때 느낌이 생기고, 성취되지 못하였을 때에도 느낌이 올라온다.

상황이란, 어떤 상황에서 실제로 일어나고 있는 것을 지극히 객관적으로 관찰하는 것으로서 평가하지 않고 구체적으로 표현하는 것이다. 그리고 그 행동을 보았을 때 어떻게 느끼는가를 표현한다. 느낌은 솔직하게, 구체적 어휘로 세밀하고 풍부하게 표현하도록 하고 생각이나 해석과 구분해야 한다. 그리고 자신이 알아차린 느낌이 내면의 어떤 바람과 연결되는지를 표현한다. 자신의 삶을 더 풍요롭게 하기 위하여 다른 사람이 해 주길 바라는 것을 표현하는 것이다. 이때 자신의 바람을 부탁할 때에는 반드시 질문의 형태로 해야 한다. 긍정의 언어를 사용하여 질문형으로 하는 것이다. 예를 들어, 교실에서 학생이 돌아다니면서 수업에 집중하지 않고 있다고 가정해 보자. 이때,

길동아, 돌아다니지 마.

라고 말하는 것은 공감대화법에 맞지 않는다.

길동아, 자기자리에 앉아 수업에 집중해주겠니?

또는

길동아, 자기자리에 앉으면 선생님이 설명하는데 도움이 되겠는데. 어때?

라고 바꾸어서 말하는 것이 공감대화이다. 그리고 명확하고 구체적인 행동을 부탁해야 한다.

공감대화 실습문제 1

상황 1

등교시간에 자주 늦게 오는 학생이 있다. 오늘 아침에도 아침 조회를 하고 있는데 교실에 늦게 들어왔다. 교실에 들어와서는 책상 위에 가방을 던져 놓는다.

공감대화로 말하는 법				
나의 입장에서 솔직하게 말하기 (스스로를 비난하거나 비판하지 않고 나 자신을 솔직하게 표현하기)			**공감으로 듣고 상대의 입장에서 말하기** (상대방을 비난하거나 비판하지 않고 공감으로 듣고 말하기)	
내가 ~을 보거나, 들었을 때	네가 가방을 던지고 자리에 앉는 것을 보니	**상(상황)**	**당신이 ~을 보거나, 들었을 때**	네가 가방을 던지고 자리에 앉는 것을 보니
나는 ~라고 느껴	걱정된다.	**느(느낌)**	**당신은 ~라고 느껴?**	많이 화났구나?
나는 ~을 바라기 때문에	네가 왜 그런지 알고 싶은데	**바(바람)**	**당신은 ~을 바라기 때문에**	아침에 일찍 오려고 했었잖아?
~해줄 수 있겠니?	나한테 얘기해줄 수 있겠니?	**부(부탁)**	**당신은 내가 ~을 하기를 바라니?**	내일은 10분 일찍 일어날 수 있지?

공감대화 실습문제 2

상황 2

수업시간에 다른 이야기를 하는 학생이 있다. 교사가
"길동아, 조용히 좀 해 줄래?"라고 말을 했는데, 길동이가 큰소리로
"선생님, 저만 떠들었어요? 왜 항상 저한테만 조용히 하라고 하세요?
껍정이도 같이 떠들었잖아요!!"

공감대화로 말하는 법				
나의 입장에서 솔직하게 말하기 (스스로를 비난하거나 비판하지 않고 나 자신을 솔직하게 표현하기)			**공감으로 듣고 상대의 입장에서 말하기** (상대방을 비난하거나 비판하지 않고 공감으로 듣고 말하기)	
내가 ~을 보거나, 들었을 때	학생들이 수업시간에 다른 이야기를 하니까	**상(상황)**	**당신이 ~을 보거나, 들었을 때**	길동아, 껍정이도 같이 떠들었는데 길동이만 지적을 받으니
나는 ~라고 느껴	걱정된다.	**느(느낌)**	**당신은 ~라고 느껴?**	기분이 상했구나?
나는 ~을 바라기 때문에	학생들이 모두 수업에 집중했으면 좋겠어.	**바(바람)**	**당신은 ~을 바라기 때문에**	선생님이 길동이나 껍정이나 모두 동등하게 대해주기를 바라기 때문에
~해줄 수 있겠니?	껍정이도 길동이와 같이 이야기를 한거지? (껍정이의 답을 듣고 나서) 길동아, 껍정아, 조용히 해 줄래?	**부(부탁)**	**당신은 내가 ~을 하기를 바라니?**	껍정이에게도 주의를 주었으면 좋겠니?

〈공감대화를 통한 회복적 생활교육 교수·학습과정안〉 1차시

<table>
<tr><th>주 제</th><th>공감대화법 4단계 이해</th><th>차시</th><th>1차시</th></tr>
<tr><td>학습목표</td><td>공감대화법 4단계를 이해할 수 있다.</td><td>장소</td><td>교실</td></tr>
<tr><td>수업의도</td><td colspan="3">첫 시간으로 서로에 대한 편안함과 친밀감을 느끼고 공감대화법에 대해 자연스럽게 받아들이는데 주안점을 둔다. 공감대화를 딱딱한 공부로 느끼기보다 자연스럽고 재미있는 활동으로 인식할 수 있도록 놀이와 대화 중심으로 구성하였다.</td></tr>
<tr><th>활동단계</th><th>주요 활동 개요</th><th>시간</th><th>비고</th></tr>
<tr><td>도입</td><td>● 흥미 유발
이 시간에 기대하는 것을 감정카드에서 보고 골라서 바람 단어로 말하기</td><td>10’</td><td>모둠별활동
감정카드</td></tr>
<tr><td rowspan="4">전개</td><td>● 활동 1 : 명패로 자기 소개하며 래포 형성
A4 용지의 가로 끝을 2cm 정도 접고 나머지를 삼등분해서 접는다.
처음 접은 2cm 부분이 바닥으로 가도록 해서 세운 뒤, 한 쪽 면에만 이름을 최대한 크게 적는다. 본인이 보고 있는 비어 있는 쪽을 가로세로 십자선을 그어서 4등분을 하여 다음과 같이 적고 모둠원들과 대화를 나눈다.</td><td>10’</td><td>A4용지
필기도구</td></tr>
<tr><td>홍 길 동
<table><tr><td>1. 지금 나의 느낌을 써 본다.</td><td>2. 최근 나를 가장 행복하게 해준 사람이나 사건을 한 단어로 적는다.</td></tr><tr><td>3. 가장 친한 친구 또는 부모님이 나에게 말해주면 기쁠 것 같은 단어를 써 본다.</td><td>4. 나의 가장 큰 장점을 써 본다.</td></tr></table>(질문은 상황에 따라 달라질 수 있다.)</td><td rowspan="3">20′</td><td rowspan="3">활동지</td></tr>
<tr><td>● 활동 2 : 공감대화법 소개
- 공감대화의 4단계 설명(상.느.바.부)
- ‘나’ 입장 말하기와 ‘너’ 입장 말하기 설명</td></tr>
<tr><td>● 활동 3 : 듣기 힘든 말
학생들이 듣기 힘들었던 말을 이야기하면, 교사는 그것을 칠판에 쓴다. (대화를 방해하는 요소와 연결시켜서 설명한다)</td></tr>
<tr><td>정리</td><td>● 정리 및 평가
오늘 활동한 것에 대한 느낌을 말하고, 오늘 수업에서 배운 것, 좋았던 점, 아쉬웠던 점을 돌아가면서 이야기나누고 학습일기를 작성한다.</td><td>10′</td><td>활동지</td></tr>
</table>

공감대화법 4단계 〈학생 활동지〉

(　　　)학년 (　　　)반 (　　　)번　이름(　　　　　　　　　)

상황 예시

내가 쉬는 시간에 수학문제를 풀고 있는데,
옆에 앉은 길동이가 뒤에 앉은 꺽정이와 시끄럽게 떠들면서
내가 공부하는 것을 방해하고 있다.

공감대화로 말하는 법		
나의 입장에서 솔직하게 말하기 (스스로를 비난하거나 비판하지 않고 나 자신을 솔직하게 표현하기)		**공감으로 듣고 상대의 입장에서 말하기** (상대방을 비난하거나 비판하지 않고 공감으로 듣고 말하기)
내가 ~을 보거나, 들었을 때	상(상황)	당신이 ~을 보거나, 들었을 때
나는 ~라고 느껴	느(느낌)	당신은 ~라고 느껴?
나는 ~을 바라기 때문에	바(바람)	당신은 ~을 바라기 때문에
~해줄 수 있겠니?	부(부탁)	당신은 내가 ~을 하기를 바라니?

예시 답안

나의 입장에서 공감대화하기

길동아, 꺽정아, 내가 지금 수학문제를 풀고 있는데 너희가 이야기를 큰소리로 하니까(상황)

수학문제 푸는데 집중이 안 되니까 속상하다(느낌)

수학문제 집중해서 풀면 내가 기분 좋을 것 같은데(바람)

다른 곳에 가서 얘기나누면 어떨까?(부탁)

길동이와 꺽정이의 입장에서 보고 공감대화하기

길동아, 꺽정아, 재미있는 얘기가 있나 보구나(상황)

둘이 얘기하는 것을 보니까 기분이 좋은 것 같은데(상대의 느낌)

더 자유롭게 얘기를 나누면 좋잖아?(바람)

다른 곳에 가서 얘기 나누면 모두가 좋을 것 같은데 어때?(부탁)

〈공감대화를 통한 회복적 생활교육 교수·학습과정안〉 2차시

주 제	관찰과 평가 구분하기	차시	2차시
학습목표	관찰과 평가를 구분하고, 관찰한 것만을 표현할 수 있다.	장소	교실
수업의도	학생들의 비난이나 평가가 들어있는 언어 사용이 갈등의 원인이 되고 있다. 따라서 학생들이 비난이나 평가의 말을 하는 습관을 버리기 위해 구체적이고 객관적인 관찰 표현을 배우고 익히는 것이 필요하다.		
활동단계	**주요 활동 개요**	**시간**	**비고**
도입	● **주변 상황을 관찰로 말해보기** 옆에 있는 친구에 대한 문장 또는 교실 안을 둘러보고 관찰문장을 한 가지씩 말하게 한다.(관찰이 아닌 평가로 이야기할 때 교사가 두 가지의 차이점을 말해준다)	10'	모둠 활동
전개	● **관찰 놀이** - 둘씩 짝을 지어, 친구를 잠시 관찰하게 한다. 한 명을 눈을 감게 하고, 다른 한 명은 자신의 몸에서 무엇인가를 바꾼다. (예) 옷깃을 올린다, 머리모양을 바꾼다 등 눈을 뜨고 나서 바뀐 것이 무엇인지 맞춰보게 하는 놀이.	10'	짝 활동 (2인 1조)
	● **관찰과 평가를 구분하기** - 관찰과 평가를 구분하는 연습을 한다. - 평가가 들어간 문장의 이유를 찾아 써 본다.	10'	활동지 전체활동
	● **우리모둠 관찰화 그리기** 우리모둠 친구들이 평소에 무엇인가 하고 있는 모습을 종이 한 장에 그린다. 이 때 각 구성원에 대하여 관찰 문장으로 적어보고, 이 모습을 보는 자신의 느낌을 적는다.	10'	A4 용지, 색연필, 색싸인펜 모둠활동 (4인 1조)
정리	● **정리** 모둠관찰화 그린 것을 발표한다. 오늘 수업에서 배운 것, 좋았던 점, 아쉬웠던 점을 돌아가면서 이야기 나눈다.	10'	전체활동

관찰과 평가 구분 <학생 활동지>

(　　　)학년 (　　　)반 (　　　)번 이름(　　　　　　　　　　)

다음 문장을 읽고 관찰인지 평가인지 파악해보고, 평가라면 관찰로 바꾸어 써 봅시다.

1. 길동이는 텔레비전을 보는 동안 손톱을 깨물고 있었다. (관찰 / 평가)

2. 꺽정이는 공격적이다. (관찰 / 평가)

3. 그 학생은 지난 주에 책을 두 권 읽었다. (관찰 / 평가)

4. 너는 좋은 친구다. (관찰 / 평가)

5. 우리 아버지는 독재자야. (관찰 / 평가)

6. 몽룡이는 나한테 노란색 옷이 어울린다고 말했다. (관찰 / 평가)

7. 내가 '안녕하세요'라고 하는데, 그 사람은 창밖을 보고 있었다. (관찰 / 평가)

예시 답안

1. 관찰
2. 평가 ('공격적'이라는 단어는 평가이다. 평가가 섞이지 않은 관찰을 한 표현은, "꺽정이는 동생이 텔레비전 채널을 돌리자 바로 머리를 때렸다."와 같은 것이다.
3. 관찰
4. 평가 ('좋은 친구'라는 말이 평가이다. "내 친구는 우리 반에서 외톨이로 있는 친구에게 다가가 얘기도 나누고 급식 먹을 때도 같이 가 주었다."와 같은 것이 관찰의 예이다.
5. 평가 ('독재자'라는 말이 평가이다. "우리 아버지는 내가 주말에 할머니댁에 안 가겠다고 했는데 내 의견을 묻지도 않고 무조건 가라고 하셨다."와 같은 것이다.
6. 관찰
7. 관찰

〈공감대화를 통한 회복적 생활교육 교수·학습과정안〉 3차시

주 제	느낌말 익히기	차시	3차시
학습목표	다양한 느낌말을 익힌다. 상황에 따른 느낌을 말할 수 있다.	장소	교실
수업의도	논리적인 생각을 강요하는 현실 속에서 학생들이 자신의 감정을 숨기고 자신의 감정을 알아차리지 못하는 것에 대한 안타까움이 있다. 학생들이 주로 느끼는 감정이 무엇인지 표현해보게 하고, 느낌에는 좋고 나쁨이 없으며 나에게 중요한 욕구가 채워졌는지 아닌지에 대한 신호임을 알려준다.		

활동단계	주요 활동 개요	시간	비고
도입	● **흥미 유발** - 감정카드를 바닥에 펼쳐놓고, 마음에 드는 그림을 한 장씩 골라가게 한다. 그림을 볼 때 나의 느낌은 어떤지 말하고, 그 그림을 고른 이유를 말하게 한다.	10'	'마음을 열어주는 감정카드' 활용 (1세트에 감정 30가지) — 본저 '조선미' 수석교사의 원고 참조
전개	● **느낌과 생각 구분하기** 느낌을 표현한 말인지, 생각을 표현한 말인지 구분하고, 생각을 표현한 문장은 느낌말로 바꾸어보기	10'	활동지
	● **느낌 써클맵 그리기** - 자신이 자주 느끼는 느낌을 알아차리고, 그림으로 표현할 수 있다. - 느낌에 연상되는 상황을 떠올림으로써, 내가 언제 이런 느낌을 주로 느끼는지 적어보도록 한다.	20'	개별 활동 느낌 써클맵 활동지, 색연필
정리	● **감정나무** - 지금 내 느낌 알아차리고 사과모양의 포스트잇에 느낌말을 써서 나무에 붙인다.	10'	사과모양 포스트 잇 전체 활동

느낌 써클맵 〈학생 활동지〉

(   )학년 (   )반 (   )번   이름(   )

주제: 써클맵으로 느낌 표현하기

우리의 느낌을 구체적으로 표현하는 방법

1. 가운데 작은 원에 내가 자주 느끼는 느낌을 크게 적는다.
2. 바깥 큰 원에는 그 느낌이 생기는 상황이나 기억을 낱말이나 그림으로 표현한다.
3. 바깥의 사각형 안에는 큰 원에서 표현한 내용에 대해 자세하게 적거나, 그린다.

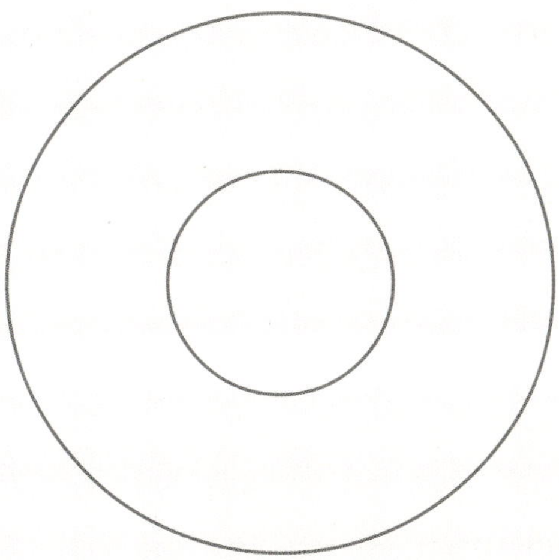

PART

2

속삭이는 자연
끄덕이는 미술

자연미술 수업을 통한 인성교육

이성원 | 충남 서산고등학교 수석교사

자연미술이 뭔가요?

우리는 간혹 바닷가에서 하트 모양의 돌을 우연히 찾아내기도 하고 멀리 보이는 섬이 사람 얼굴처럼 생겼다고 친구에게 알려주기도 한다. 엄마 손을 잡고 걷는 아이는 어느 날 구름을 보고 강아지라고 소리치기도 하고 유명한 산에는 어김없이 거북바위, 사자바위처럼 오래전부터 사람들이 모양을 보고 이름붙인 바위들도 있다. 요즘엔 엄마랑 길을 걷던 아이가 고개를 들어 하늘을 보는 일도 줄어들었고 커다란 바위에 누군가가 새롭게 이름을 붙이는 일도 거의 없을 것이다. 그것은 새로운 모양의 구름이나 바위가 없어서라기보다 이 바쁜 세상에서 우리의 관심이나 시선이 그런 '중요해 보이지도 않는' 것들에게까지 이를 여유가 없기 때문인 것 같다. 하지만 이런 작고 시시해 보이는 것들이 그때그때 우리의 감정과 기분을 구성하는 요소가 되기도 한다. 그것은 우리 삶 자체가 대체로 그런 별 것 아닌 일들이 모여 이루어지기 때문이다.

발에 차이는 돌 하나, 화단에 떨어진 꽃 한송이, 바람에 나뒹구는 낙엽, 솔숲에 부는 바람소리... 이런 평범하고 익숙한 생활 주변의 소소한 자연에 눈길을 주고 거기서 무언가를 발견하거나 생각해 보면서 즉흥적인 작품을 만들고 사진으로 기록하는 활동이 있는데 그것이 자연미술(Natureart)이다. 자연미술은 본래 특정한 계획 없이 산이나 들, 강이나 바다 등 생활공간에서 벗어난 자연 속을 걷거나 머물면서 눈앞의 자연이 주는 느낌을 따라 간단한 작업을 하고는 사진이나 영상으로 남겨오는 미술이다.[1] 하지만 학교나 아파트 주변 등 일상적 공간에서도 얼마든지 할 수 있고 그리기나 만들기 등 특별한 미술적 소질이 필요한 것도 아니다. 오히려 자연미술은 미술이라기보다는 '걷기'나 '바라보기'와 연결되는 일종의 명상활동으로 볼 수도 있고 자연이 주는 느낌을 따라 하고 싶은 대로 표현해보는, 일상의 범주를 벗어나지 않는 활동이다.

자연 속에는 항상 예측하기 어려운 상황이 기다리고 있고 그에 따른 표현방법이 때마다 다르기 때문에 자연미술의 구체적 특성을 요약하여 말하거나 한마디로 정의하는 것은 쉽지 않다. 다만 자연미술에서 대부분의 활동은 어린 아이들의 소꿉놀이처럼 즉흥적이고 유치한 시각에서 출발하기 때문에 누구나 부담 없이 시작할 수 있고 부담 없이 지도할 수 있다.

1) 이성원, 「자연미술이 뭐지?」, 구름서재(2010)

〈꽃게〉
강현민, 송화정, 심지현, (중3), 2007

햇빛이 좋은 날, 운동장에 나오니 갑자기 그림자놀이가 하고 싶어졌다. 바다가 가까운 지역에 살다보니 어렵지 않게 꽃게가 떠올랐다.

〈애벌레〉 이성원, 2006

자연미술을 꼭 야외에서만 할 수 있는 것은 아니다. 베란다의 화분이나 시장을 본 후 장바구니에 있는 채소를 이용할 수도 있다.

〈민들레〉 임성균(고1), 2016

길가의 국화꽃이 보는 사람의 새로운 시각으로 민들레로 바뀔 수도 있는 것이 자연미술이다.

자연미술은 어떻게 하는 건가요?

자연미술을 하는 방법은 특별히 정해진 것이 없다. 우리가 일상적인 환경 속에서 걷거나 멈춰서는 것처럼 생활 주변이나 도심을 벗어난 자연 속에서 걷고 멈춰서고 바라보고 생각하다 보면 눈앞의 대상에 특별히 관심이 갈 때가 있는데 그럴 때 그 대상이나 상황에 집중해서 느낌이나 생각을 자유롭게 표현하는 것이 자연미술이다. 그것은 단순한 발견일 수도 있고, 평범한 대상에 생각이나 이야기를 덧입히는 '꿈보다 해몽' 식의 주관적 해석일 수도 있고, 작은 터치일 수도 있고 좀 더 복잡한 만들기일 수도 있다. 앞서 이야기했듯 자연미술에서 정해진 방법은 없으며 때로는 지도교사도 생각지 못한 기발한 표현을 해 내는 학생들도 많다.

선생님 이거 나비 같아요.

이렇게 하면 솜사탕 같죠?

라고 외치면 그 순간 자연미술 작품이 되는 것이고 그것을 사진으로 찍는 것이다. 요즘 대부분의 학생들이 스마트폰을 가지고 있기 때문에 스마트폰으로 각자 찍은 것을 모아서 같이 감상할 수도 있다. 하지만 지도교사의 사진기 하나만으로 수업을 진행하는 것도 좋다. 학생들 각자가 스마트폰을 사용하면 거기에 관심이 쏠려 아이들 눈에는 지루해 보이는 자연에 집중하기가 더 어려워지고, 수업과 상관없는 개인적 활동으로 흘러갈 수도 있기 때문에 어느 정도의 대열을 이루어 천천히 이동하는 수업의 질서가 깨지기 쉽다. 그러지 않기 위해서는 아이들에게 스마트폰 사용을 허락하더라도 선생님 사진기로도 꼭 찍게 해서 지도교사를 중심으로 한 흐름을 유지하는 것이 좋으며 스마트폰이 없는 학생들이 위축되거나 소외되지 않도록 세심한 관찰과 배려가 필요하다. 야외

〈나비〉 이승현(초6), 2009

우연히 발견한 청미래 잎은 그대로 나비 모양이다. 숲 속의 나뭇가지나 넝쿨, 잎, 가시 등은 그 자체로 재미있는 모양을 하고 있는 경우가 많다.

〈솜사탕〉 김다혜(중3), 2003

하얀 구름에 막대기를 갖다 대니 솜사탕이 되었다. 누구나 할 수 있는 생각인데 우리는 왜 이런 행동을 잘 안하는 것일까?

자연미술 수업에서 교사는 어떤 상황에서든, 물가에 자녀들을 데리고 나온 엄마처럼 모든 아이들에게 계속해서 신경을 써야 한다. 혼자서 그렇게 하기 어렵다면 친한 선생님과 함께 수업을 하는 것도 좋다.

자연과 만나는 수업에서 흥미로운 것은 아이들의 발상이 처음부터 아이들 머릿속에서 나오는 경우도 있지만 대부분 눈앞에 보이는 자연에 반응하듯 수동적으로 이루어진다는 것이다. 수동적이라는 것은 어찌 보면 능력이라기보다는, 말 그대로 '반응'에 가까우며 누구든지 그 상황에 있었다면 똑같은 생각을 할 수 있는 보편적인 현상이다.

이처럼 쉽게 작품을 하는 것은, 힘들게 그리거나 공들여 만들어도 만족스런 작품이 나오기 어려운 실내 미술활동의 답답함을 쓸어버리기에 충분하여 처음에 아이들은 신세계를 발견한 듯 기뻐하고 자유로워한다. 자연미술을 하기 위해 야외로 나갈 때 아이들은 거의 부담을 느끼지 않고 쉬는 시간이나 점심시간처럼 편안해하는데 이런 편안함이 아이들로 하여금 자연에 쉽게 적응하게 한다. 생각이나 행동이 자연처럼 자연스러워지는 것이다. 그때그때 다르겠지만 일반적으로 걷기, 한 장소에 한동안 있기, 무언가를 느끼고 생각하기로 시작해서... 표현하기, 사진 찍기, 감상하기로 마무리되는 자연미술 활동은 겉보기에는 미술이라 할 것도 없는 그냥 산책처럼 느껴지는데 자연미술 활동에서 주목할 점 중의 하나는 바로 '걷기'다. "우리의 첫 번째 철학 스승은 우리의 발이다."라는 말처럼 자연 속을 천천히 걷는 것은 우리를 편안한 마음상태로 금세 바꿔준다. 현대인의 가장 큰 문제 중 하나는, 우리는 항상 뭔가 해야 할 일이 있고 자신의 존재에 대해서는 나중으로 미뤄두는 경우가 많다는 것이다.[2] 이는 비단 어른들에게만 해당되는 문제가 아니다. 가까운 거리도 자동차로 이동하고 오랜 시간을 앉아 있고 스마트폰과 인터넷 등 가상 세계에 빠져 사는 아이들에게 긴 시간동안의 걷기는 낯설고 불편하고 힘들 수도 있다. 하지만 조금만 걷기 시작하면 땅은 아이들을 받아들이고 아이들도 대체로 익숙해진다. 걷기가 익숙해지고 자연에 조금씩 적응하게 되면 아이들은 오히려 처음 자연으로 나왔을 때만큼 신기해하지도 않고 아무것도 눈여겨보지 않으며 걷는 경우도 많은데 바로 그때부터 정신이 자기 멋대로 이 생각 저 생각을 하기 시작한다. 하지만 몸이 자신도 모르게 자연을 다각적으로 감각하고 있기 때문에 내면의 의식은 신체적 감각과 합쳐져서 새롭고 자유로운 발상이 이루어지는 것이다. 아이들이 평소에 자연 속이나 그 주변을 전혀 걷지 않는 것은 아니다. 하지만 자연미술에서의 걷기는, 좋아하는 강아지를 데리고 계속 살피며 걸을 때와는 달리, 조금 걷기 시작하면 대상에 생각을 집중하지 않게 되고 별 생각이 없어지게 된다. 즉 무의식에 가까울 만큼 생각이 느슨하게 열리는 포괄적이고 소극적인 집중이 시작된다. 물론 이때는 그렇게 하려는 의지가 있어야 한다. 앞서 이야기 한 것처럼 눈앞의 자연이 본래의 모습이 아닌 다른 것으로 연상되고

---

2) 크리스토프 라무르, 「걷기의 철학」, 개마고원(2007)

그 과정에서 '자연미술적' 발상이 이루어지는 것이다. 자연미술 작품은 그림이나 조각처럼 소유할 수 있는 실물로 보존되는 것이 아니라 사진으로만 남고 서서히 스러진다.

> 비가 오고 바람이 불고 얼음이 얼고 녹는 사이 작품에 담겼던 작가의 생각은 비바람에 씻겨 흩어지고 사라진다. 농사짓던 비탈 밭이 묵으면 다시 산이 되는 것처럼 생각이 담기기 전의 자연으로 돌아간다.[3]

자연미술의 구체적 표현 유형

'나도 자연미술을 해봐야지!' 하고 밖으로 나간다고 해서 처음부터 흥미로운 발상이 떠오르는 것은 아니다. 오히려 많은 시간동안 '허탕'을 쳐야 하고 아무 생각 없이 그냥 자연 속을 거닐거나 머물러야 한다. 또한 특별한 작품을 만들어내는 것 보다 그냥 자연을 바라보고 있는 것, 그러면서 평화로워지는 것이 중요하다. 여기까지 진행하는 것도 아이들에겐 어려울 수 있다. 평화로워진 다음부터는 자연스럽게 이런 저런 생각들이 떠오르고 전에 보이지 않던 자연 속 흥미로운 형태들이 눈에 들어온다. 만일 그렇게 되지 않는다면 아래에 제시한 방법대로 따라해 보자.

자연 속에 그냥 있기

자연 속에 그냥 있기는 가장 소극적인 자연미술 표현방법이다. 그냥 있는 것이 무슨 작품인가 하는 생각이 들 수도 있지만 요즘 우리에겐 자연 속에 목적 없이 그냥 있기만 하는 것도 저절로 되지 않는 의식적인 행동이다. 오히려 가만히 주변의 자연과 내가 하나 되는 시간이 될 수 있고 명상적이고 철학적인 작품이 나올 수 있는 방법이다. 이때는 인물 위주의 사진만 찍을 것이 아니라 주변 상황을 같이 사진에 담는 것도 좋다. 생각도 '나를 위해서 자연이 있는 것'이 아니라 소나무가 그냥 있듯 나도 그냥 있는 것이라고 바꿔보자. 가장 초보적인 방법이지만 가장 깊이 있는 작품이 나올 가능성이 있다. 그러나 아이들은 이 무의미해 보이는 행동이 흥미롭진 않을 것이고 오히려 많이 지루할 것이다. 그럴 땐 "그동안 공부하느라 힘들었을 텐데 우리 좀 쉴까?"하고 다른 의미를 부여해주는 것도 좋다. 일단 자연 속에 아이들을 데려가면 조금씩 적응하게 된다.

---

3) 이성원, 「자연미술이 뭐지?」, 구름서재(2010)

〈사람인〉 이상훈(중3), 2008

학교 숲으로 자연미술을 하러 간 날, 상훈이가 힘들었는지 소나무에 기대섰다. 그것을 본 한 친구가 "사람인" 이라고 외쳤고 아직 자연미술 작품을 할 마음의 준비도 없던 상훈이는 엉겁결에 작품을 하게 됐다.

〈파도〉 이소현(중1), 2014

가족들과 바다에 간 날, 밀려오는 파도를 보고도 가만히 있기는 쉽지 않다. 자연은 이렇게 우리로 하여금 어떤 행동을 하게 만들 때가 많다. 저 순간만큼은 걱정, 고민도 잠시 잊었으리라.

몸의 기능을 잠시 닫아 보기

우리 몸은 여러 가지 감각기능을 가지고 있다. 보고 듣고 냄새 맡고 만져보고 맛보고 온도를 느끼고… 자연 속에서 그런 기능들을 의도적으로 잠시 닫아 보자. 우선 시간을 정해서 멈춰 서 보자. 나무 밑에 앉아 친구와 얘기할 때는 시간 가는 줄 모르지만 소나무 옆에서 소나무처럼 꼼짝 않고 서 있으려면 5분도 쉽지 않다. 하지만 그렇게 해보자. 답답함을 일부러 느껴보자. 그 답답함이 편안해지는 것이 바로 '명상'이다. 가만히 서 있는 것이 처음에 힘들면 가만히 앉아있는 것부터 시작해 보자. 등산을 하다가 다리가 아파 바위에 잠시 걸터앉으면 걸을 때 보이지 않던 먼 산이 보인다. 바로 앞에 있는 나뭇잎도 보인다. 하나를 놓으면 다른 하나를 얻을 수 있다. 앉아서 눈을 감고 있어 보자. 서서 눈을 감을 수도 있지만 몸의 중심을 잡기가 힘들 수 있다. 나무에 기대서서 눈을 감아 보는 것도 좋다. 눈은 우리 몸의 감각기관 중에서 비중이 크다. 그래서 귀를 막는 것보다 눈을 감는 것이 훨씬 답답하다. 앉아서 눈을 감는 순간 귀에 들리는 소리가 커지고 또렷해진다. '보기'보다 '듣기'에 집중하게 된다. 눈을 힘주어 감지 말고 그냥 가볍게 눈꺼풀만 닫아 보자. 힘을 주는 것은 의식하는 것이다. 무엇을 의식하면 거기에 잡히기 쉽다. 힘주지 않고 감는 것이 어렵다면 수면안대를 해도 좋다. 한동안 소리를 들어보자.

우리의 감각은 쓸수록 좋아진다. 찌가 움직이지 않아도 낚시질을 하고 있는 것이듯 소리가 안 들려도 듣고 있는 것이다. 크게 들리는 소리가 없다면 귀는 점점 작은 소리를 찾아갈 것이다. 소리를 찾는 동안에는 말을 하지 않는 것이 좋다. 이렇듯 귀를 막고 있어 보기도 하고 정해진 시간 동안 스스로, 혹은 친구와 마주 서서 손깍지를 끼고 손을 쓰지 말아보기도 하고 두 발을 꼼짝 않고 땅에 붙이고 있어보기도 하자. "이거 왜 하는 거예요?"하고 묻는 아이도 있을 것이다. 그럴 땐 '세상의 모든 일이 다 이유가 있는 건 아

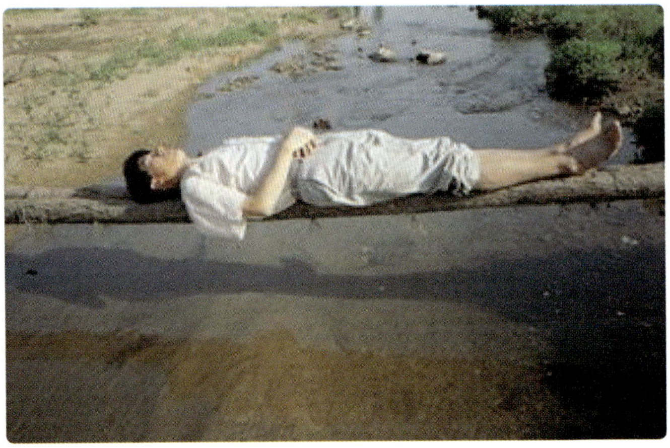

〈시냇물 소리〉 이성원, 1990

화창한 봄날 2~3시간을 천천히 걸으며 자연미술을 했다. 작은 다리에 누워 눈을 감으니 편안하다. 걸을 때는 들리지 않던 시냇물 소리가 들린다.

니란다.'하고 미소를 지어보이는 것도 좋다. 10분도 가만히 있기 힘든데 나무는 평생을 어떻게 저러고 살까 하는 생각이 드는 경우도 있을 것이다. 그런 생각이 들었다면 우리는 벌써 공감하기 시작한 것이다. 공감은 왜 일어났을까? 잠시나마 우리는 '얼음 땡'을 하듯 나무를 경험했고 나무와 같은 입장이 되었기 때문이다.

숨은 그림 찾듯 닮은꼴 찾아보기

벌레 먹은 잎, 썩은 나무, 말라가는 흙, 녹아가는 눈, 곤충의 흔적, 바람이나 물살의 흔적, 동물의 발자국... 그런 데서 닮은꼴을 마음먹고 찾아보자. 닮은꼴을 하나도 못 찾았어도 괜찮다. 그냥 평소보다 조금만 더 적극적으로 바라보기만 해도 좋다. 우리가 풀잎에 맺힌 이슬방울 하나를, 개미 한 마리를 집중해서 바라본 것이 언제였던가? 생물학

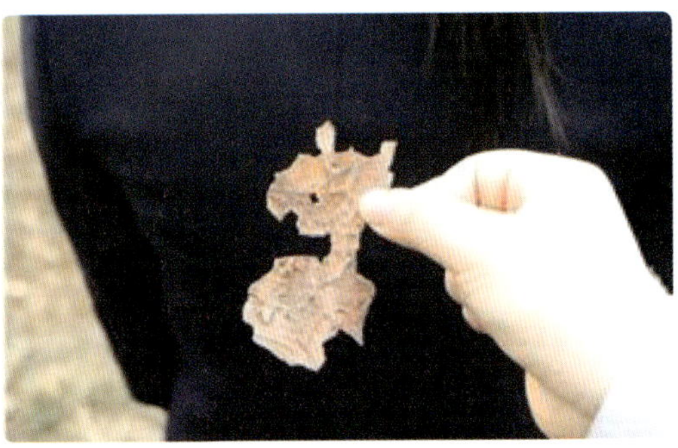

〈염소〉 이성원, 2008

소나무 껍질을 무심코 떼어내니 새끼염소처럼 생겼다. 이때 염소 모양을 좀 더 다듬을 수도 있다. 하지만 생각지도 못한 부분이 부러지는 경우도 있으니 너무 욕심 부리지 않는 것이 좋다.

〈장화신은 사람〉 이성원, 2008

장화 신은 사람이 밝게 빛나는 동백나무 잎을 밟고 있다. 하얗게 빛나는 부분이 햇빛에 반사된 수면 같기도 하다. 그래서 장화를 신었나?

자인 최재천 교수는 '알면 사랑한다.'는 말을 자주 한다. 나태주 시인도 '자세히 보아야 예쁘다'고 했다. 자세히 집중해서 보면 대충 보고 지나쳤을 때 보이지 않던 새로운 것들이 많이 보인다. 그러면 관심이 생기고 관심이 커지면 좋아하게 되고 사랑하게 되기도 한다. 자세히 보려면... 좀 천천히 보는 것이 좋다.

서로 잇대어 연상되는 것 나타내기(A+B=C)

이 방법은 특히 학생들의 작품에서 대표적이라 할 만큼 자주 볼 수 있는 표현방법이다. 자연을 자주 접하다 보면 재미있고 다양한 상황이나 모양을 끊임없이 만날 수 있다. 하지만 그것들이 완벽하게 어떤 사물과 똑같지는 않을 것이다. 조금만 '보완'하면 닮았다고 생각했던 바로 그 모양이나 상황과 더 많이 닮게 만들 수 있다. 이 때 너무 많이 손대지 않는 것이 중요하다. '원 터치'로 끝내는 것이 이 방법의 매력이며 또한 가장 조심해야 할 점이다. 수석을 주울 때 호랑이를 닮은 돌이 꼬리가 없다고 해서 꼬리를 만들어 붙이면 부자연스러워지는 것과 같이 자연의 현장성과 자연 그대로의 느낌이 망가져선 안 된다.

〈바이올린〉 정민선(중3), 2010

숲길을 거닐다 양쪽으로 벌레 먹은 나뭇잎을 발견했다. 누가 봐도 바이올린 모양이다. 그러면 활은 무엇으로 할까? 나뭇가지로 하긴 너무 굵은 것 같고, 솔잎이 좋겠다.

〈뚫어 뻥〉 심지현(중1), 2007

지현이가 학교 울타리 주변을 걷다가 버섯을 발견하고 발로 뻥 찼더니 버섯이 나뒹굴다 뒤집혀 멈춘다. 막대기를 하나 대니 화장실에서 쓰는 '뚫어 뻥' 같다.

연상되는 것을 덧붙여 그리기

보통 사람들이 그냥 지나칠 것들도 자연미술적 호기심과 감성을 가지고 바라보면 특별한 내용으로 보일 수 있다. 그것은 사람마다 보는 시각이 다르기 때문인데 똑같은 것을 보고도 서로 다른 작품이 계속해서 나올 수 있다. 다른 사람이 공감하든 못하든 내 생각을 자신 있게 표현해 보자.

〈꽃과 나비〉 이소현(초1), 2008

갯벌의 조개껍데기를 보고 꽃을 그렸다. 이는 조개껍데기를 나비로 보았기 때문이다. 우리는 어떤 사물을 본래의 모습이 아닌 다른 것으로 보기도 하는데 이러한 무의식적 은유는 어린 아이들에게서 흔히 나타난다.

〈얼굴〉 김재현(중3), 2005

이 빠진 아이가 천진한 미소를 짓고 있는 이 작품의 출발은 두 개의 돌이다. 두 개의 돌을 하나는 코로, 하나는 이로 설정하고 눈과 입을 그린 것이다. 다 된 작품을 보는 것은 쉽지만 막연한 두 개의 돌을 보고 이렇게 얼굴을 생각해 내는 것은 쉽지 않은 일이다. 하지만 아무런 고민도 없이 이런 생각을 할 수 있는 것이 또한 아이들이다.

특별한 상황이나 재료를 만났을 때

가끔은 자연 속에서 다시 만나기 어려울 정도로 아주 흥미로운 상황을 만나기도 한다. 누가 봐도 그렇게 하고 싶어지는, 먼저 본 사람이 임자인 '선물'같은 상황이다. 이럴 땐 개인적으로 흥미를 느낀 바로 그 내용을 표현하면 된다.

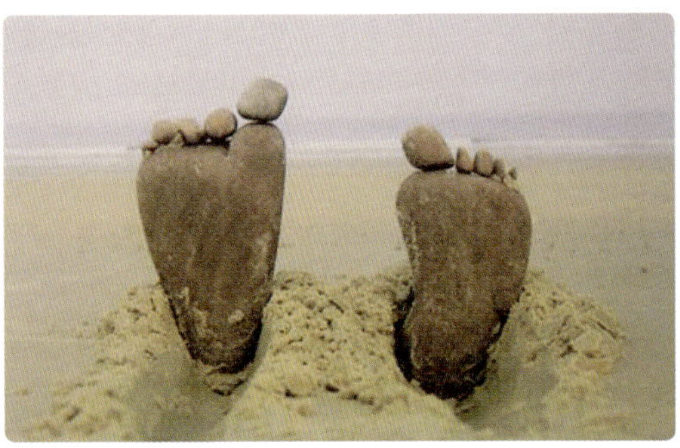

〈발〉 고승현, 1984

이 사진을 보는 사람마다 발이라고 생각할 것이다. 작가는 큰 돌을 세우고 작은 돌을 올려놓기 전부터 돌 모양에서 발을 '발견'했을 것이다.

〈장미〉 김수정(중3), 2007

말라서 벌어지기 시작한 히말라야 삼나무의 솔방울은 그대로 갈색 장미꽃 같다.

자연물을 몸에 대거나 붙여보기

그냥 두면 그저 그런데 옷이나 몸에 붙이면 재미있는 상황이 되는 경우가 있다. 자연물이 패션의 일부가 된 것 같기도 하고 자연과 내가 하나가 된 느낌이 들기도 한다. 패션디자이너가 꿈이라면 이런 경험은 정말 큰 도움이 될 것이고 잊을 수 없는 기억이 될 것이다.

〈나뭇잎 단추〉 신서정(중2), 2008

몸에 자연물을 붙이거나 대보는 것도 의외로 재미있다. 같은 나뭇잎도 머리에 대면 핀이 되고 귀에 대면 귀고리가 된다.

〈입술〉 이은혜(중3), 2008

히말라야에선 붉은 포인세티아를 '레드 립스 플라워'라 한다. 먼 옛날 거기서도 누군가가 이렇게 입술에 대보며 미소 짓지 않았을까?

몸을 자연과 잇대어 보기

자연과 대화를 하는 것처럼 친근한 느낌이 드는 방법이다. 어린 아이들이 자연 속에 있을 땐 따로 배운 것이 없어도 자연스레 이런 행동이 나온다. 아이들은 어른보다 자연에 가깝듯 자연미술과도 가깝다. 자연과 접촉하는 것만으로도 대부분의 아이들은 마음이 열리고 편안해진다.

〈손 폭포〉 이승현(초4), 2007

논길을 걷다가 시원하게 쏟아지는 작은 물줄기를 만났다. 아이들은 반사적으로 다가가 물에 손을 댄다. '손 폭포'라는 말만 들으면 공감이 잘 안되지만 이 사진과 함께라면 공감이 된다.

〈민들레〉 이성원, 2001

화창한 봄날, 민들레가 얼마나 부드러운지 손에 얹어 보고 싶었다. 구름처럼 가벼운 느낌일 것이라고 생각만 하지 말고 만져보자.

인공물을 이용하기

자연미술에서 인공물이 자주 등장하는 것이 바람직하진 않다. 하지만 현장에서 우연히 발견한 인공물이 재미있는 역할을 해주는 경우도 있다. 미리 인공물을 준비할 것까지는 없지만 적절한 상황이 되면 써보는 것도 좋다. 경험에 비추어 볼 때 유리, 거울, 비닐, 철사 등 재료 자체는 강하게 드러나지 않으면서 자연을 드러낼 수 있는 것들이 좋다.

〈태양을 잡다.〉 이성원, 2008

비닐봉지로 태양을 잡을 순 없지만 반투명의 비닐 속에서 태양이 빛나는 것처럼 보인다. 이처럼 누구나 알 수 있는 뻔한 트릭은 사람들을 웃음 짓게 한다.

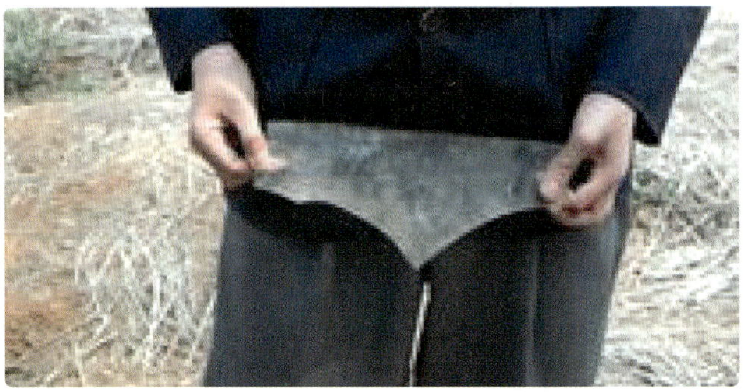

〈유리 팬티〉 박형빈(중3), 2007

한창 예민한 사춘기인 형빈이가 좀 '민망한' 작품을 했다. 팬티 모양으로 깨진 유리가 투명하다는 것이 이 작품을 흥미롭게 하는 요소일 것이다.

〈오이 기린〉 이성원, 2016

기린 모양을 오려 낸 종이를 늙은오이에 대니 정말 기린처럼 보인다.

〈단풍잎 바이올린〉 이유나(고1), 2016

바이올린 모양을 오려 낸 종이와 붉은 잎이 잘 어울린다. 이런 방법으로 교내 가을 음악회 포스터를 만들어도 좋을 것 같다.

자연에 그리기

우리나라 사람들은 어디든 자신의 흔적을 남기기를 좋아하는 것 같다. 지리산 정상에까지 '○○○ 왔다 감'이라고 쓰고 내려와야 직성이 풀리니 말이다. 자연에 그리기는 이런 걸 말하는 것이 아니라 마르고 썩어 사라질 것들 위에 살짝 흔적을 남기는 것을 말한다. 가방에 항상 먹물이나 펜을 준비하라는 말이 아니고 정말 다른 것으로는 도저히 표현이 안 될 때 살짝만 그어 보자는 말이다.

〈웃는 나무〉 이성원, 2004

겨울 숲을 걷다가 하트 모양 같기도 하고 웃는 얼굴의 입모양 같기도 한 가중나무 잎자리를 발견했다. 사인펜으로 눈을 그려 넣으니 천진하게 웃는 아이 같다. 소꿉놀이를 할 때의 유치했던 설정은 학령이 높아질수록 어려워지지만 나무나 돌 등이 사람처럼 보일 때 아이들은 자연과의 교감이나 일체화가 보다 쉬워진다.

〈물고기〉 이성원, 2007

겨울 어느 날, 살랑살랑 바람에 갈대 잎이 흔들린다. 순간 그것이 물고기로 보였고 '살랑거리는 자작나무 가지를 볼 때마다 어떤 아이가 나무를 흔드는 것이길 소망한다.'던 로버트 프로스트의 싯귀가 떠올랐다.

자연재료로 그리기, 만들기

자연재료로 무엇을 그리거나 만들어 보자. 물감이나 색종이가 주는 느낌과는 많이 다르다. 계속해서 두고 볼 수 없다는 점이 아쉽긴 하지만 그 아쉬움을 사진으로 기록할 수 있으니 다행이다.

〈왕벌〉 작자 미상(학생작품), 2007

평범한 재료들을 모아 벌의 이미지를 잘 표현했다. 두 날개의 색이 다른 것이 흥미롭다.

〈하트 여우〉 작자 미상(학생작품), 2013

자연엔 하트 모양이 많다. 강아지풀과 질경이 잎으로 만든 여우의 눈이 이름 모를 풀잎으로 하트 모양이 됐다.

햇빛, 바람, 물…과 함께하기

햇빛, 바람, 물, 시간… 흐르고 움직이는 것들은 그렇지 않은 것들에 비해 묘한 매력이 있다. 비눗방울이 그렇듯 한번 지나가면 다시는 못 만난다는 아쉬움 때문일까? 이처럼 계속해서 움직이고 있는 것들과 함께 하는 경우는 동영상으로 찍어 두는 것도 좋다. 달팽이나 지렁이, 작은 벌레들, 갯벌의 구멍 속을 들락거리는 새끼 꽃게 등 움직이는 생명체와 함께 할 수 있는 작업도 있을 것이다.

〈민들레 불기〉 김민석, 배성빈, 이상혁(고1), 2015

평소엔 이런 행동을 전혀 안하던 고등학교 남학생들이 민들레를 분다. 어색해서 웃음이 나지만 기분은 좋다.

〈물고기 친구〉 이성원, 2006

어린 날의 기억이 묻어있는 집 앞 개울, 이곳의 물고기들이야 어린 날의 그 녀석들은 아니겠지만 오늘은 고향 친구들처럼 반갑게 느껴진다.

자신만의 새로운 방법으로 해보기

가장 권장하고 싶은 방법이다. 위에 설명한 방법을 아예 무시하고 그냥 해도 좋다. 위에서 말한 십여 가지 방법들은 이해를 돕기 위해 소개한 것이지 그 틀에 얽매일 필요는 없다. 정해진 방법도 없고 다음에 어떤 방법으로 하게 될지도 알 수 없을 만큼 한없이 다양한 것이 자연미술의 가장 큰 매력이다. 어린아이가 아무 고민 없이 순식간에 벽에 해 놓은 낙서처럼 자연 속에서 뭐든 자유롭게 해 보자.

선생님, 이렇게 수업해 보세요 (자연미술 수업 과정)

참고작품 감상을 통한 자연미술 익히기(1/4차시)

이 시간에는 미술에 대한 고정관념과 선입견 허물기를 통하여 어떤 재료, 어떤 기법으로든 미술표현이 가능하다는 것을 학생들이 받아들이도록 하는 것이 중요하다. 유치원 이후 지금까지 다양한 미술활동을 해왔겠지만 그보다 훨씬 더 크고 자유로운 생각, 미술에 대한 열린 시각을 갖도록 도와주는 시간이다. 이때는 되도록 다양한 유형의 자연미술 작품을 미리 선별하여 제시하는 것이 좋으며 명상적이고 의미를 중시하는 작품보다는 유머러스하거나 학생들이 보기에 친근한 작품을 제시하여 작품제작의 심적 부담에서 벗어나게 해 주어야 한다. 또한 새로운 유형의 작품이, 수업을 받는 학생들을 통해 얼마든지 나올 수 있다는 인식을 심어주는 것이 좋다.

▲ 자연미술 실내수업 장면
(1/4차시, 4/4차시)

◀ 자연미술 야외수업 장면
(2/4차시, 3/4차시)

참고작품 감상을 통한 자연미술 익히기(1/4차시)

* 이 수업에 필요한 자연미술 작품 자료는 이성원선생님의 블로그에서 찾아볼 수 있다.
블로그 주소 http://blog.naver.com/celline70

활동단계	주요 활동	자료 및 유의점
도입	● **미술에 대해 생각해 보기** - 자신의 생각이나 느낌을 모양이나 색깔로 나타내는 것이 미술이다. - 그렇다면 미술은 꼭 연필이나 물감으로 그리고, 찰흙이나 지점토로 만드는 방법만 있을까? - 우리 주변에서 흔히 볼 수 있는 자연물이나 재활용품 등의 사물만 가지고서도 자신의 생각이나 느낌을 표현할 수는 없을까? - 동물, 곤충들의 정교하고 신비로운 활동을 미술이라 할 수 있을까? - 미술에 대한 선입견이나 고정관념 깨기	- 특이한 재료나 기법으로 제작되어 관심을 끌 만한 현대미술 작품 제시 - 자연 상태 그대로 작품이라 할 만한 자연사진 제시
전개	● **자연미술 참고 작품 감상하기** - 학생들이 흥미를 가질만한 작품, 유머러스하고 기발한 작품 위주로 감상 - 다양한 표현방법 제시하기 - 자연미술 작품을 같이 보며 표현방법, 특징, 흥미로운 점 등을 서로 이야기하기 - 일반적 미술과 자연미술의 차이점은 무엇인지 이야기하기	- 자연미술 작품 제시
정리	● **자연미술 작업 계획 세우기** - 새로운 표현방법을 생각해 보도록 독려하기 - 주변(학교 내외) 환경과 날씨, 계절적 요소를 생각하며 작품 제작을 위한 계획 세우기 - 자연미술 작품계획서 작성하기(그림, 설명) - 모둠활동으로 할 수 있는 작품계획 세우기	- 지역, 계절, 날씨 등의 환경특성 고려하기

야외 현장에서 자연미술 하기(2/4, 3/4차시)

(이 수업은 여러 차례 반복해도 좋다.)

자연미술 야외 현장수업은 참고작품 감상수업 직후 이루어지는 것이 좋다. 그래야 직전 시간에 본 참고작품과 유사한 작품으로 쉽게 작품제작의 물꼬를 틀 수 있다. 처음에는 어떤 모양을 닮은 형상을 '발견'하는 학생들이 많으며 이때 특히 많이 발견하는 형상은 얼굴이다. 시간이 흐를수록 손이나 발 등 몸의 일부에 자연물을 연장하거나 자연물로 뭔가를 '만드는' 작업이 이루어진다. 대부분의 학생들이 뭘 어떻게 해야 할지 모르고 막막해 하지만 한두 명에 의해 작품이 나오기 시작하면 많은 학생들이 놀이하듯 자연스럽게 따라하게 된다. 이때 지도교사는 어떤 작품이든 인정하고 격려하여 주변을 의식하지 않고 무엇이든 자유롭게 표현할 수 있는 분위기를 조성하는 것이 중요하다. 또한 이 시간에는 학생들로 하여금 게으름을 피울 수 있게 해주어야 한다. 야외에서 하는 활동이기 때문에 그에 따른 위험요소를 항상 숙지하고 안전지도를 철저히 해야 하지만 그 이외의 활동은 학생들에게 완전히 자유로운 시간이 되도록 해주어야 한다. 필자는 이 수업을 진행할 때 학생들에게 전혀 부담을 주지 않는다. 야외 현장에서의 자연미술 수업은 수차례 반복해도 좋다. 다음은 필자가 실제 자연미술 수업을 수행평가로 실시할 때 학생들에게 제시하는 내용이다.

- 기발하거나 재미있는 발상의 작품을 할 경우 한 작품만으로도 좋은 점수를 받을 수 있다.
- 내용이 좀 미흡하더라도 작품 수가 많으면 좋은 점수를 받을 수 있다.
- 아무 작품도 안하고 그냥 지정된 범위내의 자연 속에 같이 있는 것만으로도 수업에 참여한 것으로 인정하여 중간 단계 정도의 점수를 부여한다.
- 수업시간에 그냥 걸어 다니기만 하거나 벤치에 누워있거나 나무 밑에 앉아 한 시간 내내 친구랑 이야기만 해도 된다. 그 장소에 있기만 하면 수업에 참여한 것이다.
- 떠오르는 생각이 없거나 하고 싶지 않을 땐 수업 이후 다른 시간 (쉬는 시간, 점심시간, 방과 후 등...)을 통해 한 달 이내에 얼마든지 만회할 수 있다.
- 어떤 작품을 하든 선생님은 절대로 무시하지 않고 인정하고 사진으로 찍고 감상 시간에 친구들 앞에서 보여줄 것이다.
- 어떤 일이든 그 일을 아주 잘하는 사람도 있고 덜 잘하는 사람도 있게 마련이다.
- 마음 편히 한두 시간 나갔다 오자!

야외 현장에서 자연미술 하기 (2/4, 3/4차시)

활동단계	주요 활동	자료 및 유의점
도입	● **편안해지기 (주변 환경에 적응하기)** - 출결 확인, 주의사항 전달 - 날씨, 계절 등 그날의 현장 상황을 천천히 몸으로 느껴보기 - 현장 상황에 따른 자연미술 작품 구상하기 - 독충, 독사, 쯔쯔가무시, 유행성출혈열 등 계절, 지형 등에 따른 위험에 대한 안전지도를 반드시 해야 하며 어떤 이유로든 안전이 보장되지 않을 땐 수업의 장소를 제한하거나 다음으로 미뤄야 한다. (지도교사는 사전답사 등을 통해 안전 여부를 미리 확인해야 한다.)	- 안전지도
전개	● **자연미술 해보기 (참고작품을 떠올리며...)** - 미술을 한다는 생각을 하지 말고 그냥 산책한다고 생각하며 걷기, 멈추기, 바라보기, 그냥 있기...... - 자연 속, 또는 자연적 요소가 있는 인공적 환경에서 즉흥적으로 떠오르는 생각들을 자유롭게 표현해보기 - 지도교사는 어떤 표현방법이 나오든 학생의 생각을 존중하고 독려해야 함. (학생의 생각을 교사의 관점에서 묵살하거나 비아냥거리는 태도를 보이면 안 됨) - 수백 종의 서로 다른 식물들이 들판에서 스스로 자라나 듯 아이들의 작품도 그렇게 다양하고 자발적인 활동이라고 생각하기 - 학생들의 작품이 잘 이루어지지 않을 때는 지난 시간에 감상했던 작품과 비슷한 작품을 하도록 유도해도 좋다. 그러다보면 새로운 아이디어도 나오게 된다. - 이 수업을 통해 학생들은 자연이나 사물을 자신의 개인적 시각으로 보는 훈련과 그것을 자신만의 방법으로 표현하는 방법을 익히게 된다. - 지도교사는 시종일관 허용적인 분위기를 만들어야 하며 어떤 작품이 나오든 무한 긍정하는 태도를 보여 자연미술이 쉽고 부담 없는 활동이라는 인식을 심어줘야 한다.	- 지도교사가 학생 활동에 크게 개입하지 않는다.
정리	● **수업 정리** - 안전사고 여부 등 점검 - 수업 이외의 개인적인 시간에도 자연에 관심을 갖고 혼자서 자연미술을 해보도록 지도 - 한 작품도 하지 않은(하지 못한) 학생이 스스로를 무능력하다고 생각하지 않도록 지도하는 것이 중요하며 자연미술은 능력이 아니라 '그냥 별 것 아닌 활동'이라는 생각을 심어주는 것이 바람직하다.	

서로의 작품 같이 보기(4/4차시)

전 시간에 자신이 했던 작품과 친구들의 작품을 같이 감상하는 시간이다. 야외에서 실물로 작품을 보는 것과 실내에서 화면으로 작품을 보는 것은 좀 다른 느낌일 수 있다. 이 시간에 다른 친구들의 작품사진을 보며 자신만의 새로운 생각이 떠오르기도 한다. 전 시간에 여기저기 흩어져서 작품을 했기 때문에 다른 친구의 작품을 보지 못하는 경우도 있지만 이때는 빠짐없이 보게 되므로 다른 친구가 작품을 한 그 현장에 자신이 있는 듯한 간접체험의 기회도 갖게 된다. 학업성적이나 학교생활 태도가 그리 좋지 않거나 미술시간에 그림을 잘 그리지 못하는 학생이 기발한 작품을 하는 경우도 많은데 이럴 경우 자존감도 커지고 미술 이외의 다른 분야의 성취동기도 높아진다.

서로의 작품 같이 보기(4/4차시)

활동단계	주요 활동	자료 및 유의점
도입	● **감상 태도 지도** - 자신의 작품과 같은 반 친구들의 작품 같이 보기 - 감상태도 지도(감상 소감은 말하되 비판하지 않기. 자연미술 작품을 표현할 때나 감상할 때 "저런 생각도 할 수 있겠네" 하는 허용적 시각을 갖도록 지도)	
전개	● **자연미술 작품 감상** - 자신의 작품을 같이 볼 때는 어떤 생각으로 그 작품을 했는지 친구들에게 설명하기(희망하는 학생) - 친구의 작품을 같이 볼 때는 그 작품을 보며 느낀 점 말하기(희망하는 학생) - 같은 상황에 있었다면 다르게 표현할 수도 있는 새로운 발상에 대해 서로 이야기하기 - 편안한 분위기에서 작품을 감상하고 토론하기	- 학생 작품 (PPT자료)
정리	● **수업 정리 (새로운 자연미술 작품 구상하기)** - 작품 감상 후 새롭게 떠오른 발상 메모하기 - 자연미술이라는 활동의 전체적인 느낌에 대해 서로 이야기하기 - 자연미술은 (　　)다! 왜냐하면 (　　)이니까. 라는 물음에 답해 보기 - 꼭 자연물이 아니어도 새로운 조합으로 재미있는 발상이 이루어질 수 있다는 점을 예를 들어 설명하여 타 교과나 일상의 다른 분야에서도 적용해 보도록 지도하기	

자연미술 수업을 처음 시작하는 교사를 위한 안내

> 가르침의 예술이란
> 발견하도록 돕는 기술이다.
> — Mark Van Doren

자연미술은 사실 어려울 게 없습니다.

다른 사람의 작품을 보면서 이런 저런 얘기로 한 시간을 보내고 다음 시간에 사진기 들고 같이 나가면 정말 이름처럼 자연스럽게 아이들에게서 작품들이 나옵니다. 그 이런 저런 얘기라는 것도 그냥 사랑방에서 수다 떨듯 다 부담 없는 얘기들이지요. 물론 지도하는 사람이 이야기의 방향을 어떻게 끌고 나가느냐가 중요하긴 합니다. 꼭 해야겠다고 생각되는 이야기는 메모를 해두는 것도 좋아요. 어느 때 어떤 이야기를 할 것인지, 그 이야기를 하면서 무엇을 보여줄 것인지... 모든 것이 계획적으로, 그러나 자연스럽게 진행되어야 합니다. 우선 미술에 대한 부담감을 없애줍니다. 예를 들어 미술을 좋아하는 사람, 싫어하는 사람, 그저 그런 사람 손들어 보라고 해요. 그리고 좋은 사람은 왜 좋은지, 싫은 사람은 왜 싫은지 묻습니다. 대부분 싫은 사람은 잘 못해서 싫다고 해요. 그럼 저는 또 묻습니다. 왜 자기가 못한다고 생각하지? 누가 너보고 미술 못한다고 그랬니? 하고 묻습니다. 6학년 때 우유팩 그리기 했는데 선생님이 너같이 못 그리는 애는 처음 본다고 그랬어요. 아! 그랬구나. 그럼 선생님이 못 그린 것 같은데 유명한 그림들을 좀 보여줄까? 하고 바스키아나 키스헤링, 아르키 팽크 같은 작가의 그림들을 보여주기도 합니다. 수업 때마다 항상 그러는 건 물론 아니죠. 자, 이 그림들 잘 그렸니 못 그렸니? 하고 물으면 대부분 '못 그린 것 같은데요' 하고 대답해요.

▲ 〈무제〉
장 미셸
바스키아, 1981

▶ 〈East end〉
A.R. **펭크, 1979**

선생님 못 그렸는데 왜 유명할까?

학생 유명한 사람이 그렸으니까 유명하죠.

선생님 이 사람들이 왜 유명한데?

학생 처음엔 잘 그렸겠죠.

선생님 (웃음) 처음부터 저런 식으로 그렸는데... 바스키아는 낙서같은 벽화를 많이 그린 사람인데.... 그럼 바스키아 그림을 6학년 때 그 선생님께 보여드린다면 뭐라고 하실까?

학생 발로 그렸냐고 할 것 같은데요.

전체 (웃음)

선생님 발로 그렸냐고 할 것 같은 그림이 세계적인 그림이네. 네가 6학년 때 그린 그림도 세계적인 그림이 될 수 있겠다 야....

학생 그렇네요.

선생님 미술을 왜 하지?

학생 ...... 선생님이 하라니까 하죠, 시간표에 있으니까,

선생님 아... 그렇지, 그럼 시간표에 없으면 미술을 전혀 안할까?

학생 그냥 낙서는 하겠죠.

선생님 그렇지! 아기들은 기어 다니기도 어려울 텐데 엄마 립스틱을 잡기만 하면 아무데고 그리지? 어른들도 사실은 그림을 그리지. 공중화장실이나 벽에 낙서도 하고 누가 길을 물어보면 약도도 쓱쓱 잘 그려서 보여주지. 약도 그리는 어른 본 적 있냐? 전혀 망설임 없이 그냥 일필휘지로 쓱쓱 그리잖아. 그런데 니네들은 왜 그렇게 종이만 펼치면 떨고 있냐 뭐가 무서워서? 미술이 뭐지? 참고서에 뭐라고 나왔데? 미술의 뜻, 어디서든 빨리 찾아 보자. 인터넷으로 찾아 볼까? 작년에도 배웠을 텐데.... 아는 사람?

학생 예, 자기의 생각이나 느낌을 형태나 색채로 표현하는....

선생님 어려운 말이 좋은 건 아니지. 좀 더 쉬운 말로 바꿔서 얘기할 사람.

학생 자기 생각이나 느낌을 모양이나 색깔로 나타내는 예술요.

선생님 그렇지, 모양이나 색깔로 자기 하고 싶은 걸 하는 게 미술이야 요즘은 물론 소리나 몸짓 그런 걸로도 하지만.

선생님 자, 그러면 화면에 나오는 작품들을 한번 볼까요?

(지도교사의 자연미술 작품, 다른 학생들의 자연미술 작품을 보여준다.)

선생님 자, 민들레를 따서 손에 얹고 있네, 이게 누굴까요?

학생 선생님 같은데요.

선생님 맞았어요. 선생님이 공주에서 부여 쪽으로 서너 시간을 천천히 걸어가면서 한 작품입니다.

학생 하! 작품요? 저런 것도 작품이예요? 나두 하겠네. 그지?

선생님 좀 전에 미술이 뭐라고 했지? 자기가 하고 싶은 것을 주로 모양이나 색깔을 이용해서 나타내는 거라고 했지?

학생 예....

선생님 그럼 이게 미술일까 아닐까?

학생 미술이네요.

선생님 몇 개 더 봅시다.

(작품을 넘기면서 에피소드 등을 쉽고 친근하게 설명한다.)

선생님 이런 걸 왜 했을까?

학생 글쎄요?

선생님 만일 금요일 오후 학교 끝나고 집에 가는데 선생님 나이쯤 되는 어떤 아저씨가 혼자 저러고 있다고 생각해봐. 어떤 느낌이 들까?

학생 이상하죠. 미쳤나 하고 또 봐요.

선생님 좀 이상하지?

선생님 우리가 아는 유명한 미술가들 중에는 처음부터 환영받지 못하고 이상한 사람 취급받던 사람들이 많단다. 그리고 남들이 이상하게 보면 어때, 나만 재밌으면 되지. 안그러냐?

학생 맞아요.

선생님 자, 이런 작품은 처음부터 이러려고 계획을 하고 나갔을까 아니면 나가서 걸어가다 보니 이런 게 보이고 생각나서 즉흥적으로 했을까?

학생 즉흥적으로....

선생님 그렇지. 우리도 다음 시간엔 같이 사진기 들고 저쪽 소나무 숲에 한번 나가 보자. 미리 계획해도 잘 안 돼요. 그냥 심심해서 걸어 다니는 사람처럼, 스트레스가 있어서 쉬러 온 사람처럼, 열쇠 잃어버린 사람처럼 그냥 걸어도 보고 앉아있기도 하고 이것저것 살펴보기도 하고 내키지 않으면 둘이 앉아서 한 시간 내내 속닥거리다 와도 되고 작품을 해도 되고 안 해도되고....

학생 점수 안 깎아요?

선생님 네, 안 깎아요! 약속.

학생 길 건너서 뭐 사먹고 오고 그래도 돼요?

선생님 그건 안 되지, 위험하기도 하고.... 자 그럼 다음 시간에 하면 안 되는 것 세 가지. 잘 기억해라. 첫째 — 무단이탈하지 않기, 선생님이 정해준 곳을 벗어나서 숨거나 도망가지 말란 얘기지? 둘째 — 소리 지르거나 뛰어다니지 않기. 너무 크게 소리를 지르면 다른 친구들한테 방해도 되지만 골똘히 생각하기가 어렵지, 물론 이게 생각을 많이 한다고 좋은 건 아니지만 뛰어다니는 것도 비슷해, 조용히 걸어 다니기. 셋째 — 주민들에게 피해 주지 않기. 그 세가지만 지키면 한 시간 동안 아무것도 안 하고 있어도 뭐라고 안 한다. 하지만 뭘 자꾸 해보려고 노력하는 게 좋겠지?

학생 이걸로 수행평가 해요?

선생님 응, 다음 시간엔 안 하고 그 다음 시간부터 두 시간 정도 해서 수행평가 할 거야.

학생 기준이 뭐예요?

선생님 기준은 지난번에 교실에 붙여줬을 텐데...

학생 아, 그게 이거예요?

선생님 네, 이게 그거예요! 기준은 두 가지다. 우선 창의적이고 재미있는 생각, 기발한 생각을 한 작품은 한 작품만으로도 A를 준다. 그렇다고 하나 해놓고 마음에 든다고 안하면 안 되겠지? 그리고 또 한 가지, 창의성은 안 보고 그냥 많이 한 사람, 선생님이 갯수를 정할 텐데 예를 들자면 10개 이상 한 사람은 무조건 A.

학생 그럼 B, C, D는 어떻게 줘요?

선생님 응 정해진 기준대로 도달 정도를 단계별로 끊어서 줄 거야.

학생 이것도 어렵네요 뭘. 그날따라 생각이 잘 안 떠오를 수도 있잖아요.

선생님 그건 걱정 마라. 수업은 두 시간 하고 그 시간에 아무것도 못한 사람은 만회할 수 있는 기간을 한 달 줄 거야. 그 안에만 하면 늦게 했다고 해서 감점은 없다.

학생 와아, 길다.

선생님 맘에 드니?

학생 예....

선생님 그럼 다음 시간에 수업 겸 놀이 겸, 휴식 겸해서 나가자, 준비물은 없어요.

학생 자기가 사진기 가져와도 돼요?

선생님 당연하지, 그러면 선생님을 도와줄 수도 있겠는데? 자기 꺼나 친구 껄로 찍었어도 선생님이 정리를 해야 되니까 선생님한테도 또 한번 찍어 달라고 하는 게 좋아, 알았지?

학생 예

둘째 시간 / 셋째 시간(실외에서 모임)

선생님 반장, 다 나왔니? 몇 명이지?

학생 25명요.

선생님 잠깐 인원파악 좀 하고... 줄은 맞추지 말고 그냥 땅에서 발 떼지 말고 그냥 있어라. 세어 보게. 어... 맞네. 자. 나오니까 좋지? 오늘 날씨가 어때요? 일기예보 하는 사람처럼 말해봐....

학생 북태평양 고기압의 영향으로....

선생님 그건 아마 봄에 안 올걸? 어쨌든 오늘 날씨를 봅시다. 햇빛이?

학생 좋아요.

선생님 햇빛이 좋으면 뭣도 좋다?

학생 그림자.

선생님 그렇지. 그림자가 오늘 진합니다. 아주 맑은 날이지요? 다른 것도 많지만 오늘은 햇빛과 그림 자를 이용한 작품들이 많이 나올 것 같네요. 아침부터 혹시 계획한 작품이 있는 사람? 없네, 없는 게 더 좋아.

선생님 자 그럼 움직여 볼 텐데 지난주에 하지 말라는 것 세 개 있었죠? 그것만 지키면 뭐든 자유롭게 해도 된다. 내 작품이 유치하게 느껴져도?

학생 뻔뻔하고 당당하게!

선생님 친구 작품이 유치하게 느껴져도?

학생 비웃지 않기!

선생님 왜? 우리 모두 유치해지려고 작정했으니까... 알았죠?

학생 네!!!!!

선생님 그럼 선생님 따라서 학교 울타리 안쪽을 한 바퀴 돌고 소나무 숲으로 가겠어요. 너무 빨리 움직이면 사진 찍기도 힘드니까 무리 지어서 천천히... 이틀 굶은 사람처럼 걸어 봅시다.

학생 웃음...

선생님 작품을 할 때 너무 고민하지 않아도 돼요. 아무 생각 없이 그냥 느껴지는 대로, 너희 말대로 하면 삘(feel)이 꽂히는 대로 하는 게 제일 좋다. 잘 하려고도 하지 말고, 많이 하려고도 하지 말고, 잘되면 잘하고, 많이 되면 많이 해. (학생들이 부르는 대로 따라다니며 사진 찍어주기 — 이 때 교사의 입장에서 작품을 선별하면 안 된다. 아이들이 찍어달라고 하는 모든 것을 찍어 준다.)

넷째 시간(교실)

선생님 오늘은 지난 시간에 밖에 나가서 한 여러분들의 작품을 한번 보겠어요. 기대 되나 안 되나?

학생 기대 돼요! 근데 얼굴 나온 거 빼주세요.

선생님 왜?

학생 아이 그냥 빼주세요.

선생님 얼굴 이상하게 나왔을까봐 걱정돼니?

학생 네, 걱정돼요. 이상하게 나왔을 거 같은데... 창피해요.

선생님 그 창피한 얼굴을 십 년 넘게 어떻게 들고 다녔대요? 자, 우리끼리 보는 거니까 오늘은 그냥 다 보고 선생님이 다른 데 가서 여러분들 작품을 보여줄 때는 얼굴 나온 사람한테 동의를 구할게요. 그땐 빼 달라면 빼 줄게, 됐지?

학생 그럼 딴 반 가서도 보여주실 거예요?

선생님 같은 학교 친군데 어떠냐, 너도 옆 반 애들 꺼 다 봤잖아. 어떻게 생각하니?

학생 그래도 좀....

선생님 자기 작품이 나올 땐 작가가 일어서서 간단히 그때 상황이나 생각을 설명하겠습니다. 작가 설명이 없으면 신생님이 느낀 대로 설명하겠어요. 작가가 설명한 뒤에도 선생님이 좀 얘기 하고... 다들 참 잘했다. 놀랬어요.

학생 우리가 작가예요?

선생님 그럼. 한자로 작가가 무슨 뜻이지? 지은이, 만든 사람. 그렇지? 그럼 당연히 작가지. 잘 한 사람이 작가가 아니고 뭐든 했으면 작가다. 우리 모두 작가야.

학생 아무나 작가네요. 어이 김작가? 왜 그러나 이작가?

선생님 그래 자연미술에서만큼은 모두가 작가다. 다른 일이 바빠서 대부분 잠시 쉬고 있는 작가지.

넷째 시간 끝부분

선생님 자, 시간이 10분 정도 남았는데 자연미술 해 보니까 어때요? 재밌지요?

학생 예....

선생님 일단 왜 좋아요?

학생 부담이 없어요. 나가니까 좋아요.

선생님 그렇지? 부담 없이 그냥 했는데도 오늘 본 것처럼 정말 기대 이상으로 재미있고 훌륭한 작품들이 많이 나왔어요. 세상에 저 친구가 저런 기발한 생각을? 어때요, 평소 모습과는 달리 아이디어가 팡팡 터지는 친구들도 많이 나왔죠?

학생 예.

선생님 스스로 대견하게 생각되는 친구들도 있을 거예요.

선생님 재미있는 작품을 한 그 친구들이 다 공부 잘해요?

학생 아뇨.

선생님 사람은 누구나 잘하는 게 있고 잘 못하는 게 있어요. 그건 어쩌면 공평한 거예요. 앞으로 자연미술을 또 할 기회가 있겠지만 그렇지 않더라도 생활 주변의 풀잎 하나, 곤충 한 마리, 바람, 구름, 물, 나무, 돌... 그런 것들을 유심히 바라보고 살면 좋겠어요. 그러다 보면 여러분들 중에 발명가도 나올 테고 과학자도 나올 테고 작가, 음악가... 훌륭한 사람들이 많이 나올 겁니다. 자연미술을 한마디로 말한다면 삐리리(○○○)다. 자연미술을 뭐라고 말할 수 있을까? 이것도 평가 아니에요, 자유롭게... 시간이 없네. 다음 시간엔 다른 거 하겠지만 일주일 동안 한 번 생각해 보기, 알았죠? 그리고 어떻게 하기로 했지? 자연미술 수업시간 아닐 때도?

학생 자연미술 해보기....

선생님 네, 여러분들이 아는 것처럼 한 달에 한 번씩 환경운동연합 책자의 표지작품을 뽑고 있어요. 거기 선정되는 영광이 있기를... 수고했어요. 인사....

학생 감사합니다....

(위 내용은 필자의 자연미술 수업 과정을 녹취한 것처럼 정리한 것임.)[4)]

자연미술 수업으로 마음이 건강해지는 아이들

필자는 15년 이상 아이들과 자연미술 수업을 지속적으로 해 왔다. 자연 속에서의 수업 횟수가 늘어나면서 아이가 더 밝고 활발해지는 모습, 무례한 행동이 줄어드는 모습, 자기 생각만 하던 아이들이 남의 말을 경청하고 배려하는 모습, 어울리지 못하던 아이가 조금씩 마음을 여는 모습 등 많은 바람직한 변화를 보게 되었다. 처음엔 그런 일들을 우연으로 생각했지만, 요즘은 자연미술 수업이 아이들의 마음을 바르고 편안하게 해주어 안정된 마음과 바른 인성을 갖게 하는데 도움이 된다고 믿고 있다. 물론 그런 변화가 이 수업만으로 이루어진 것은 결코 아닐 테고 한두 번의 자연미술 수업으로 이루어진 것도 아닐 테지만, 그 긍정적인 변화에 작게나마 작용하고 있음을 느낀다. 처음에 자연

4) 이성원, 「자연미술이 뭐지?」, 구름서재(2010)

미술은 단기적 수업을 통한 아이들의 창의성 신장 측면에서 크게 주목받았다. 하지만 머리를 감으면 손톱의 때가 저절로 빠지는 것처럼, 창의성만을 길러주는 줄 알았던 이 수업이 요즘 우리 학생들에게 요구되는 여러 긍정적 요소들을 길러주는 것을 피부로 느끼게 되었다. 아직은 이 수업의 그런 측면들이 학술적으로 본격 연구된 것은 아니다. 하지만 아이들과 함께 한 그동안의 기간은 그것을 스스로 검증하기에 결코 부족하지 않은 시간이었고 자연 체험이 아이들을 변화시킨다는 연구는 어렵지 않게 찾아볼 수 있다.

최근 자연에서 시간을 보내면 신체 발달과 정서 안정에 도움이 된다는 연구 결과들이 나오고 있고 집중력 결핍, 과잉행동장애 증상이 줄어들고 인지능력이 높아지며 스트레스와 우울증에 대한 저항력도 늘어난다는 연구보고도 있다. [자연에서 멀어진 아이들]의 저자 리처드 루브는 '자연결핍 장애'[5]라는 말을 쓰고 있으며 ADHD 아동의 치유효과 등 아이들에게 자연이 필요한 이유를 역설하고 있다.

인성은 '더불어 잘 살 수 있는 능력'[6]이며 인성교육의 목적도 '자신의 내면을 바르고 건전하게 가꾸어 타인, 공동체, 자연과 더불어 사는데 필요한 인간다운 성품과 역량'을 기르는 것[7]이라고 한다. 타인, 공동체, 자연과 더불어 사는 데 필요한 성품과 역량이 자연 체험이나 자연미술 수업에서 어떻게 길러지는 것일까? 필자가 그 이유를 전문적으로 연구한 것은 아니기 때문에 논리적으로 입증할 수는 없으나 앞서 이야기한 것처럼 오랜 기간 동안의 경험을 통해 접하고 느낀 점을 이야기할 수는 있다.
어쩌면 그것이 더 확실한 입증일 수도 있다.

그동안 자연미술 수업을 하면서 느꼈던, 수업에 형식적 내용적으로 녹아있는 인성교육에 도움이 되는 요소들에는 무엇이 있는지 생각해 보았다.

교실을 벗어나 신선한 자연을 접하며 느끼는 근원적 안정감

엄마와의 사춘기 갈등으로 늘 어둡고 외톨이였던 ○○이는 자연미술 수업을 하러 나가자고 하면 가벼운 미소를 지었다. 자연미술을 하면 편안하고, 답답한 마음이 없어진다는 것이다. 아이들 각자가 조금씩 다르겠지만 대체로 아이들은 교실을 벗어나 야외로 나가면 편안해한다. 풀 한포기, 막대기 하나, 벌레 한 마리를 바라보면서 공부나 학교생활의 고민에서

---

5) 인간이 자연에서 멀어지면서 생기는 여러 가지 문제점으로, 감각의 둔화, 주의집중력 결핍, 육체적, 정신적 질병의 발병률 증가 등을 포함한다. 리처드 루브, 「자연에서 멀어진 아이들」, 즐거운 상상(2007)

6) 조벽, 「인성이 실력이다」, 해냄출판사(2016)

7) 인성교육 진흥법

잠시나마 놓여나는 것 같다.

> 숲 속에 있으면 엄마 신발을 신고 있는 기분이에요. 무척 평화롭고 좋은 냄새가 나요. 숲은 완전히 다른 세상이에요. 혼자만의 시간을 보낼 수 있거든요. 저는 화가 나면 숲으로 가요. 숲은 평화로워서 거기 있다 보면 기분이 풀리거든요. 그리고 집에 오면 엄마는 왜 기분이 풀린 건지 의아해 하시죠.[8)]

자연미술을 하는 아이들을 보면서 필자의 어린 시절, 그러니까 저 학생들 부모님의 어린 시절이 어렴풋이 떠올랐다. 많은 것이 부족했지만 정이 넘치고 이웃을 생각하던 시절, 아이들이 지금 편안해 하는 이유는, 최소한 자연과 가까이 대면하고 있는 동안만큼은, 그들의 부모가 어린 시절 자연 속에서 살던, 그 평화롭던 환경과 크게 다르지 않기 때문일지도 모른다.

한 여학생이 고인 물의 둘레에 막대기로 선을 긋고 있다. 우리는 종종 자연과의 조용한 접촉만으로도 마음의 안정을 얻는다.

학생을 끝까지 지지해주는 교사의 허용적 수업운영

자연미술 수업에서 필자는 아이들의 생각과 행동을 한없이 지지해 주었다. 그랬더니 아이들은 "이 선생님은 나를 한없이 믿어주시고 관심을 가져주시는구나."하고 생각하는 것 같았다. 아이들이 터무니없는 생각과 행동을 할 때도 많을 테지만 마음 문을 넓게 열고 받아들여야 한다. 역사를 보면 터무니없는 생각들이 세상을 바꿔오지 않았던가? 이때 주의할 점은 진심으로 지지하고 진심으로 허용해야 한다는 것이다.

---

8) 리처드 루브, 「자연에서 멀어진 아이들」, 즐거운 상상(2007)

여유 있는 분위기 속에서 이루어지는 자발적 학생활동

천천히 걷기도 하고 나무 밑에 앉아 친구와 계속 이야기하기도 하고... 그러다가 지루해지면 아이들은 뭔가를 하기 시작한다. 그것은 교사의 수업계획 속에 있는 것이지만 선생님이 구체적으로 시킨 것은 아니기에 자발적인 행동이다.

자발적 행동은 그렇지 않을 때보다 더 적극적이며 행동의 목표가 성취됐을 때 보람의 강도가 크며, 그런 경험이 반복될 때는 자존감이 높아지고 더 좋은 사람(도덕적 인간)이 되고자 하는 마음을 갖게 된다.

수업 중 일시적으로 만들어지고 해체되는 자율적 모둠활동(소규모 공동체)

자연미술 수업을 하다 보면 삼삼오오 모둠을 이루어 작품을 하는 경우가 있다. 처음에는 한두 명이 시작하지만 주변에 관심을 갖는 아이들이 동참하면서 모둠이 커지기도 한다. 이때는 서로 도와주거나 도움을 받기도 하며 함께 힘을 모아 무엇을 만들기도 한다. 평소 친하지 않거나 개인적으로 갈등관계에 있던 아이들이라 할지라도 이때만큼은 관계가 좋아지는 경우가 많으며 좋아진 관계가 유지되기도 한다.

자연미술 수업시간에 학생들이 그림자로 별 모양을 만들고 있다.

작은 터치 하나로 작품이 만족스럽게 완성되는 데서 오는 자긍심

자연미술에서는 아래 작품처럼 작은 터치 하나로 작품이 훌륭하게 완성되는 경우가 많다. 그것은 그 자체로 자연스럽고 완전한 상태의 자연이 작가(학생)의 발상과 접목된 것인데 이때 작가는 거의 다 된 작업에 작은 터치로 쉽게 완성한 작품에서 오는 완결적 자긍심을 느낀다. 쉽게 말하자면 별로 한 것도 없는데 마음은 뿌듯해지는 것이다. 학생에 따라서는 이것이 너무도 드물게 느껴보는 자긍심일 수도 있고 '내 인생을 바꾼 한 문장'처럼 단 한 번의 경험으로 삶의 태도가 변화되는 경우도 있다.

방사형으로 펼쳐진 풀에 막대기를 대니 불꽃놀이처럼 보인다.

나와 다른 생각을 공감하고 받아들이게 되는 실제적 체험

〈폭포〉, 〈삼겹살〉

같은 돌을 보고 한 학생은 폭포로, 다른 학생은 삼겹살로 보았다.

〈강아지〉, 〈코끼리〉

흙으로 눈을 만들어 붙인 '강아지'라는 작품을 같이 감상하다가 다른 학생이 코끼리 모습을 발견했다.

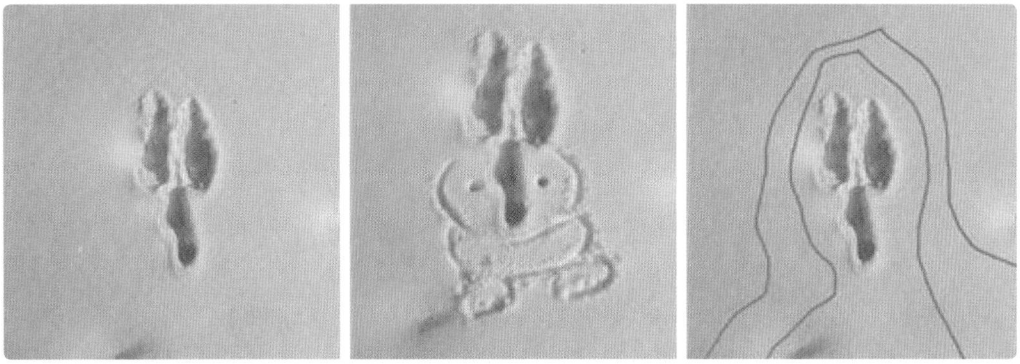

〈산토끼〉, 〈스크림〉

눈 내린 산에서 산토끼 발자국을 보고 토끼 모양을 그렸다. 컴퓨터에 저장된 사진을 보고 딸아이는 '스크림'을 그렸다. 같은 것을 보고도 사람들 저마다의 생각은 이렇게 다르다.

위의 작품사진들은 같은 이미지를 다르게 본 사례들이다. 줄무늬가 있는 바위를 보고 나는 폭포라고 했는데, 다른 친구는 삼겹살이라고 했을 경우 내 시각도 맞지만 동시에 삼겹살로 보이기도 한다. 이럴 땐 내 생각과 다른, 남의 생각을 이해하고 받아들이는 마음이 생기게 된다. 학급회의 등에서 토의, 토론을 할 경우 나와 다른 의견을 수용하지 못하던 학생들도 자연미술을 지속적으로 할 경우, 사람의 시각이나 의견은 서로 다를 수도 있다는 생각을 갖게 되어 허용적 태도로 타인의 의견을 받아들이는 너그러운 행동을 보이기도 한다. 〈강아지, 코끼리〉도 마찬가지이고 〈산토끼, 스크림〉도 마찬가지다.

십수 년 간 학생들과 자연미술 수업을 하면서 이 수업이 앞에서 언급한 내용 이외에도 학생들로 하여금 여러 가지 바람직한 성품과 태도를 길러주는 것으로 확인했다. 이미 어느 정도 완결된 형태에 가까운 자연 상황에 약간의 변화만 주어 완성하는 작품 경향은 학생들에게 자긍심과 유능감, 할 수 있다는 자신감을 주며, 자연을 유심히 관찰하던 시선은 그것을 인간에게 돌려 주변 사람들을 정감어린 시선으로 바라볼 수 있는 마음을 갖게 한다. 그 뿐 아니라 약간 불편한 것을 견디는 인내력, 낯설고 새로운 것에 익숙해지는 적응력, 주변과 잘 어울리는 공동체의식 등 자연미술을 하면서 학생들에게 나타나는 바람직한 변화는 헤아릴 수 없이 많다.

자연미술은 20C 후반 대지미술 이후에 국내에서 새롭게 발생한 미술 쟝르라 할 수 있지만 다른 한편으로 생각해보자면 인간의 삶에 태고로부터 젖어있던 익숙한 활동으로 볼 수도 있다. 우리는 산에 있는 봉우리마다 거북바위니 코끼리바위니 하는 이름 짓기를 해왔고 수석을 찾아다니기도 하며 아이들도 하늘의 구름을 보고 양떼를 연상한다. 이런 점을 생각할 때 자연미술 수업은 새로운 것을 가르치는 것이라기보다는 모든 사람들이 잠깐 잊고 있던 감성을 다시 일깨워주는 일이다. 자연미술 수업은 1회로 충분하다. 한번 자연미술 수업을 받으면 그 후로는 자연미술적 감성이 내면화되어 혼자서도 할 수 있는 특성이 있다. 오랜 경험으로 미루어 볼 때 특히 감수성이 예민한 어린이나 청소년에게 자연미술 수업은 창의력, 인성, 정서순화 등 기성세대가 그들에게 기대하는 여러 바람직한 특성들을 기르는 데 큰 도움이 되리라 확신한다.

바다와 조개

랄프 왈도 에머슨

아름다운 조개는
바닷가에 있고
파도의 거품이 조개 속
진주를 반짝이게 했다
나는 그 바다의 보물을
집으로 가지고 왔다
그러나 그것은 초라하고
보기 싫은 하찮은 물건이었다
왜냐하면 그것은 태양과 모래와
파도소리와 함께
바닷가에 그것의
아름다움을 두고 왔기에

PART

3

마음을 열어주는 감정카드와 내 마음의 보석, 가치카드

조선미 | 전남 여수부영초등학교 수석교사

교사의 마음은 자주 무너진다

인성교육은 학생들의 감정을 존중하고, 학생의 모든 행동을 의미 있게 볼 수 있는 교사의 믿음에서 시작해야 된다고 생각한다. 그리고 그 믿음을 꾸준하게 추진할 수 있는 교사의 일관성 있는 태도가 필요하다. 하지만 한 사람의 교사가 짊어지고 있는 어깨 위에 얹어진 많은 짐들은 학생들을 믿음으로 바라보며 의미를 찾는 여유를 갖게 하지 못한다. 또한 이런 저런 관계 속에서 상처 입은 마음은 치유되지 못하고 회복되지 않은 상태로 지내는 경우가 많아 교사의 마음은 자주 무너지며 학생들과의 관계는 점점 멀어지고 있는 것이 현실이다.

문제의 해결책과 모든 좋은 것은 우리들 내면에 있다

김형경은 『천개의 공감』이라는 책에서 '문제의 원인이나 해결책뿐 아니라 모든 좋은 것도 저마다의 내부에 있습니다. 인정, 지지, 사랑, 행복, 즐거움 등을 스스로 향유하고 타인과 나눌 수 있는 역량이 우리 모두의 내면에 있습니다. 이제는 그것들을 외부에서 받으려고 기대할 게 아니라 스스로에게 베풀어야 합니다.'라고 말했다. 이처럼 학교에서 일어나는 문제의 원인과 해결책을 정책이나 외부에 떠넘기지 말고 교실 안에서 교사, 학생 내면에서 찾고자 하는 관점 변화가 필요했다. 그래서 보조 바퀴를 단 두 발 자전거, 네발 자전거처럼 교사의 불안한 마음을 지지하고 도와줄 수 있는 도구가 필요했다. 보조 바퀴가 있으면 넘어지지 않을 거라는 믿음에 정면을 똑바로 향하게 되고 목적지를 향해 두 바퀴를 자신 있게 굴리는 것처럼 말이다.

감정카드와 가치카드는 인성, 감성, 어울림, 관계 향상 프로그램 등에서 감정을 소통하고 행동을 이해할 수 있는 도구로서 꾸준히 이용되고 그 효과성을 검증받았다. 이 도구를 교실에서 적용할 수 있다면 소통과 관계형성의 큰 울타리로 인성교육에 도움이 될 것이라 여기고 여러 가지 종류를 사용해보았다. 하지만 낱개 카드식으로 되어있어 책상에서 펼쳐놓고 찾아보는 시간이 많이 걸리는 번거로움이 있었고 반 전체 학생들이 함께 볼 수 있는 칠판 부착용 카드가 필요했다.

마음을 열어주는 감정카드와 내 마음의 보석, 가치카드는 기존에 있던 감정카드와 가치카드의 효과를 교실 수업현장에서 얻고자 현장에 있는 교사들의 필요와 요구에 의해 만들어진 교구이다.[1] 마음을 열어주는 감정카드는 접이식으로 제작되어 쉽고 편리하게 수업시간에 사용할 수 있으며 내 마음의 보석, 가치카드는 칠판 부착용으로 교실에서 아름다운 인성 단어들을 음미, 실천할 수 있도록 하였다. 교사와 학생, 학생과 학생들끼리 쉽게 마음을 표현하게 도와주고 서로의 행동에 보석이라는 아름다운 가치를 부여해 주는 다양한 활동으로 전개될 수 있다.

이미 마음을 열어주는 감정카드와 내 마음의 보석, 가치카드를 활용하여 소통과 공감의 교실 변화를 이끌고 있는 전국 초중등 그리고 특수 교사들의 다양한 활동사례[2]를 제시하고자 한다. 인성교육이라는 말이 화두가 되기 전부터 제자들과의 따뜻한 만남을 위해 먼저 실천하고 노력한 사례를 통해 자신에게 맞는 방법들을 찾아가고 또 다른 창의적인 방법들을 만들어가길 바란다. 이 두 가지 카드가 교사에게는 교육에 대한 일관성을 지켜줄 수 있는 힘이 되고 학생들에게는 마음을 표현하고 실천할 수 있는 기회를 제공해 줌으로써 교사와 학생, 학생과 학생들의 마음을 연결하고 바른 행동을 이끌 수 있는 인성교육의 훌륭하고 든든한 도구가 될 것이라 확신한다.

마음을 열어주는 감정카드[3]

감정은 인생의 나침판이다

우리는 매일 비슷한 하루를 살고 있는 것 같지만 감정이라는 나침반에 의해 자신만의 인생이 매일 새롭게 쓰여 지고 있다. 그런데 자신의 감정을 알아차리고 조절하는 일이 힘들어지고 있다. 학생들의 표정이 자꾸 사라지고 있다. 감정을 숨기기 때문이다. 무표정을 넘어 무기력해지기까지 하다. 얼굴만 보고는 도저히 알 수 없는 아이들의 마음속엔 뭐가 있을까? 가면 속에 숨겨진 아이들의 마음속을 들여다보고 싶은 간절함으로 만들어진 것이 "마음을 열어주는 감정카드"이다.

마음을 열어주는 감정카드란?

나의 감정을 정확히 인식하고 다른 사람의 감정에 공감하는 활동과 놀이를 통해 감정에 휘둘리지 않고 감정을 스스로 조절할 수 있도록 만들어진 도구이다. 특히 글과 그림으로 감정을 표현하여 글씨를 모르는 어린이나 감정 인식이 안 되거나 표현이 서툰 어린이도 쉽게 놀이로 다가설 수 있도록 제작되었다. 일대 일 상담활동은 물론 수업시간에도 간편하게 활용할 수 있도록 접이식으로 되었다. '불안하다'라는 감정을 기준으로

1) 조선미외 3인, 「마음의 힘을 기르는 감성수업」, 살림터(2016)
2) http://band.us/#!/한국감성수업연구회, http://cafe.daum.net/k2q
3) C-2015-016558. 편집저작물. 마음을 열어주는 감정놀이 카드. 조선미

긍정적 감정과 부정적 감정, 그리고 어떤 감정이라도 적을 수 있는 빈 카드 1장, 총 30장으로 구성되어 있다.

마음을 열어주는 감정카드의 특징

- 감정이 그림 상황으로 표현되어 있어서 감정을 잘 인식하지 못하거나 글씨를 모르는 사람, 다문화 학생들, 한국어 해득이 어려운 외국인, 특수아등 다양한 계층에서 사용 가능하다.
- 접이식으로 펼쳐지기 때문에 한 세트에 감정 30가지를 볼 수 있으며 자신이 원하는 카드를 쉽고 간편하게 찾아 사용할 수 있다.
- 일대 일 상담은 물론 교과 수업시간에 쉽게 사용할 수 있다.
- 집단 상담 시 감정 공감하는 활동에 사용할 수 있다.
- 감정 표현에 어려움을 겪는 학생들에게 흥미를 자극하여 참여도를 높일 수 있다.
- 유,초,중,고 그리고 특수교육 수업시간에 학생들의 감정을 인식하는 출발점 고르기나 수업내용에 대한 학생들의 감정, 수업을 마치고 나서 학생들의 감정 상황을 표현하는데 활용할 수 있다.
- 감정카드 뒷면에 감정에 대한 사전식 설명이 있어서 감정을 정확히 인식하는데 도움이 된다.
- 감정카드를 활용하여 친구, 가족, 교사와학생, 학부모, 교사집단 관계에서 감정을 인식하고 공감하는 도구로 사용할 수 있다.

마음을 열어주는 감정카드의 구성

행복하다. 감동하다. 즐겁다. 자랑스럽다. 만족스럽다. 자신만만하다. 안심되다. 힘나다. 설레다. 망설여지다. 조마조마하다. 막막하다. 불편하다. 부담스럽다. 당황스럽다. 안타깝다. 불안하다. 두렵다. 어렵다. 힘들다. 후회스럽다. 속상하다. 부끄럽다. 분하다. 슬프다. 짜증나다. 우울하다. 귀찮다. 비참하다, 빈 카드 총 30장으로 구성되어있다. 불안하다를 핵심감정으로 욕구가 충족되는 긍정 감정과 충족되지 않았을 때 나타나는 부정 감정으로 분류되어 있다. '불안하다'라는 기본 감정을 어떻게 대해 주느냐에 따라 긍정 감정이 되기고 하고 부정감정이 되기도 한다. 교실에서 문제가 있는 아이들을 살펴보면 불안한 기본 감정이 늘 부정감정으로 가기 때문에 부정감정 근육이 더 발달되어 있는 것을 볼 수 있다. 그래서 어떤 이유에 의해서가 아니고 학교에 오면 쉽게 우울하고 짜증나고 분하고 무기력해진다. 학습된 무기력을 느끼기 전에 교사들이 긍정감정을 느낄 수 있도록 알아차려주고 알아봐 주는 세심한 노력이 필요하다.

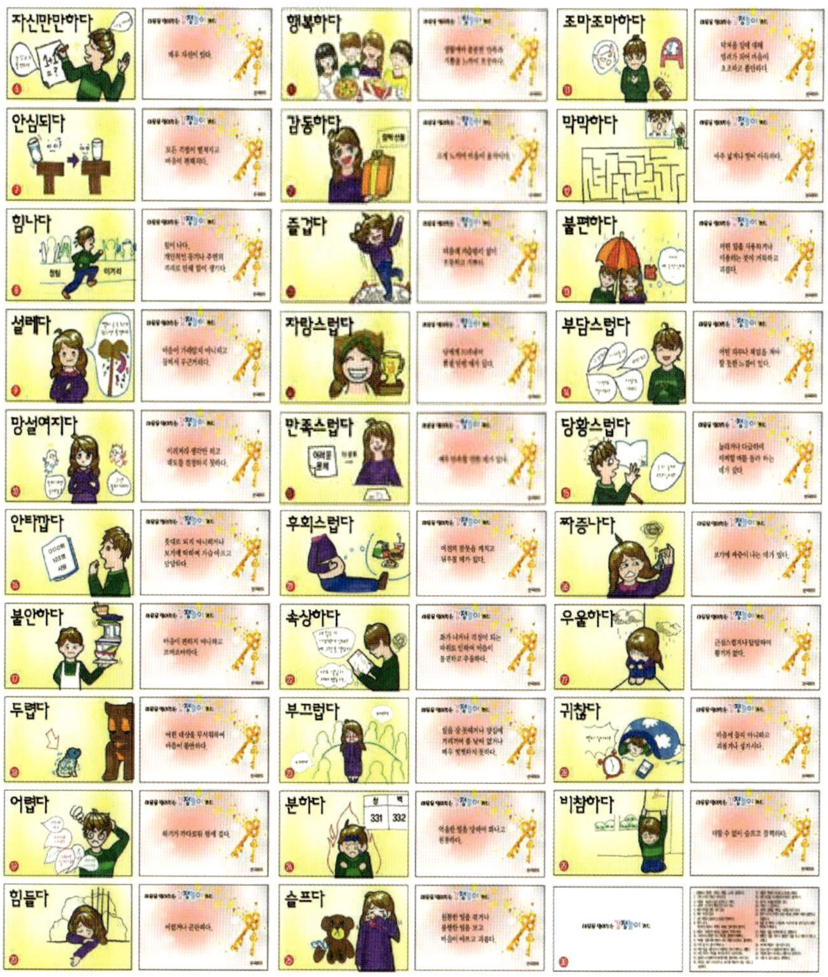

마음을 열어주는 감정카드 활용방법

수업 출발점 감정 고르기

수업 시작	· 개인별로 감정카드 한 세트씩 가진다. · "현재 나의 감정을 표현해 주세요." 라고 교사가 질문한다. · 솔직한 자신의 감정을 들어 보인다. · 긍정적인 감정을 들어 올린 학생에게는 눈빛으로 인사한다. 부정적인 감정을 들어 올린 학생에게 조용히 다가가 감정을 다시 되물어 주면서 교사가 학생의 감정을 알아차리고 있음을 알려준다. * 수업 출발 전에 모든 학생들의 감정을 교사가 알아차림으로 학습 전 출발점을 고르게 한다.

전시학습 확인과 동기유발, 학습문제까지 일반적인 수업에서 첫 단계는 학생들이 인지적으로 알고 있는지 확인하는 과정을 거친다. 지적으로 공부할 준비가 되었는지에 묻혀 아이들 마음을 헤아리는 과정은 생략된다. 공부를 시작하는 지금 걱정되거나 불안한 것은 없는지, 과거나 미래의 상태에 마음이 가 있는지 확인하고 마음을 수업에 집중할 수 있도록 챙겨주는 수업 출발점, 감정 고르기가 필요하다. 이 과정은 감정카드를 활용하면 2~3분이면 충분하다. 게슈탈트 심리 치료에서 감정은 표현하기를 요구한다고 보았다. 감정은 표현되지 못했을 때 미해결 과제로 남아 계속 표현이라는 완결을 요구하며 영향을 끼치다가, 느끼고 표현하면 충족되어 사라진다고 하였다.[4] 그러므로 교사가 그 감정을 해결해주는 것이 아니라 알아차려주고 알아봐 주는 것만으로도 학생들은 자신의 감정을 스스로 알고 조절할 수 있으며 존중받았다는 생각이 든다. 대체적으로 이 과정을 처음 실시해 보면 많은 학생들이 부정적인 감정카드를 보여주며 자신의 감정을 인정받고자 하는 욕구를 볼 수 있다. 그동안 한 번도 자신의 감정을 생각도 안 했는데 자꾸 물어봐 주면 가면을 쓰고 다른 감정을 들기도 한다. 하지만 꾸준히 교사가 이 과정을 반복하면 '아, 선생님이 나를 존중해 주시는 구나. 내 마음을 알아봐 주시는 구나.'라는 믿음이 생기면서 시간이 갈수록 좀 더 솔직하고 진지해진다. 누구나 자신의 감정은 소중하다는 것을 알고 있지만 느끼지 못할 때 도와줄 수 있다. 가르치고 외워야 할 지식은 넘쳐나지만 학생들과 마음이 통하면 수업은 쉬워진다. 시간이 걸릴 것 같지만 반복할수록 수업의 지름길이라는 것을 알게 될 것이다.

---

4) 이지영.「정서조절 코칭북」, (주)시그마프레스(2012)

'Now and Here' 아이들 마음을 모으기 위한 수업 출발점 감정 고르기 장면이다.

지금 여러분은 어떤 마음이에요? 감정카드로 보여주시겠어요!
감정카드에 정확한 자신의 감정이 없으면 백색카드를 보여주세요.

저는 막막합니다. 모둠별 숙제를 해 오지 않아서
친구들에게 어떻게 해야 할지 모르기 때문입니다.

저는 속상합니다. 쉬는 시간에 ○○친구가
저에게 욕을 했기 때문입니다.

힘듭니다. 어젯밤 늦게까지 게임하느라...

설렙니다. 이 시간이 끝나고 점심때 급식 메뉴에
제일 좋아하는 돈가스가 나오기 때문입니다.

그렇군요. 여러분의 마음을 용기 내어 보여주셔서 고마워요. 그럼 과거나
미래의 감정을 잠시 접어두고 지금 현재 오늘 수업에 마음을 모아주시길 바랍니다.

이 과정은 심리치료에서 말하는 알아차림(awareness)이다. 교사는 수업에서 학생들의 마음을 알아차리자는 것이다. 학생들의 감정을 알아차려 주는 것만으로 학생들과 더 친밀하게 소통하며 수업할 수 있다. 교사는 학생들이 감정을 표현하고 있을 때 그 감정을 계속 표현하도록 돕는 것만으로 충분할 수 있다는 믿음이 필요하다.

수업 시간 중 학생들의 감정 읽기

수업중	· **교사의 관점 바꾸기** (학습을 잘 따라가는 학생과 못 따라가는 학생으로 구분하지 않고 학습상황을 어떻게 받아들이는지 감정을 알아차리기 위해 노력하게 된다.) · **학생들의 관점 바꾸기** (친구들을 비교나 경쟁의 대상으로 보지 않고 그 친구의 감정을 들여다보게 되어 인정하고 서로 이해하게 된다.) * 다양한 교과 수업 장면에서 적용 가능하다.

X프라이즈 재단 회장 피터 디아만디스는 미래를 '완전한 지식'의 세상이라고 표현한다. 사물인터넷의 발달로 모든 것이 연결된 세상에서 엄청난 정보가 밀려들기 때문이다. 그 징보들 속에 개인이 원하는 정보가 대부분 포함되어 있으며, 정확한 답변과 데이터를 조회하는 것은 인공지능이 도와줄 것이다.[5] 그러므로 미래사회는 정보가 중요한 것이 아니다.'지식과 정보를 어떻게 받아 들이냐'라는 내 마음이 중요하다. 계속해서 등장하는 새로운 것을 배울 수 있는 자신감이 더 중요하다는 것이다. 유엔미래보고서 2050에서도 앞으로 국,영,수 과목이 없어지고 소통, 창의성, 분석력, 협업능력을 배우게 된다고 한다. 지식과 정보를 못 외워 점수가 낮은 학생들이 위축될 필요가 없는 것이다. 오히려 끊임없이 배워야 할 그 지식에 대해 학습할 준비, 자신감을 키워줘야 한다. 수업 중에 지식과 정보를 얼마나 빨리 많이 외우느냐에 초점을 두지 말고 지식과 정보를 이용해서 뭘 할 수 있는지, 그 지식과 정보를 어떤 마음으로 받아들이는지 교사는 지켜봐 줄 수 있어야 한다는 것이다.

마음을 열어주는 감정카드는 수업시간 중에 학생들의 마음을 쉽게 알아챌 수 있는 도구로 쓰일 수 있다. 학습문제를 보고, 학습 활동은 어떤 마음으로 진행하고 있는지 또는 친구와 활동을 하면서 어떤 마음이 드는지 등 끊임없이 학생의 마음이 공부 속에 들어와 있는지를 바라봐 주는 것이 공부의 지름길이 될 것이다. 말을 우물가에 데리고 갈 수는 있지만 물을 먹일 수는 없듯이 학생들이 수업 속에 앉아 있지만 제대로 수업 속에 들어와 있는지 교사들은 학생들의 마음이 수업 속에 들어와 있는지 알아차려야 한다.

오늘 리코더 운지법에 대해 배우고 연주를 할 거에요.
학습문제에 대해 여러분 마음은 어때요?

3학년 학예회를 위해 리코더를 많이
연습했기 때문에 오늘 연주할 것도 자신 있어요.

새로운 것을 배우니 설렙니다.

다수의 긍정감정을 보이는 아이들 속에 한 명이 "막막하다"카드를 들고 있다.

저는 전학을 왔는데요. 그 학교에서는 리코더를
전혀 배우지 않아 어떻게 할지 막막해요.

실제 음악 전담을 하신 선생님의 사례이다. 만약 전학 온 학생의 마음을 알지 못하고 수업을 진행했다면 어땠을까? 다행히 고개를 숙이고 있던 아이의 그 막막함을 알고 나

5) 박영숙·제롬 글렌, 「유엔미래보고서 2050」, 교보문고(2016)

서 그 선생님은 그 아이의 수준에 맞게 중간 중간 눈을 맞추고 수업을 진행하셨다. 막막함으로 시작했던 그 아이 마음은 만족하다로 수업을 마칠 수 있게 되었다. 단위시간 목표인 리코더 연주까지는 도달하지 못했지만 앞으로 리코더 연주는 즐거운 것이라는 기대감, 연습하면 할 수 있는 자신감을 심어주는 것이 훨씬 더 교육적인 일이 아니겠는가!

수업 마무리 감정 읽기

수업 마무리	· 수업시간에 새롭게 알게 된 사실, 어려웠던 점, 재미있었던 점등을 감정과 결부해서 생각한다. · 짝, 모둠, 전체 친구들에게 발표함으로써 기억이 오래가도록 도와준다. · 복습할 수 있도록 학습장에 기록한다.

감정과 결부된 기억은 오래 간다고 한다. 수업을 마무리 하면서 인지적으로 무엇을 알게 되었는지 확인하는 과정에 감정과 연관시켜 발표하거나 기록하면 효과적이다.

노○○ 선생님의 중학교 과학시간 한 장면이다. 호흡운동을 배우는 단원에서'들숨과 날숨에서 갈비뼈, 가로막의 움직임과 폐의 부피변화를 설명할 수 있다.'라는 학습목표를 가지고 수업을 마무리 할 때 학생들의 발표가 감정이나 느낌과 연결되어 소통하는 교실의 모습을 보여준다.

과학실 오기 전부터 딸꾹질 때문에 힘들었어요. (수업 시작 하는데 딸꾹질이 멈추지 않아 걱정) 그런데 결과적으로 그것이 도움이 되었습니다. 딸꾹질 하는 저를 보고 가로막에 대해 이야기하게 되어 탐구활동 주제와 관련이 있어서 제가 도움이 되어 기뻐요.

과학실 들어올 때는 고개 숙이고 있었는데, 점점 어깨가 펴졌어요.

폐가 혼자 숨 쉬는 줄 알았는데 가로막과 갈비뼈의 도움이 있었다는 걸 알게 되어 힘이 나고 신기했습니다.

호흡할 때 손으로 배를 만져보면 갈비뼈밖에 안 느껴지는데 가로막이 있다는 걸 알게 되었습니다. 숨은 조력자 역할이 중요하다는 것을 알게 되었습니다.

기체의 압력과 끓는점과의 관계를 알아보는 탐구활동 후,

진공장치 펌프질 할 때 물이 안 끓어서 재미없었는데 끓기 시작하자마자 재미있고 신기했어요. 끓자마자 풀 파워로 장착된 친구의 열정을 느꼈습니다.

압력이 낮아지면 물의 끓는점이 낮아진다는 걸 처음 알았습니다. 삼촌이랑 캠핑 갔을 때 생각이 나면서 신났고요. 코펠을 사용해서 밥할 때 돌 얹는 것처럼 생활 속에서 끓는점과 압력과의 관계를 예를 들어 발표할 수 있어서 만족스러웠습니다.

인물의 마음 찾기

수업 교재에 등장하는 많은 인물들, 특히 문학수업이나 도덕과 수업, 가끔은 무생물에게까지 감정이입해서 마음을 읽어보는 활동에서 감정카드는 아주 유용하다. 나의 감정도 소중하면 다른 사람의 감정도 존중하게 된다. 같은 상황이지만 친구들은 다른 감정을 느낄 수 있다는 것도 알게 되므로 너그러운 융통성을 갖게 된다. 이러한 활동을 많이 하면 실제 학교생활에서 서로의 마음이 달라서 싸우게 되는 경우가 적어진다. 친구들의 마음이 나와 다름을 이해하기 때문이다.

초등 2학년 국어과에 〈황소가 된 돌쇠〉이야기가 있다. 인형극 동영상을 보고 난 후 이야기의 차례를 알아본 다음 인형극을 실제로 해보는 교육과정이다. 이 때 등장인물인 돌쇠, 황소가 된 돌쇠, 돌쇠 엄마, 노인, 농부에 대해 감정카드로 그들의 마음을 읽어보는 활동은 실제 인형극을 할 때 실감난 연기를 할 수 있게 도와준다.

게으름을 피우고 있는 돌쇠의 마음은 어떨까?

돌쇠가 황소가 되고 고된 삶을 살았을 때 어떤 마음이었을까?

돌쇠에게 잔소리를 하는 엄마의 마음은 어땠을까?

머릿속으로 등장인물의 감정을 생각하는 것보다 감정카드의 다양한 감정을 보면서 생각해 보는 활동이 더 쉽게 다른 사람의 감정을 읽을 수 있게 한다.

무생물에 대한 감정이입은 사물을 통해 학생의 내면을 드러나게 할 수 있다. 초등학교 4학년 여학생이 흙탕물이 가득 묻어있는 유리창을 보고 쓴 글이다.

아파하는 유리 (김○○)

유리가 아파한다.
"아야, 아야"
아이들이 남기고 간 흙

이 유리랑 나랑 똑같다.

나의 마음도 이런 상처가 있는데
친구랑 싸우고 엉망진창이 된 마음
유리는 얼마나 아플까
그래, 내가 널 보듬어 줄게

감정카드를 활용한 인성교육 수업 실제(양○○ 선생님 사례)

수업이야기

학교에서 가장 먼저 시작하고 많이 쓰는 글의 형식은 일기이다. 아이들은 대부분 일기 마지막에 "재미있었다.", "그래도 재미있었다." 라는 말로 끝을 내는 재미없는 일기를 쓴다. 초등 1학년 교실에서 실태를 조사한 결과 48.3% 학생들이 일기 쓰기를 싫어하였고, 싫은 이유 중에 가장 큰 비중을 차지하는 것이 바로 '어떤 것을 써야할지 잘 모르겠다.'이다. 지나간 일을 구체적으로 떠올려 글을 쓰는 것이 어렵다는 것이다. 그래서 일기 지도를 할 때 언제 어디에서 어떤 일이 있었는지 생각하며 쓰라고 한다. 아이들은 육하원칙에 맞게 있었던 일을 쓰고 나면 마지막 솔직한 감정과는 거리가 먼 '~재미있었다.'라고 끝을 맺는 것이다. 초등 6학년을 졸업하면서 어떤 학생들은 솔직하게 "이제 일기 쓰지 않아도 된다. 홀가분하다."라고 솔직하게 표현하기도 한다. 학교에서 의무감으로 일기쓰기를 마친 뒤로 대부분은 글쓰기가 싫었던 기억 때문인지 글쓰기를 좋아하는 어른으로 성장하는 경우는 많지 않다.

자신의 마음이 담긴 글을 쓸 수 있도록 육하원칙의 지적인 활동을 먼저 하지 않고 느꼈던 감정을 먼저 찾을 수 있게 수업을 설계하였다. 감정카드에 담긴 다양한 감정 단어를 보며 자신이 느꼈던 감정을 고르고, 고른 이유를 친구와 함께 이야기 나누면서 자신의 마음을 들여다 볼 수 있는 기회를 갖는다. 또 자신의 감정을 표현해 보는 활동을 통해 서로의 마음을 공감한다. 그리고 자신이 고른 감정 단어를 중심으로 자신에게 일어났던 일을 육하원칙으로 정리하고, 이를 바탕으로 글을 쓸 수 있도록 지도해 보았다.

단지 지적인 활동과 정의적인 활동순서를 바꾸었을 뿐인데 아이들이 일기내용이 바뀌었다. 공개 수업했던 28명중에 25명이 다른 감정을 골랐고 3명은 "설레다" 감정을 골라 글을 썼다. 육하원칙에 맞게 다 쓰지 못해도 감정이라도 충분하게 표현하고 나면 후련한 기분이 들것이고 부정적인 감정을 쌓아두지 않게 될 것이다. 이런 글쓰기 활동을 통해 글을 쓰는 것이 어렵지 않다고 느껴지게 될 것이며 또 자신의 마음을 들여다보는 힘을 기르고, 자신의 마음을 표현하는 좋은 방법으로 글쓰기를 좋아하게 되고 성장하게 될 것이다.

본시 교수·학습 과정안

학습주제	인상 깊었던 일을 일기로 쓰기	
학습목표	교과목표	● 인상 깊었던 일을 일기로 쓸 수 있다.
	인성목표	● 친구들의 발표를 잘 들어주기 위해 배려하고 존중한다.
학습자료	교 사	칠판부착용 보석카드, 아하 대화법 자료, 프리젠테이션자료, 동영상자료
	학 생	감정카드, 학습지(써클맵), 필기구
인성 요소		핵심역량 요소
존중, 배려, 협동		문제해결력, 의사소통능력

단계	학습 요소	교 수 · 학 습 활 동	자료 및 유의점
도입 (7′)	동기유발 하기	● **감정 표현 놀이하기** ■ **선생님의 모습을 보고 어떤 감정인지 맞춰보세요.** - '설레다' 입니다. ■ **설레는 감정을 몸으로 표현해 보세요.** - 설레는 표정 또는 몸짓을 한다. ■ **지금 왜 설레나요?** - 가족이 함께 여행을 가게 되어서 설렙니다. - 내일이 제 생일이어서 설렙니다.	㉶ 감정카드 ㊒ 교사가 학생들 사이를 돌아다니면서 인터뷰하고, 2~3가지 감정을 표현할 수 있도록 한다.
	공부할 문제 확인 하기	● **공부할 문제 확인하기** **인상 깊었던 일을 떠올려 정리해 봅시다.**	
	학습문제 명료화	■ **'인상 깊었던 일' 이란 무엇일까요?** - 마음이 크게 흔들렸던 일입니다.	
	공부할 순서 안내	● **공부할 순서 확인하기** 〈활동 1〉 나의 마음은? 〈활동 2〉 너의 마음은? 〈활동 3〉 마음을 정리해요	

단계	학습 요소	교 수 · 학 습 활 동	자료 및 유의점
전개 (28′)	감정 고르기	● **〈활동 1〉 나의 마음은?** ■ **어제 하루 동안 느꼈던 감정을 떠올려 보세요.** 감정카드에서 떠올린 감정을 골라봅시다. - 감정카드를 보고 어제 느꼈었던 감정들을 고른다. ■ **학습지에 자신이 고른 감정과 이유를 간단히 써 봅시다.** - 학습지에 자신이 고른 감정과 이유를 쓴다.	㉶ 감정카드 학습지 (인) 정직

단계	학습 요소	교 수 · 학 습 활 동	자료 및 유의점
전개 (28′)	감정 알아보기	● **〈활동 2〉 너의 마음은?** ■ **친구들과 함께 여러분들이 느낀 감정에 대해 이야기 나누어 봅시다.** **활동방법** A: 자신이 고른 감정 카드를 들고 짝에게 자신이 느낀 감정 중 한 가지를 얼굴 표정으로 설명한다. B: 짝은 어떤 감정인지 감정 카드를 골라 맞춘다. B: 감정을 맞추면, 왜 그런 기분이 들었는지 질문한다. (예 - 어제 왜 우울했어? / 어제 왜 망설였어? 등) A: 질문에 대답한다. ■ **짝에게 들었던 내용을 발표해 봅시다.** - ○○이는 어제 발레 하는 날이어서 설레었다고 합니다. - ○○이는 어제 아침에 일찍 일어나야 해서 짜증났다고 합니다.	㉶ 활동 설명 자료(PPT) (독) 짝 토의 (인) 소통, 존중 ㊒ 활동 시 지켜야할 규칙을 잘 지킬 수 있도록 안내한다.
	감정 정리하기	● **〈활동 3〉 마음을 정리해요** ■ **어제 여러분이 느꼈던 감정 중에 일기에 쓰고 싶은 것 한 가지를 골라 봅시다.** ■ **여러 분이 고른 그 한 가지가 바로 인상 깊은 일입니다. 학습지에 그 감정을 느꼈던 상황을 자세하게 써 봅시다.** - 학습지에 감정을 느꼈었던 상황을 자세히 정리한다. ■ **정리한 내용을 보고 일기처럼 발표해 봅시다.**	㉶ 학습지 ㊒ 어제 느낀 여러 감정 중에 일기에 쓰고 싶은 한 가지가 인상 깊은 일임을 이야기 한다.
정리 (5′)	학습 정리하기	● **공부한 내용 정리하기** ● **오늘 공부한 내용은 무엇입니까?** - 인상 깊었던 일을 떠올려 자세히 정리해 보는 공부를 하였습니다. ■ **오늘 이 시간에 가장 인상 깊었던 것은 무엇인가요?** - 친구들과 어제 느꼈던 감정에 대해 이야기 나누는 것이 좋았습니다. - 친구들에게 어제 느낀 감정을 문제 내는 것이 어려웠습니다.	(인) 소통, 정직
	차시예고	● **차시 학습내용 안내하기** ■ **다음 시간에 오늘 정리한 내용을 일기로 써 보겠습니다.**	

감정조절 수업으로 인성교육 수업 실제 (화 조절)

수업 이야기

"화"는 학생들은 물론 어른들도 가장 힘들어하는 감정이다. 화가 나면 어떻게 해야 하는지, 몸의 변화는 어떻게 해야 하는지, 조절하는 방법은 무엇이 있는지, 나에게 가장 좋은 방법은 무엇인지를 수업을 통해 예방적 교육을 할 수 있다. 학생들은 화 조절 수업을 통해 감정에 대한 생각을 정립하고 현재 각자의 상황에서 어떻게 화를 잘 조절해 갈지에 대한 생각을 친구들과 나누어보는 소중한 경험을 하게 될 것이다.

이러한 교육활동은 인성역량인 존중, 배려, 협동뿐만 아니라 미래 핵심 역량인 의사소통능력과 문제해결력을 기를 수 있을 것이라 기대한다.

도입부분에서는 분노조절장애를 가진 학생들의 숫자가 많아지는 뉴스 동영상을 보면서 공감대를 형성한다. 자신은 어떤 경우에 화가 잘 나는지, 갑자기 화를 내는 친구들을 보면 어떤 생각이 드는지 등 감정에 대한 마음 여는 활동이다.

전개단계에서는 화를 표현해야 되는지, 화를 얼마나 참아야 하는지에 대해 몸으로 표현하는 가치수직선 토론으로 서로의 생각을 들어보는 활동을 한다. 자리에 앉아서 하지 않고 일어서 걸어 다니며 생각을 정리하는 시간을 갖는다. 정답이 있는 수업이 아니

토론방법 소개

토의·토론명	목적과 특징	토의·토론 수업 절차
가치수직선 토론	가치에 대한 개인별 의사를 수직선 위에 표시함으로써 가치 판단 경험을 하고 그것의 표현을 가능하게 하는 토론.	1. 가치판단이 필요한 상황을 제시한다. 2. 개인별 의사를 결정한다. 3. 붙임쪽지에 자신의 이름과 의사결정 이유를 적어 수직선에 나타낸다. 4. 수직선에 있는 붙임딱지를 통해 의견의 분포를 확인한다. 5. 토론을 하고 나서 찬성부터 반대까지 이유를 정리한다.
몸으로 하는 가치수직선 토론	가치에 대한 개인별 의사를 교실 공간 안에 표시함으로써 가치 판단 경험을 하고 그것의 표현을 가능하게 하는 토론. 점수에 해당하는 만큼 몸으로 움직여 볼 수 있어 보다 활동적 토론	1. 가치판단이 필요한 상황을 제시한다. 2. 교실 공간을 걸어 다니며 생각할 시간을 갖는다. 3. 개인별 의사를 결정한다. 4. 교실 중앙에 100점, 교실 벽면이 0점으로 자신의 점수에 맞게 자리에 설 수 있게 안내한다. 5. 교사가 다니며 분포별로 인터뷰를 한다. (인터뷰할 때 다른 친구들은 자신이 정한 점수 그 자리에서 앉아 들을 수 있도록 한다.)

고 자신만의 방법을 솔직하게 말하고 친구의 방법을 통해 친구를 이해하고 자신에게 도움이 되는 방법을 찾고자 한다는 교사의 의도를 충분히 알린다. 화를 조절하는 다양한 방법을 공유하면서 화가 날 때 자신의 신체변화는 어떠한지 활동지를 통해 성찰해본다.

수업정리에서는 자신에게 맞는 화 조절 방법을 선택하고 친구들이 들어주는 활동을 통해화는 누구에게나 일어날 수 있으며 건강하게 조절하는 방법을 약속한다.

본시 교수·학습 과정안

학습주제	내 감정 알고 조절하기	
학습목표	교과목표	● 화를 조절할 수 있는 여러 가지 방법을 알아보고 자신만의 방법을 찾을수 있다.
	인성목표	● 친구들과 협동하여 학습 문제를 해결하려는 의사소통활동이 활발하다.
학습자료	교 사	칠판부착용 보석카드, 프리젠테이션자료, 동영상자료
	학 생	감정카드, 활동지

인성 요소	핵심역량 요소
존중, 배려, 협동	문제해결력, 의사소통능력

단계(분)	교 수 · 학 습 활 동	인성 요소 및 핵심 역량 요소
마음열기 (10′)	- 내 마음 알기 - 학습문제 확인	문제해결력
마음나누기 (30′)	- 화에 대해 알아보기 - 화를 조절하는 다양한 방법 나누기 - 나만의 화 조절 방법 약속하기	문제해결력 의사소통능력 존중
마음다지기 (10′)	- 새롭게 배운 것을 마음속에 다지기 - 화에 대해 배운 것을 실천하고 확산하기	배려 협동

단계	교 수 · 학 습 활 동	자료 및 유의점
마음열기 (10′)	● **동기 유발** - 마음열기 – 지금 자신의 마음을 감정카드로 표현해 보기 - 우리들의 마음을 제일 힘들게 하는 감정 알아보기 - 동기유발 – 뉴스 듣고 자신의 경험 나누기 ■ **뉴스를 보니 어떤 느낌이 드는가?** ■ **화가 난 경험 나눠볼까요?** ● **학습 문제 확인** **화를 조절할 수 있는 방법을 알아보자.**	감정카드 동영상자료 https://www.youtube.com/watch?v=mhIMTVmra2I
마음나누기 (30′)	● **마음나누기 – 수업시간에 필요한 보석 찾기** ● **[활동1]화 알아보기** - "화는 참아야 한다." 몸으로 가치수직선 토론하기 - "화는 조절 가능하다." 몸으로 가치수직선 토론하기 - 화가 날 때 내 몸에는 어떤 일이 생길까? 활동지에 표현하기 - 자신의 몸과 마음 상태를 친구들에게 공감하기 - 다른 친구들은 "아하"로 공감해 주세요.(모둠활동) - 친구들을 인터뷰하고 나와 다른 친구의 몸과 마음 상태 발표하기 - 화의 성질 알아보기 - 원주민이 곰을 잡는 방법 듣고 화는 어떤 성질을 가지고 있는지 알기 ● **[활동2] 화를 조절하는 다양한 방법 나누기** - 화를 조절하는 자신만의 방법을 발표하기 - 친구들의 방법 중에서 위험한 것은 없는지 찾아보기 - 화를 잘 이겨내는 사람들의 화 조절하기 방법 알아보기 - 뇌의 작동 원리 알아보기 ● **[활동3] 나만의 화 조절 방법 약속하기** - 나만의 화 조절 방법을 선택하기 - 화가 났을 때 아팠던 자신의 몸 부위를 만지며 치유해주기	활동지 ※ 발표할 때 함께 존중하는 마음을 갖도록 아하대화법을 사용한다.
마음다지기 (10′)	● **마음다지기 – 새롭게 배운 것을 마음속에 다지기** ● **보석 찾아주기** - 오늘 활동 중에서 평소에 찾지 못했던 우리 반의 보석 찾기 ● **화에 대해 배우고 주변에 약속하기** - 수업이 마치고 하고 싶은 일을 생각하고 발표하기 - 감정에 관한 책 소개하고 마음의 힘 기르는 방법 알기 ①소피가 화나면 ② 아주 친절한 감정수업 ③ 공부는 감정이다책소개	보석카드

〈화조절 활동지〉

학생 및 학부모 상담에서의 마음을 열어주는 감정카드 적용

학생에 대한 이해가 필요할 때나 친구관계에서 서로에 대해 불편한 감정을 구체적으로 표현하기 어려울 때에 적절한 감정카드를 골라 상담을 진행할 수 있다. 또래 상담 활동을 할 때에도 또래끼리 똑같은 상황에 대해 서로 다른 감정카드를 선택하여 마음을 표현하게 되면 사람마다 감정이 다를 수 있음을 인식하게 되고 타인의 감정을 공감해 줄 수 있다.

학부모와 상담을 진행할 때에도 자녀의 학업이나 생활태도에 대한 부모의 마음을 감정카드로 표현해 보게 함으로써 자연스럽게 소통의 문을 열 수 있다. 선생님과 학부모가 처음 만날 때 감정카드를 앞에 두고

> 지금 학부모님의 마음은 어떠신지 감정카드로 표현해 주시겠어요?

딸, ○○이의 자리에 앉아 선생님을 만나니 후회스럽네요.

무엇이 학부모님을 가장 후회스럽게 하나요?

딸아이에게 처음 문제가 생겼다는 것을 알았을 때 빨리 선생님을 만났으면 좋았겠다. 생각이 들어서요.

딸 ○○가 평소와 달리 문제가 생겼다는 것을 어떻게 알게 되었나요?

이런 식으로 교사는 학부모의 감정에 쉽게 공감하면서 상담을 진행할 수 있다. 학부모가 먼저 마음을 열수 있도록 감정카드로 표현하게 해 주면 생각보다 쉽게 대화가 이어지는 경우가 많다. 학부모의 마음을 존중해 준다는 느낌은 교사에 대한 신뢰로 바뀌기 때문이다.

감정카드 놀이에 적용

감정카드는 아침활동시간이나 놀이시간, 분위기 전환이 필요한 시간 등에도 자유롭게 활용할 수 있다. 아침활동시간에 자신의 감정을 교사와 친구들에게 카드로 보여주는 활동을 통해 서로의 마음 나누고 살피기, 눈으로 인사하기, 짧은 편지쓰기 등으로 마음을 공감해 준다. 감정을 카드로 직접 제시하지 않고 말없이 행동만으로 표현하여 감정을 알아맞히는 마임놀이로 진행할 수도 있다. 감정 출석부처럼 아침에 오면서 자신의 감정을 이야기하고 집에 돌아가면서 자신의 감정을 표현하게 하는 것도 의미 있는 일이다.

모든 감정은 소중하다

'학생들의 감정을 먼저 존중해주는 것이 인성교육의 시작이다.'라는 믿음으로 잘랄루딘 루미의 여인숙이라는 시를 소개한다. 우리가 교실에서 맞게 되는 어떠한 상황이 나쁘거나 좋거나 힘든 것일 뿐, 그에 따른 우리의 감정은 모두 소중하기 때문이다. 소중한 것을 서로 지켜주는 믿음에서 관계가 시작되고 인성교육은 자리를 잡게 될 것이다.

여인숙

잘랄루딘 루미

인간이라는 존재는 여인숙과 같다.
매일 아침 새로운 손님이 도착한다.

기쁨, 절망, 슬픔
그리고 약간의 순간적인 깨달음 등이
예기치 않은 방문객처럼 찾아온다.

그 모두를 환영하고 맞아들이라
설령 그들이 슬픔의 군중이어서
그대의 집을 난폭하게 쓸어가 버리고
가구들을 몽땅 내가더라도

그렇다 해도 각각의 손님을 존중하라.
그들은 어떤 새로운 기쁨을 주기 위해
그대를 청소하는 것 인지도 모르니까.

어두운 생각, 부끄러움, 후회
그들을 문에서 웃으며 맞으라.
그리고 그들을 집안으로 초대하라.
누가 들어오든 감사하게 여기라.
모든 손님은 저 멀리에서 보낸 안내자들이니까.

내 마음의 보석, 가치카드[6]

성선설을 믿는 교사, 자아존중감이 높아지는 학생들[7]

서양의 피그말리온 효과, 플라시보 효과, 동양의 성선설은 교사의 내면에 힘을 주고 희망을 품을 수 있도록 만든다. 모든 인간은 태어날 때 착한 미덕이 가득 담긴 광산을 갖고 태어난다는 인간관을 가지고 있다면, 교사는 학생들이 마음의 광산에서 스스로 보석을 찾아 연마할 수 있도록 도와주고 지지해주는 후원자가 되는 것이다.

---

6) C-2016-015396. 편집저작물. 내 마음의 보석 가치 카드. 조선미

7) 조선미외 3인, 「마음의 힘을 기르는 감성수업」, 살림터(2016)

자신을 믿어주고 신뢰하는 교사와 함께 생활하는 학생들은 자기 자신을 진심으로 사랑하게 된다. 교과 공부하듯이 인성교육도 자기 성찰을 통해 스스로 습득할 수 있게 된다. 그러다보면 자아존중감은 자연스럽게 높아질 것이다.

내 마음의 가치, 보석카드를 만들다

나	목표의식, 부지런함, 성실, 열정, 용기, 인내, 정돈, 정직, 창의성, (빈 카드)
우 리	감사, 겸손, 공감, 도움, 믿음, 배려, 사랑, 용서, 유머, (빈 카드)
공동체	균형, 긍정, 너그러움, 명예, 봉사, 소통, 예절, 지혜, 평화, (빈 카드)

국내외에 있는 여러 가치카드의 장단점을 분석하여 교육현장에서 쉽게 활용할 수 있도록 칠판 부착용 보석카드를 만들었다. 가치를 선정할 때의 기준은 나를 중심으로 한 개인적인 가치, 우리를 중심으로 한 관계적인 가치, 공동체를 중심으로 한 사회적 가치이다. 수많은 가치 중에서 학생들에게 가장 필요한 것을 각 영역마다 9개씩 선택했다. 그리고 학급의 실태에 따라 덕목의 내용을 추가할 수 있도록 한 장의 빈 카드를 남겨 두었다. 또한 가치를 매일 보고 읽는 것만으로도 성장이 이루어진다는 철학으로 칠판에 게시하여 사용하였다. 가치카드 이름도 마음의 보석을 찾아가자는 의미로 '내 마음의 보석'이라고 지었다.

〈보석카드 교실부착 사진 자료(앞면)〉

〈보석카드 교실부착 사진 자료(뒷면)〉

보석카드와 아이들의 만남

3월 초 기본생활습관 훈련 시기에 교사는 학생들과 마음을 나누는 시간을 갖는다. 중요한 것은 아이들 마음을 움직일 수 있어야 한다. 보석카드조차도 지적으로 공부해야하고 외워야 할 내용처럼 접근하면 아이들은 달아난다. 제일 좋은 방법은 토론이다.

다음은 학생들에게 마음속 보석, 가치에 대해 교사가 처음으로 이야기 나누는 장면이다.

"동·서양의 학자들이 인간의 본성을 설명하는 내용은 크게 세 가지로 나눌 수 있어요.

동양의 맹자라는 학자는 이렇게 말합니다. 모든 인간은 태어날 때 착한 마음만을 가지고 태어납니다. 그런데 어떤 사람은 착한 사람으로 자라지만 어떤 사람은 나쁜 사람이 되기도 하지요. 그것은 바로 본래부터 가지고 있던 착한 마음을 잘 가꾸지 못하고 나쁜 사람을 만나거나 보거나 해서 그것을 그대로 따라 하기 때문입니다. 마음속에 숨겨진 착한 것을 꺼내서 잘 사용하면 될 것을 그것이 있는지도 모르고 나쁜 것에만 정신을 두기 때문이지요. 이것이 맹자의 성선설이랍니다.

반면에 순자라는 학자는 이렇게 말합니다. 인간은 태어날 때 나쁜 마음만을 가지고 태어난다. 그러므로 교사와 부모는 이런 사람을 잘 교육시켜 착한 사람을 만들어야 한다며 교육의 역할을 강조합니다.

서양의 학자 중 존 로크라는 사람이 있습니다. 이 분은 백지설을 주장했어요. 인간은 마음이 흰 도화지 같이 빈 바탕으로 태어나서 누구를 만나 어떤 것을 보고 듣느냐에 따라 나빠질 수도 있고 좋아질 수도 있다고 했어요.

여러분은 어떤 학자의 의견에 동의하나요?

선생님은 맹자의 성선설이 옳다고 생각해요. 선생님을 비롯해 수많은 학자들도 성선설을 인정하고 있답니다. 모든 사람은 아주 많은 착한 마음을 가지고 태어납니다. 그런데 많은 사람들이 자기 마음속에 그런 보석들이 숨겨져 있는지 모르고 살아갑니다. 우리는 이제부터 자기 마음속을 잘 살펴서 마음의 보석들을 하나하나 꺼내 사용하며 살아갑시다. 아무리 아름다운 보석도 원래는 광산에 묻혀있던 돌덩어리에 불과했는데 그것을 힘들게 캐내어 갈고 닦아서 그 빛을 발한다는 것을 잘 알고 있을 거예요.

그렇다면 우리 마음에서 얼마나 많은 착한 마음의 보석들이 들어있는지 볼까요?"

우리들 마음속에는 착한 선으로 가득 차 있을까? 나쁜 악으로 차 있을까? 아니면 백지처럼 아무것도 있지 않을까? 동서양의 학자를 소개하고 학생들의 마음을 들어보는 활동이 선행되어야 한다. 각자 나름의 이유로 성악설을 주장하는 경우가 있고, 초중고 학생들 대부분은 성선설과 백지설을 반반씩 선택하는 경향이 있다. 왜 그런 생각을 가졌는지 이야기를 충분히 들어주는 과정을 거쳐 다른 생각들은 이해하는 시간을 가져보는 것이 좋다. 그리고 우리 반이 1년간 같은 공간에서 생활하려면 어떤 관점이 좋을지 정한다음 내면의 보석을 찾는 의미를 공유한다.

내 마음의 보석 찾기로 아름다운 가치를 내면화하는 교실 속 이야기

낯설게 느껴지는 가치들과 익숙해지는 시간이 필요하다. 내 마음의 보석을 찾으면서 선정된 가치 외에도 더 많은 것들이 우리 마음속에 있음을 알고 늘 인식하려고 노력해야 한다고 학생들에게 당부한다. 교사는 끊임없이 믿어야 한다. 자신과 아이들 마음속에 아직 발견하지 못한 보석이 있다는 것을 교사가 믿어야 아이들도 내면에 보석에 관해 믿게 된다.

내 마음의 보석들과 친해지기

교사들은 가치용어들이 어렵고 추상적이라 학생들에게 너무 어렵지 않을까 걱정한다. 하지만 학생들은 생각보다 아주 쉽게 받아들인다. 처음에는 가치 하나하나씩 그 의미를 사전적으로 찾게 하였다. 그리고 가치의 실생활 활용예시를 A4용지로 접은 8면책을 이용해서 만들어 본다.

내 마음의 보석 찾기

교실과 집에서도 내 마음의 보석을 찾는 활동을 할 수 있다. 친구에게 지우개를 빌려주면 내 마음의 보석 중 배려의 보석을 찾은 것이고, 수업시간에 집중하면 인내의 보석이나 목표의식의 보석을 찾는 중이다. 이와 같이 매순간 나에게서 보석을 찾으며 생활하게 하고 그것을 말과 글로 표현하게 한다.

친구에게 보석 찾아주기

친구에게 보석을 선물하면 그 친구가 보석처럼 반짝반짝 빛나게 된다. 자신이 생각하지도 못한 보석을 받았을 때 처음에는 어색하지만 그 보석이 되려고 더 노력하는 모습을 보게 된다. 서로가 서로의 보석을 찾아주고 선물하면 반 분위기가 따뜻해진다. 학부모 반응도 뜨겁다. 자녀를 보석으로 바라봐주는 친구들과 선생님들을 무조건 신뢰하고 좋아하게 된다.

친구에게 마음을 표현할 때 "고마워!"라는 말보다는 "너에게서 배려의 보석이 보이는구나."라고 한다거나 어느 날 친구에게서 새로운 면을 보는 순간 "너에게 이런 보석이 있었구나!"라며 친구가 의식하지 못하는 면을 찾아주는 활동을 하게 한다. 이런 활동도 몇 번만 연습하게 하면 학생들은 금방 따라하고 좋아하며 즐기게 된다.

나의 보석 연마하기

내 마음의 보석을 반 전체 어린이들이 하루에 한 가지씩 돌아가면서 뽑는다. 그 카드는 그날 자신만의 보석이 된다. 그 보석에 적힌 가치를 자신의 방법으로 실천한다. 만약 배려라는 보석을 뽑았으면 하루 동안 다른 친구들을 위해 배려하는 행동을 하는 것이다. 집에 돌아갈 때 자신이 했던 가치 행동에 대해 전체 친구들 앞에서 이야기한다. 시간이 없을 때에는 모둠끼리 짝꿍끼리 이야기하며 서로 칭찬해 준다. 이러한 과정은 자신의 보석을 찾아 연마하는 단계, 즉 내면화 과정이 된다. 글로 써보게 하는 것도 효과적이다.

우리 반 보석 연마하기

반장이 대표 카드 하나를 뽑아서 칠판에 붙여 놓는다. 반 전체 학생들이 그 보석에 대해 이야기를 나누며 뜻을 음미한다. 하루 동안 그 가치에 대해 실천하려고 노력한다. 집에 가기 전에 우리 반의 가치행동에 대해 가장 잘 한 친구나 자신이 본 행동에 대해 칭찬하는 시간을 갖는다.

선생님이 선물하는 보석

특별하게 친구들과 어울리지 못하거나, 행동변화가 필요한 경우 선생님이 그 보석카드를 선물해 준다. 그 학생의 변화가 올 때까지 선생님이 선물해 준 보석을 매일 연마할 수 있도록 기회를 주고 관심을 가진다. 학생은 자신의 생각과 행동을 글로 써보면 좋다.

손으로 익히는 내 마음의 보석

글씨를 따라 쓰면서 가치의 의미를 내면화하는 과정을 가지기 위해 일주일에 1~2회 아침활동이나 국어시간을 활용하여 자신만의 보석 찾기를 한다. 부록에 나와 있는 내 마음의 보석, 가치카드의 뒷면에 적어진 것을 활용해 보자. 이것을 그대로 따라 쓰고 읽는 것만으로도 효과가 있다.

그림으로 살아나는 내 마음의 보석

미술 시간을 활용하여 우리 반에게 필요한 가치를 나의 보석으로 만들고 자신만의 보석카드를 만든다. 자신의 보석카드를 가지고 다니면 학교에서뿐만 아니라 학교 밖에서도 활용할 수 있고 가정에서도 관심을 갖게 되는 좋은 점이 있다.

책임감 보석카드 (학생작품)

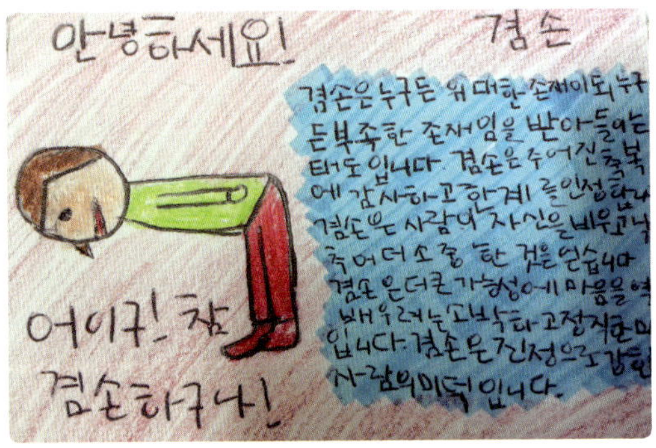

겸손 보석카드 (학생작품)

보석쿠키 식량 만들기

행운의 메세지가 들어있는 포춘쿠키를 응용해서 보석쿠키를 반 학생들과 만들 수 있다. 쵸콜릿이나 쿠키, 사탕 등을 자그마한 비닐팩에 넣고 쿠키속에 보석편지 한 가지를 넣어 학생들에게 보상용으로 사용할 수 있다. 보석편지에는 가치를 음미할 수 있는 뜻, 좋은 점이 적혀 있다. 또한 보석 쿠키팩은 잘 하는 학생이나 모둠에게 보상하지 않고 반 친구들이 모두 한 개씩 받을 수 있도록 반 전체 학생들 숫자만큼이 모아졌을 때 전체 학생들이 나눠 먹을 수 있도록 규칙을 정하면 반 분위기가 따뜻해진다. 보석쿠키를 먹고 난 후에 남은 보석편지는 일기장에 붙여 두고 글을 쓸 수도 있고 학생들이 보관할 수 있도록 격려한다.

수업에서 보석을 만나는 방법들

- 학습목표와 활동 안내 다음 단계에서

오늘 수업을 하며 어떤 보석을 찾아 사용하면 좋을까요?

- 수업 시작할 때 교사가 선물하고 싶은 보석이 있을 때

선생님이 오늘 우리 반에게 선물하고 싶은 보석은 용기에요.
용기있게 자신의 마음을 잘 표현 해 주었으면 좋겠어요.

- 토론 수업을 시작할 때

우리가 토론하면서 내 자신과 친구들에게 찾아야 할 보석은 무엇이 있을까요?

- 국어과 수업 중에

문학 작품 속 인물이 가장 소중하게 생각하는 마음의 보석, 가치는 무엇일까요?

인물에게 더 찾아주고 싶은 마음의 보석은 무엇인가요?

- 교실 밖으로 나가게 될 때

야외활동을 할 텐데 다치지 않고 즐겁게 하려면 어떤 보석을 찾으며 활동해야할까요?

- 모둠활동을 시작할 때

모둠활동을 할 때는 어떤 보석을 찾으며 활동할까요?

- 수업을 마칠 때

수업시간에 친구에게서 새롭게 찾은 보석은 무엇인가요?

내가 찾은 나의 보석은 무엇인가요?

우리 반이 함께 찾은 보석은 무엇인가요?

보석카드를 활용한 창의적 체험활동과 교수 · 학습과정안

단원 (차시)	마음의 힘을 기르는 감성수업(8/8)	학습 주제	친구의 고민에 공감하기
학습 목표	친구의 고민에 공감 할 수 있다.		

학습 과정 (시간-분)	학습요소	교수·학습 활동 내용	㉶ 자료 ㉷ 유의점
도입 (10)	학습 분위기 조성	● **마음열기** ■ **자신의 마음을 표현해보기** - 힘들다. 속상하다 신나다. 설레다 등의 지금 마음을 표현하기 ■ **'아는 것'과 '이해하는 것'의 차이점 생각하기** - 아는 것은 머리로만 생각하는 것이고 이해하는 것은 상대방의 마음을 그대로 느끼는 것입니다.	㉶ 감정카드 ㉷ 학생들의 감정을 듣고 부정적 감정을 표현한 학생을 공감하여 오늘 수업에 대해 긍정적 감정을 가질 수 있도록 배려한다.
	동기 유발	● **'집단지성' 동영상 보기** ■ **여러 가지 동물 영상을 보고 공통점 찾기** - 영상을 보니 어떤 느낌이 드는가? - 우리 반이 함께 문제를 해결한 경험을 나눠볼까요?	㉶ '집단지성' 에니메이션 동영상 https://www.youtube.com/watch?v=NjKdQznkw1g
	학습문제 확인	● **학습 문제 찾아보기** ■ **우리가 이번 시간에 배울 내용이 무엇인지 알아봅시다.** **친구의 고민에 공감해보자.**	
	학습활동 안내	● **학습활동 안내하기** **•활동1 – 친구 고민듣기** **•활동2 – 공감 질문하기** **•활동3 – 격려 글 나누기**	㉷ 수업 전체에 아하대화법을 적용하여 [인성적 의사소통능력]을 기른다.
	가치카드 선택하기	● **가치카드 선택하기** ■ **오늘 수업에 의미 있게 참여하려면 어떤 보석들을 사용하면 좋을까요?** - 목표의식, 배려, 경청 등 ■ **특별히 친구 고민을 해결하려면 우리 반이 꼭 찾아야할 가치가 있다면 무엇을 꼽을 수 있을까요?** - 용기, 배려 등	㉷ 본 수업과 관련된 핵심 가치를 찾아 칠판에 부착한다.

학습 과정 (시간-분)	학습요소	교수·학습 활동 내용	㉶ 자료 ㊌ 유의점
전개 (25)	고민듣기	● **활동1 - 친구 고민듣기** ■ 우리반이 적은 고민을 분류해 볼까요? 자신의 습관, 성격에 관한 고민이 8명, 친구관계나 부모님 관계등 다른 사람과의 문제가 있는 고민이 21명이었어요. 그런데 6명의 친구가 한 사람 때문에 고민을 말하였고 그 중에 한명이 지난 시간에 고민을 해결하였어요. 오늘은 다음주인공이 나와서 고민을 말해 보도록 해요. ■ 자신의 고민 말하기(00 학생) - 친구와 재미있게 놀고 싶지만 놀아주지 않는다. 그 이유는 나의 성격이 친구들과 잘 맞지 않아서이다. 나는 친구들과 더 사이좋게 놀고 싶은데 어떡해야 할까요? 고민을 해결해 주세요.	㊌ 학생들이 자유롭게 의견을 제시할 수 있도록 허용적 분위기를 조성한다.
	공감질문 하기	● **활동2 - 공감 질문하기** ■ 고민의 글 듣기 ■ 친구의 상태를 확인하는 사실질문을 생각하고 질문하기 ■ 친구가 말하는 내용을 깊게 들어가 보면 우리에게 말하지 못한 생각하고 질문하기 ■ 친구의 마음, 나의 마음을 더 깊이 알아보는 질문하기 ■ 사실, 생각, 마음질문으로 친구의 마음에 더 깊이 들어가기 (반 전체 28명 모두 질문을 하는 것을 원칙으로 하나 고민을 가진 어린이가 고민해결이 되면 중간에 멈출 수 있음) ■ 자신의 몸과 마음 상태를 친구들에게 공감하기 ■ 2~3명 고민 나누기 더 진행하기	
	격려 글 나누기	● **활동3 - 격려 글 나누기** ■ 고민을 가진 친구에게 공감의 글 써주기 ■ 고민을 가진 학생은 자신에게 최고의 질문은 무엇이었는지 질문을 들으면서 어떤 마음의 변화가 있었는지 자신에게 쓰기 ■ 칠판에 각자 썼던 공감의 글 붙이기 ■ 어떤 표현이 자신의 마음에 와 닿는지 읽고 함께 공감하기	㊌ 활동2에서 고민풀기가 시간이 많이 필요한 경우는 활동3은 생략한다.
정리 (5)	가치 발견하기	● **가치 발견하기** ■ 오늘 수업을 하며 발견한 보석을 찾아볼까요? - 저는 OO의 활동을 보고 인내의 보석 찾았습니다. 왜냐하면~ / OO의 어떤 모습에서 인내의 모습을 보았기 때문입니다.	㊌ 처음 생각한 가치 이외에 새롭게 발견한 가치도 다양하게 발표하며 서로에게 관심을 보이는 따뜻한 분위기를 조성한다.
	정리하기	● **알게 된 점 및 느낌나누기** ■ 오늘 수업을 통해 알게 된 점이나 느낌을 발표해 봅시다. - 알게 된 점이나 느낌을 발표한다.	

공감 보석 찾기 수업 학생들 후기

- 수업을 하면서 고민 없어 보였던 밝은 친구들의 고민을 들어보고 함께 공감하고 슬퍼하고 기뻐할 수 좋았다.
- 수업을 하기 전에는 그냥 친구를 놀려도 된다고 생각했는데 수업을 하고 나니 말 한마디 한마디가 큰 상처가 될 수 있다는 것을 알게 되었다.
- 마음의 응어리가 녹아내렸던 것 같았다.
- 친구란 잘 놀아주면 되는 줄 알았는데 공감을 배우니 친구란 잘 이해해주고 안전지대를 만들어야 된다는 것을 알았다.

내 마음의 보석 같은 언어는 기적처럼 교실을 반짝반짝 환하게 빛내 준다. 부지런함, 성실, 열정, 용기, 인내, 정직, 감사, 겸손, 믿음, 배려, 사랑, 유머, 존중, 균형, 긍정, 너그러움, 지혜, 평화 등을 교사와 학생이 입으로 말하게 하고 몸으로 실천하는 교실 문화가 되도록 하자. 인성교육을 의도하지 않아도 저절로 인성덕목, 가치를 실천하는 아이들을 만나게 될 것이다. 미국 작가 마야 안젤로 시처럼 말은 몸속으로 들어오기 때문이다.

말은 몸속으로 들어온다.
그래서 우리를 건강하게 하고,
희망차게 만들고, 행복하게 하고,
높은 에너지를 갖게 하고, 놀라게 하고, 재미있게 하고,
명랑하게 만들어준다. 아니면 의기소침하게 할 수도 있다.
말은 우리의 몸속으로 들어와 우리를 우울하게 하고,
못마땅하게 하고, 화나게 하고, 아프게 하기도 한다.

부록: 내 마음의 보석, 가치 카드

나1 — 목표의식

목표의식이란 당신이 이루고자 하는 목표를 구체적이고 실질적으로 정하는 것입니다.

목표의식의 힘은 당신이 이루고자 하는 일을 머리속에 그린 다음 그것에 집중하는 태도에서 나옵니다.

목표의식을 가지면 자신이 간절히 원하던 일이 실제로 일어나게 할 수 있습니다.

나2 — 부지런함

부지런함이란 꾸준히 그리고 열심히 일하는 것입니다.

부지런함의 힘은 자신이 하는 일에 대한 열정에서 나옵니다.

부지런하면 우리가 하는 모든 일을 성공적으로 할 수 있습니다.

나3 — 성실

성실이란 온갖 힘을 다하여 자신의 신념과 행동이 참 되게 조화를 이루도록 하는 태도입니다.

성실의 힘은 자기에게 주어진 일에 진심과 정성을 다하는 마음의 자세에서 우러나옵니다.

성실한 사람은 불리한 환경이나 조건에 영향을 받지 않고 일관되고 능동적으로 자신의 삶을 살 수 있습니다.

나4 — 열정

열정이란 자신이 하고 싶고 바라는 게 있을 때 스스로 온 마음과 힘을 쏟아내는 긍정적인 에너지를 말합니다.

열정의 힘은 내면의 열망을 적극적인 행동으로 표현하는 데에서 나옵니다.

열정적인 사람은 자신을 자랑스럽게 여기며 지속적으로 꿈과 소망을 키워 활력 넘치는 생활을 할 수 있습니다.

나5 — 용기

용기란 두려움 앞에 당당히 맞서 옳은 일을 기꺼이 선택하는 마음입니다.

용기의 힘은 무섭고 힘에 부치는 일에도 그것을 발판으로 나아지고 성장하려는 열망에서 나옵니다.

용기를 가지면 모험 가득한 멋진 삶을 살 수 있고 자신이 실수했을 때 즉시 사고하고 용서를 구할 수 있는 멋진 사람이 될 수 있습니다.

나6 — 인내

인내란 어려움 이겨내어 결국 꿈을 이루려는 간절한 마음입입니다.

인내의 힘은 불평하지 않고 목표를 향해 노력하는 의지에서 나옵니다.

인내를 하면 내가 바라는 미래의 모습이 현실이 될 수 있습니다.

나7 — 정돈

정돈은 어지럽게 흩어진 주변을 조화롭고 청결하게 바로잡아 정리하는 것을 말합니다.

정돈의 힘은 내 몸과 마음의 복잡함을 깨끗이 털어버리고 내 주변의 질서를 바로세우고자 하는 데서 일어납니다.

정돈된 삶은 홀가분한 마음으로 살 수 있으므로 평화를 가져올 수 있습니다.

나8 — 정직

정직이란 거짓이 없는 진실한 태도입니다.

정직의 힘은 있는 그대로 자신을 긍정하고 믿는 당당함에서 나옵니다.

정직한 행동을 많이 하면 다른 사람이 당신을 믿을 수 있게 됩니다.

나9 — 창의성

창의성이란 남과 다르게 생각하고 새로운 것을 상상하여 자신있게 시도하는 마음입니다.

창의성의 힘은 잠재된 자신의 열정과 재능을 일깨우고 다른 사람과 협력하려는 마음가짐에서 나옵니다.

창의성을 가지면 이전에 없었던 것들을 세상을 향해 내놓을 수 있으며 풍요로운 삶을 살아 갈 수 있습니다.

우리1 — 감사

감사란 내가 가진 모든 것을 있는 그대로 고맙게 받아들이는 마음입니다.

감사의 힘은 아주 작은 것에도 배우고 사랑하고 존재하는 것 자체에 대해 고마움을 느낄 때 오는 것입니다.

감사하는 삶은 어린 아이가 선물을 받은 것처럼 삶을 늘 기쁘고 행복한 것으로 만들어줍니다.

우리2 — 겸손

겸손은 다른 사람을 존중하고 자신을 내세우지 않은 태도를 말합니다.

겸손의 힘은 인간은 누구나 위대한 존재이며 또한 누구든지 부족한 존재임을 받아들이는 데서 오는 것입니다.

겸손한 삶은 어떤 일을 했더라도 자랑하는 대신 감사하는 마음을 갖습니다.

우리3 — 공감

공감은 다른 사람의 감정, 의견, 주장 등에 대하여 자신도 그렇다고 느끼는 것입니다.

공감의 힘은 다른 존재들과 마음으로 연결하여 함께 소통하고자 하는 바람에서 생깁니다.

공감하는 사람은 주변에 따뜻한 관심과 주의를 기울이게 됩니다.

우리4 — 도움

도움은 다른 사람이 필요로 하는 것을 채워주는 것입니다.

도움의 힘은 다른 사람의 어려움을 공감해 줄 수 있는 따뜻한 마음의 여유가 있을 때 생겨납니다.

도움을 주고받는 사람은 우리가 함께 의지하며 살아가는 존재임을 알게 됩니다.

우리5 — 믿음

믿음이란 어떤 사실이나 사람을 의심하지 않는 긍정적인 삶의 태도입니다.

믿음의 힘은 두려움으로 주춤거리지 않고 자신이 한 약속을 지키며 최선을 다하는 행동에서 비롯됩니다.

믿음이 있는 사람은 자신감이 생기고, 자신이 믿는 바를 흔들림 없이 지켜낼 수 있으며, 다른 사람들이 당신을 보고 안심할 수 있습니다.

우리6 — 배려

배려란 주위 사람이나 사물의 처지를 헤아려 도와주거나 보살펴주려는 마음씀씀이입니다.

배려의 힘은 이해관계를 따지지 않고 따뜻한 관심을 가지는 마음에서 솟아납니다.

배려하는 사람은 사람과 사물을 조심스럽게 다루며 세상을 안전하고 따뜻한 곳으로 만들어 갈 수 있습니다.

우리7 — 사랑

사랑이란 긍정하고 좋아해서 가슴을 따뜻하게 해주는 특별한 감정입니다.

사람의 힘은 자신을 믿고 성실하게 살아가는 삶 속에서 나옵니다.

사랑을 하면 세상을 아름답고 행복하게 살아 갈 수 있습니다.

우리8 — 용서

용서란 누군가 자신에게 잘못을 저질렀을 때 그에게 다시 기회를 주는 것입니다.

용서의 힘은 미움과 분노를 이겨내고 자신이 행복하고자 하는 마음이 강해야 생겨납니다.

용서의 마음을 가지면 마음의 상처를 치유하여 어두운 과거에서 밝은 미래로 나아가게 합니다.

우리9 — 유머

유머란 진실을 말하되 상대방의 감정을 고려하여 그것을 친절하고 부드럽게 표현하는 능력입니다.

유머의 힘은 다른 사람의 감정을 배려하는 마음에서 나옵니다.

유머러스한 사람은 당신이 하고자 하는 말에 귀를 더 잘 기울이게 되고 당신을 좋아하게 됩니다.

공동체1 — 균형

균형이란 중요한 삶의 가치들이 치우치거나 모자람 없이 조화로운 상태입니다.

균형의 힘은 몸과 마음이 보내는 소리를 잘 듣고 그것들과 조화를 이루려는 노력으로 생겨납니다.

균형을 이루면 과장되거나 극단적인 말과 행동을 하지 않게 되고 평온한 삶을 유지하게 됩니다.

공동체2 — 긍정

긍정이란 선하고 좋은 것에 초점을 두며, 가장 좋은 결과를 기대하고 확신하는 낙관적 태도입니다.

긍정의 힘은 어려움에 굴하지 않고 희망찬 미래를 꿈꾸는 마음에서 나옵니다.

긍정적으로 살아가면 주위를 밝고 환하게 만들고 현재를 즐길 수 있게 됩니다.

공동체3 — 너그러움

너그러움이란 다른 사람의 말이나 행동, 생각의 차이를 있는 그대로 받아들이는 마음을 말합니다.

너그러움의 힘은 편견으로부터 벗어나 모든 사람이 저마다 고유한 감정과 생활양식이 있음을 이해하는 마음의 유연성과 여유에서 나옵니다.

너그러운 사람은 생각이나 행동양식이 다른 사람들을 인정함으로써 감동을 주게 되어 화합하는 삶을 누릴 수 있습니다.

공동체4 — 명예

명예란 나를 위한 삶보다 다른 사람을 위한 삶을 우선시하여 실천함으로써 사회에 도움을 주고 스스로 그것에 기쁨을 느끼는 것입니다.

명예의 힘은 다른 사람을 진실 되게 이해하고 사랑하는 마음에서 얻어집니다.

명예롭게 살아가면 사람이 많아질수록 우리가 사는 세상이 밝고 따뜻하며 아름다워 질 수 있습니다.

공동체5 — 봉사

봉사란 자발적으로 내 것을 남과 나눔으로써 그들의 삶이 풍요로워지도록 도와주는 것을 말합니다.

봉사의 힘은 대가 없이 내 것을 기꺼이 나누고자하는 마음에서 우러나옵니다.

봉사하는 사람은 내 것을 나눔으로써 자신의 존재와 삶의 가치를 깨달아가며 이웃과 더불어 행복하게 살아갈 수 있습니다.

공동체6 — 소통

소통이란 뜻이 통하여 생각과 느낌을 오해가 없이 나누는 것입니다.

소통의 힘은 상대방의 의견을 존중하고자 하는 마음에서 나옵니다.

소통하는 사람은 상대방의 메시지를 경청하고 적절하게 반응하며, 명확하게 질문하여 상대에게 의견을 분명히 전달할 수 있습니다.

공동체7 — 예절

예절이란 자신의 몸가짐이 공손해서 상대방이 소중한 존재임을 느낄 수 있게 해주는 관계의 비밀열쇠입니다.

예절의 힘은 자신과 다른 사람을 소중하게 여기는 마음에서 우러나옵니다.

예절 있는 사람은 사람과의 관계에서 생길 수 있는 갈등과 불신을 극복하고 오랫동안 그 사람과의 관계를 유지할 수 있게 해줍니다.

공동체8 — 지혜

지혜는 주변의 모든 상황을 종합적으로 파악하여 가장 합리적인 해결책을 빨리 찾아내는 것입니다.

지혜의 힘은 누구에게서나, 무엇에서나 배우려는 노력과 정성에서 나옵니다.

지혜로운 사람은 다른 사람들의 정신적 지주, 삶의 나침반이 되어 문제를 해결할 수 있도록 이끌어 줍니다.

공동체9 — 평화

평화란 걱정이나 갈등 없이 서로 뜻이 잘 맞고 정다우며 믿음이 충만한 상태를 말합니다.

평화의 힘은 이기심과 승자에 대한 애착을 버리고 온유함과 평온함을 추구하는 데서 비롯됩니다.

평화로운 사람은 서로 다른 특성을 두려움이나 배척의 대상으로 삼지 않고 함께 어울려 일하고 살아가면서 개개인의 힘으로 할 수 있는 것보다 훨씬 많은 것을 성취할 수 있습니다.

PART

4

인성 교육의 디딤돌, 감정코칭

김경선 | 서울 서초중학교 수석교사

감정코칭과의 소중한 인연

교사가 아이들의 행동에 어떻게 반응하느냐에 따라 아이들의 품행과 인격이 달라지는 모습을 현장의 교사들은 긴 교직생활을 통해 몸으로 경험한다. 이스라엘 출신의 교사이자 아동심리학자, 심리치료사였던 하임 기너트(Haim G. Ginott, 1922~1973) 박사는 교사가 인격적으로 아이들의 문제를 처리하기 위해 '특별한 기술'이 필요함에 주목하고 교사와 아이의 관계에 대해 감정을 읽어 주는 다양한 방법을 제안했다. 그의 이러한 철학은 1990년대 MIT의 존 가트맨(John Gottman, 1942~)박사의 10년 동안의 수많은 임상연구를 바탕으로 누구라도 활용할 수 있는 감정코칭 5단계를 체계화하여 발표하였다.[1)]

2012년 발표된 우리나라의 학생 인권조례는 학생의 생활지도에 임하는 교사들의 태도에 많은 변화를 요구하였으나 미처 변화의 속도를 맞추지 못한 많은 교사들은 사랑하는 제자들에게 상처를 입고 교직을 떠나게 되는 상황이 벌어졌다. 특히 전문적인 역량을 발휘할 수 있는 중견교사들의 교직 이탈 현상은 교육 현장의 위기로까지 다가오게 되었다. 이와 같은 현상에 주목한 서울시교육청에서는 '교원감정코칭' 연수프로그램을 개발하여 일선 교사를 대상으로 감정코칭 연수를 실시하였다.

필자는 연수프로그램 강사로 활동하면서 피폐해 가는 교육현장에서 상처 입은 교사들의 마음을 어루만져 주고 학생들을 이해하고 공감하는 다양한 시각을 키울 수 있는 기회를 제공할 수 있었으며, 현장의 새로운 인성교육의 방법으로 감정코칭을 경험하도록 안내하였다. 겨울 방학 중 연수를 실시하였음에도 불구하고 많은 선생님들이 적극 참여하여 많은 대화를 나누는 시간이 되었다. 더불어 감정코칭에 대한 이론적 배경을 안내하였고 실습을 통해 상처 받은 선생님들의 마음을 어루만질 수 있는 기회를 갖게 되었다.

개학 이후에도 현장교사들의 요청에 의해 많은 학교에서 교원감정코칭연수를 진행하였으며 감정코칭의 중요성을 더욱 절감하였다. 학생이 타인과 소통하며, 능동적으로 갈등을 해결할 수 있는 자기 관리 능력과 관계 형성능력을 함양하는 것이 인성교육에서 추구하는 목표 중 하나이다. 학교에서 학생들은 친구들과 모둠 활동과 놀이를 통해, 그리고 선생님과의 수업과 다양한 활동과 일상을 통해 보고 닮아 가면서 인성이 형성이 된다. 교사는 학생들에게 좋은 인성의 롤 모델이 되기 위해 의도적이든 의도적이지 않든 많은 노력을 기울인다. 감정코칭을 해야 하는 이유는 학생들의 인성을 형성하는데 좋은 영향을 줄 수 있는 방법 중

1) 「청소년 감정코칭」, 조벽 · 최성애, 해냄(2012), p30

하나이기 때문이다.

감정코칭의 출발점은 사람 감정에 대한 시각의 변화이다. 비나 눈이 내리는 자연 현상을 좋다 나쁘다 평가할 수 없듯이 인간의 감정에 좋은 감정 나쁜 감정이라는 가치 판단이 들어가서는 안 되며, 다만 느껴지는 감정 이후에 나타나는 행동에 대해서만 좋은 행동 나쁜 행동이 존재한다는 관점이다. 교사가 감정코칭을 하는 모습을 보여 주는 것은 아이에게 어른이 모델이요 멘토로서의 역할을 하는 것이며, 인성은 가르치는 것이 아니라 보여주는 것이라는 철학을 실천할 수 있는 좋은 방법 중 하나이기 때문이다. 가트맨 박사가 제시한 감정코칭은 다음과 같이 5단계로 이루어졌다.

가트맨 박사가 제시한 감정코칭 5단계

- **1단계** — 학생의 감정 알아차리기
- **2단계** — 학생이 감정적으로 격해 있을 때 친밀감 조성과 교육의 기회로 여기기
- **3단계** — 학생의 감정을 들어 주고 공감하기
- **4단계** — 학생이 자기감정을 포착할 수 있도록 감정에 이름을 붙여주기
- **5단계** — 행동의 한계를 정해 주고 바람직한 방향으로 선도하기

가트맨 박사의 감정코칭이론은 특히 상담에 대한 특별한 지식이 없어도 누구나 활용할 수 있도록 하는 기본 원리를 제시하고 있다.

교사로서 감정코칭에 대해 알지 못했지만 지나가 보니 그것이 감정코칭이었구나 하는 사건이 있었다. 1교시 수업이 시작 되고 난 후 10분쯤 지난 후에 한 학생이 들어왔다. 인사도 하지 않고 가방을 책상 위에 집어 던지듯이 올려놓고 자리에 앉았다. 책가방을 책상 위에 '탁!'하고 집어 던지는 모습을 보는 순간 나도 모르게 얼굴이 벌개 지면서 '음... 오늘 나의 관심을 받고 싶은 모양이군' 라는 생각을 했다.

○○아 잠깐 앞으로 나와 볼래?

고개를 푹 숙이고 앞으로 나왔다.

오늘 지각을 했는데 무슨 일이 있었는지 이야기해 줄 수 있겠니?

○○이는 고개를 푹 숙이고 아무 말도 하지 않았다. 순간 교사에게 반항한다는 느낌이 들어 화가 나려 했으나, 아이의 얼굴을 보니 붉게 상기되어 목까지 빨갛게 되어있으며 숙인 얼굴에서는 눈물이 흐르는 모습을 볼 수 있었다.

말을 하기 싫구나.

……

그래, 무슨 일이 있었으니 늦었겠지.

……

다음에 마음이 좀 편해지면 이야기 해 줄래?

그로부터 7년 후 어느 날 멋진 청년이 내게 찾아 왔다.

제가 힘들 때마다 저를 믿어 주신 선생님을 생각했어요.

그 멋진 청년의 말에 오히려 나는 그가 무슨 말을 하려 하는지 알 수가 없었다.

그날 시골에서 올라오신 아버지한테 시험 점수결과가 낮다고
무릎을 꿇고 밤새 벌을 섰어요. 그리고 매를 맞기도 하구요.

새벽 4시가 되어 잠깐 잠을 잔다는 것이 그만 지각을 하게 되었다는 것이었다. '말을 하기 싫구나. 그래 무슨 일이 있으니 늦었겠지' 라는 선생님의 말을 오랫동안 잊지 못하였으며, 믿어준 것에 대한 감사한 마음을 군대 가기 전 꼭 전하고 싶어 찾아왔노라고 했다. 교사로서 지각이라는 불성실함 대해, 가방을 집어 던진 불손한 행동에 대해 꾸짖을 수도 있었지만 아이의 모습을 보면서 설명할 수 없는 힘든 마음을 느껴주고 아이의 감정을 따라가 주었을 뿐인데 10년 가까이 지난 후에도 자신을 믿어준 교사에 대한 감사의 마음을 잊지 않았다는 것이 오히려 매우 신기하기도 하고 잊지 않고 찾아온 것이 너무나도 감사하기도 하였다.

선생님의 일상을 따라 가는 감정코칭 워밍업

감정코칭 1단계 〈학생의 감정 상태를 알아차리기〉는 이렇게 시작된다

아침 조회를 하러 가는데 복도 저쪽 끝에서 우리 반 남학생 목소리가 우렁차게 들리고 서로 장난치기를 하느라 복도가 뿌옇다. 조용한 아침 자습을 바라는 교사의 바람이 사라지는 순간이다. 호흡을 하면서 '소뇌의 크기가 여학생보다 약 14% 큰 남학생은 가만히 앉아 있기가 얼마나 어려울까? 아주 건강하게 뇌가 발달되고 있군.'이라고 생각해 보자. 반성문이라는 것을 쓰게 해도 아이들은 뇌세포의 연결망이 과잉으로 생산되어 다면적인 생각을 하기가 어렵고 전두엽의 성장이 폭발적으로 이루어져 논리적인 멋진 반성문이 나왔다 할지라도 행동이 수정될 것이라고 기대하기 어렵기 때문이다.

아침 자습시간에 학생이 엎드려 있거나 혹은 가수면 상태로 있을 때 아이의 입장에서 여러 가지 상황을 읽어 주고 기다려 주는 지혜를 발휘해야 하는 순간이다. 청소년들이 일반적으로 안정적인 활동을 위한 수면 시간이 9시간 30분이라고 한다. 하지만 사교육 시장에 내몰린 아이들은 수면시간을 보장 받기 어렵다. 더욱이 어른에 비해 행복호르몬인 세레토닌 분비량이 40%정도 적게 분비된다고 하니 이래저래 사춘기학생들은 힘들다.

감정코칭 2단계 〈학생이 감정적으로 격해 있을 때 친밀감 조성과 교육의 기회로 여기기〉는 이렇게 시작 된다

학생이 수업 결과물도 신통치 않고 모둠 수업에도 적극적이지 않아서 수업 후 남게 하였다. 교사인 나는 아직 대화의 준비가 안 되었는데 입을 앞으로 쑥 내밀고 강한 어조로 '난 선생님이 싫어요!' 라고 말했다. 대부분의 교사들은 아마도 이런 생각과 행동을 할 것이다. '이 녀석이 왜이래? 기분 나쁘게' 또는 '그래서 뭐 어쩌라고' 혹은 격한 감정이 실린 '너 버르장머리 없이 무슨 말을 하는 거야?' 등 여러 가지 느낌, 생각과 행동이 있을 수 있다.

이때 학생의 숨은 감정은 무엇일까? '선생님, 제게 관심을 가져 주지 않으니 너무 많이 서운해요.' 라는 감정이 지배적일 수 있다. 그동안 과제도 나름대로 잘해 왔다고 생각했지만 칭찬을 들을 기회가 없었거나, 다른 학생보다 무엇인가 특별한 존재로 부각되고 싶은 욕망이 강한 학생인데 인정을 받지 못했을 수도 있다. 특히 논리성, 수리능력이 우수한 일반적으로 이과적 성향이라는 말을 듣는 학생들 중에는 혼자서 하는 활동을 선호하는 경우가 많다. 이런 학생들의 경우 모둠 활동을 통해 인정받을 특별한 기회가 적을 수 있다. 사교육에 많이 노출된 학생들은 결과를 빨리 알고 싶어 하거나 이미 결과를 다 안다고 생각하는 경우가 있어 모둠활동에 적응하지 못하는 학생들이 많다. 학생이 감정을 노골적으로 드러낸다는 것은 그만큼 도움을 원한다는 의미이므로 감정코칭을 통해 학생의 마음을 읽어주고 성장을 도모할 수 있는 좋은 기회라는 발상의 전환이 필요한 시점이다. 자신의 감정과 신체적 반응을 알아차리면서 학생이 알아차리지 못하도록 심장 호흡을 2-3번 하면서 자기 조율을 통해 감정의 중립에 도달하는 시간을 갖고 학생이 격렬하게 반응하는 것은 선생님에 대해 화나서라기보다는 주변의 다양하고 복잡한 일들이 힘들기 때문이라고 이해하는 것이다.

요즈음 불행한 사태 중 하나가 매 맞는 부모, 매 맞는 교사가 생겨나고 있다는 사실이다. ○○고등학교에서 후자의 사건으로 인해 연수를 하게 되었다. 강사로서 교사의 피폐해진 감정을 단시간 내에 어루만져 드릴 수 없는 안타까움이 있었다. 만약에 교사가 감정코칭의 2단계를 알았더라면 학생이 감정표현을 격하게 할 때 학생의 감정을 따라가는 것보다 먼저 학생의 감정과 자신을 분리해 보는 것, 즉 'Time Out'을 시도 했을 것이다. 그리고 시간을 내어 아이와 이야기할 시간을 갖는 것, 즉 아이와 친밀해지고 도움을 줄 수 있는 기회를 만들었을 것이다.

감정의 홍수에 빠졌던 그 학생은 알고 보니 보호관찰 대상학생이었다. 이 학생에게 학교 수업이 어떤 의미가 있을까? 학교에 다시 등교하기 전에 상담실에 의뢰하는 것도 중요하지만 수업에서 새롭게 학생을 만나는 선생님들끼리라도 TF팀을 구성해서 감정코칭의 기본을 연습하고 아이를 도울 수 있는 방법을 논의했다면 어떻게 되었을까? 하는 아쉬움이 남는 순간이었다. 결국 학생의 감정을 읽어 주지 못한 교사는 더 큰 상처를 입고 교사로서 무기력에 빠지게 되었다. 안타깝지만 행복한 교직생활을 다시 시작하려면 상당한 시간이 걸릴 것으로 예측된다.

감정코칭의 핵 3단계 〈학생의 감정을 들어 주고 공감 하기〉는 이렇게 시작된다

감정은 보통 뇌 안의 관련 신경중추가 갑자기 자극을 받았을 때 생기는 일시적 신경반응이다.[2] 영어로 'emotion'이라고 표현 되며 '정서'로 번역된다. 교사가 감정코칭을 하기 위해 중요한 것은 감정을 인식하는 것, 즉 학생들의 감정을 알아차리는 것이다. 아이의 감정을 정확하게 읽어 주어야 학생이 이해 받은 느낌을 가질 수 있으며, 자신의 감정상태를 통해 자신의 감정을 이해하고 명료하게 표현함으로서 타인에게 이해 받고 자기자신을 존중 받을 수 있도록 할 수 있다.

일찍이 인간의 감정에 대해 연구를 시작한 사람은 찰스 다윈이다. 그는 인간의 기본적인 감정을 기쁨(행복), 슬픔, 분노, 공포, 혐오, 놀람 6가지로 정리하였다. 감정에 대한 다양한 정보를 알고 있으면 학생과의 만남의 장면에서 좀 더 깊숙한 공감이 이루어질 수 있다. 감정코칭에서 공감은 학생의 입장과 감정을 인식하는데 중요한 역할을 한다. 교사가 학생의 감정에 공감을 잘 해주면 학생은 교사를 가장 신뢰할 만 한 사람으로 인식할 수 있는 단초를 제공해 준다.

학교에서 시험일정은 보통 3주 전에 발표 된다. 시험일정이 발표되면 크고 작은 분쟁이 발생하고 유난히 아이들이 교사의 말에 짜증을 많이 낸다. 이때 아이들이 느끼는 가장 지배적인 감정은 무엇일까? 두려움이다. 불안하고, 걱정이 많으며, 보지도 않은 시험결과에 겁이 나서 예민해지기 때문에 친구와 싸우기도 하며 공부를 해야 하는 이유와 목표를 잘 알 수 없기에 혼란스럽기까지 하다. 교사가 아이들을 훈계하고 야단치기보다는 아이들의 입장에서 생각하고 말을 들어주는 여유가 필요한 시점이다.

성공적인 감정코칭을 위해서 교사는 몇 가지 말과 행동이 몸에 배이도록 해야 한다. 학생이 했던 말의 중요한 단어를 거울 식 반응을 하여 교사가 적극적으로 경청하고 있음을 보여 주어야 한다.

---

2) 인간다움의 조건

아 그렇구나. 정말 억울했겠네.

아이고 짜증 날 만도 하지.

그래 그럴 수도 있지…

선생님도 학교 다닐 때 그런 일이 있었단다.

당연히 그럴 수밖에 없었네…

등의 말은 학생이 이해받고 있다는 느낌을 갖게 하는 중요한 언어들이다. 더불어 관계를 촉진하기 위해 다음과 같은 질문방법도 중요하다.

그때 기분이 어땠어?

와 같은 열린 질문,

어떤 점이 화가 나는 거지?

그래서 어떻게 되었어?

언제부터 그런 것 같아?

그 일에 대해 더 말해 줄 수 있을까?

와 같은 상황과 흐름을 탐색하는 질문 등이다. 한편 비언어적인 요소를 인식하는 것도 매우 중요하다. 학생의 말을 끊지 않고 말이 끝날 때까지 고개를 끄덕 거리면서 학생의 말과 감정에 집중해 주어야 한다. 긍정, 부정의 모든 감정을 공감해 주어 철저히 아이 편에서 이야기를 들어주는 모습을 보여 줌으로써 학생에게 '지금 이 순간만큼은 내가 너의 변호사가 되어 줄게'라는 메시지가 느껴질 수 있도록 따뜻한 시선과 성의를 보여주는 태도를 가지도록 평상시에도 노력해야 한다.

일전에 ○○여자고등학교에서 수업컨설팅을 하게 되었다. 멋진 젊은 남자선생님이 스토리텔링으로 서양 윤리 수업을 진행하였다. 이론적인 수업은 매우 잘 진행이 되었지만 너무 아쉬운 장면이 있었다. 교사의 질문에 따라 학생들이 답을 하는 장면에서 한 학생이 오답을 이야기 했다. 교사가

됐고~!

라고 말하자 학생들은 교실이 떠나 갈 듯이 재밌어 했다. 물론 대답을 한 학생도 웃고 있었지만 그 여학생이 입었을 상처에 가슴이 아팠다. 사람과의 관계를 증진시키는

말도 있지만 관계를 멀어지게 하는 대화도 있다. "됐고~!"라는 교사가 한 말은 대표적인 상대를 경멸의 대화법이다. 선생님들의 수업을 참관해보면, 교사가 무의식적으로 하는 행동 중 질문에 답을 기다리는 과정에서 팔짱을 끼고 답을 기다리는 모습을 보게 된다. 다행히 정답을 이야기하면 교사의 얼굴에서 미소가 돌지만 혹시라도 틀린 답을 이야기하면 비웃는 표정을 짓기도 하고 "너 그게 답이라고 생각하니?"라고 말하면서 상대방에게 모욕감을 주는 경멸의 말을 할 때도 있다. 상대방과 멀어지는 대화 중 가장 무서운 것은 경멸의 대화이다. 한 번의 경멸의 단어를 사용하면 다시 관계를 회복하기 위해 존중과 감사, 배려의 마음을 5배는 더 표현해야 그 감정이 조금 풀린다고 한다.[3]

감정코칭의 3단계는 감정코칭 전체 단계에서 가장 중요한 단계이며 상대방에 대한 여유 있는 시간과 마음가짐으로 공감, 소통, 배려를 실천해야 하는 단계이다. 때로는 너무 바쁘거나, 학생을 바람직한 방향으로 훈육해야 한다는 사명감 때문에 학생을 조정하려는 마음이 생길 때는 감정코칭을 하지 않는 것이 좋다.

서울교육연구정보원 진로진학상담 센터에서 학생들을 대상으로 사이버 상담을 하던 때의 일이다. 요즘 대세인 연예인이 되고 싶다는 학생들의 글이 종종 올라온다. 진로상담전문가 교수들에게 나의 진로 상담글을 가지고 컨설팅을 받게 되었다. 나의 상담글을 분석하면서 연예인이 되고 싶어 하는 학생들의 글에 잔뜩 화가 난 답글을 올린다는 것을 발견했다. 가수 지망생이었던 친구의 몰락을 보면서 가슴이 아팠던 기억이 결국 나의 감정의 저편에 가수가 되고 싶다는 학생의 글을 보면서 화를 내고 있었던 것이다. 컨설팅을 받으면서 나 자신에게 매우 화가 나고 실망이 되었다. 후일 감정코칭을 공부한 후 생각해 보니 나의 경험에 의한 초감정이 작동이 되었던 것이다.

초감정 혹은 메타감정(Meta-emotion)은 자신이 느낀 감정에 대해 느끼는 감정으로 유아기의 경험과 환경, 문화 등의 영향을 받아 자신의 감정과 행동에 영향을 주어 온 것들로 감정코칭의 성공과 실패의 중요한 요인이 되기도 한다. 우리 개인의 삶에 절대적 영향을 끼치는 사람은 부모님이다. 모든 부모님은 감정적 기억인 경험과 학습된 가치관, 믿음, 철학, 물려 받은 정신적 유산 등에 의한 당위적인 삶 속에서 살아오면서, 원하든 원하지 않든 모든 부모님 나름대로 양육자 유형을 가지고 있다. 가트맨 박사는 부모의 양육스타일을 크게 4가지로 분류했으며 그중 세 가지는 다음과 같다.

첫 번째 억압하는 유형의 부모이다.

그러면 못써!

시끄러워! 울지마!

3) 「감정코칭 매뉴얼」, 조벽 · 최성애, 감정코칭 전문가 양성과정 교재(2013), p68

사내자식이 그걸 가지고~

동네 사람이 흉봐~!

애비 에미 욕 먹이지 말아라.

등은 동양문화권의 억압형 부모가 주로 사용하는 말이다. 올바른 행동에 대한 훈계, 감정은 나쁜 성격 때문이며, 쓸데없는 감정은 낭비와 사치라고 교육한다. 억압형 부모에게 성장한 아이들은 슬픔, 분노, 두려움을 표현 했다는 이유로 꾸중을 듣기고 하고 벌을 받기도 한다.[4] 교실에서 친구들에게 감정 조절을 잘 하지 못해 다투거나 말썽을 일으키는 아이들, 의기소침하고 감정을 감추고 있는 아이들은 현재 그들의 부모가 억압형의 부모일 수 있다. 앞에서와 같은 행동을 보여 주는 아이들을 화가 나도 잘 참고 잘 다독거리지만 어느 순간 나도 모르게 울컥 하고 화를 내고 있다면 교사 역시 억압형 부모 밑에서 성장 했을 확률이 높다.

두 번째는 부정적 감정을 무시하는 축소지향형 부모유형이다. 학부모 대상으로 감정코칭연수를 4회차에 걸쳐 진행을 했을 때 한 여학생의 부모가 다음과 같이 호소를 했다. 아이가 학교 시험에서 원하는 성적이 나오지 않아서 울고 있는데 퇴근길 아빠는

별거 아니야.

뭐 그런 일로 울고 그래?

알았어, 알았다. 치킨 사 줄까?

등의 말로 상황을 가볍게 만들어 자녀 교육에 일관성을 가질 수 없다고 했다. 딸의 슬픈 감정이 매우 불편하기 때문에 감정을 무시하는 말과 행동을 하는 대표적인 축소지향형의 아버지의 모습이다. 축소지향형의 부모 밑에서 양육된 아이들은 자신의 어떤 감정들이 아주 강한 감정으로 고조될 때까지 알아차리지 못하기도 하고 교사가 꾸지람을 해도 왜 꾸지람을 하는지 모르는 경우가 종종 있다. 만약에 아이들과 갈등이 증폭이 되고 있을 때 인터넷에서 쇼핑을 통해 스트레스를 해소하고 있다면 선생님도 축소지향형의 부모에게 양육된 경우일 수도 있다.

세 번째는 자유 방임유형 부모이다. 사회적으로 출산율이 낮아지고 맞벌이 가정이 늘어나면서 부모는 바쁘다보니 할머니, 할아버지가 육아를 맡게 되는 경우가 늘어나고 있다. 조부모는 아이가 애초롭다는 생각에, 그리고 부모는 바쁘다는 이유로 아이의 모든 감정을 다 수용하는 자유방임형 부모가 늘어나고 있다. 학교에서 사고가 발생하여

4) 「존 가트맨식 감정 코치법」, 정창우, 인간사랑(2007), p27

학부모를 소환할 경우 조부모님들은 '아이들은 다 그러면서 큰다.'는 말로 교사에게 반발하는 경우가 있다. 아이들은 가정에서 감정에 대해 올바르게 지도해 주지 않기 때문에 자신의 감정을 다 분출하다보니 친구와의 관계도 나쁘고, 학습 집중도도 낮다. 특히 화가 나고 흥분되고 슬픈 상황에서조차도 어떻게 스스로를 진정시켜야 하는지 알지 못하는 경우가 있다. 이런 학생들은 특히 교사가 감정의 조율을 통해 감정 코칭을 하지 않는 경우 이런 학생들로 인해 교사가 받는 정서적 상처가 깊어 질수 있으며, 교사의 소진 증후군 현상을 초래할 수도 있다.

기분이 나쁜 것 같아 보여.

마음이 많이 상했나보구나~

많이 힘들어 보이는구나…

같이 한 번 해볼까?

라는 표현을 일상에서 이 아이들과의 감정코칭 시에 많이 사용해야 한다.

여기서 잠깐! 다음의 표에서 자신이 느낀 감정에 대해 느끼는 감정인 초감정의 종류를 탐색해 보자.

상황	교사 대응	초감정 탐색
 수업에서 휴대폰을 사용하는 학생이 있어 내 놓으라고 했더니 머뭇거리면서 싫다고 했다. 다시 내놓으라고 했더니 큰소리로 교사인 나에게 대들었다.	1. 학교 규정에 따라 압수한 것인데 대들었으니 당연히 벌점이야	당위적 삶에 의한 초감정
	2. 버르장머리 없는 학생 같으니, 나중에 문제아 될 수 있어. 지금 야단을 쳐서 버릇을 고쳐 주어야 해	양육자유형에 의한 초감정
	3. 선생님한테 대들었다가 친구들 앞에서 선생님께 손바닥을 맞었던 기억이 떠오르네	감정적 기억에 의한 초감정
	4. 대드는 학생을 보니 초임교사 시절 덩치 큰 녀석이 대놓고 나를 무시했던 기억이 나서 화가 더 나네	감정적 기억에 의한 초감정

위와 같은 상황에서 여러 가지 나의 감정들이 뒤섞이고 불투명한 초감정이 발동이 되면서 스트레스가 올라오며 마음과 몸은 긴장 상태가 된다. 머리는 뜨거워지고 나도 모

르게 목소리가 커지고 표정은 일그러진다. 과거 교사의 체벌을 허용하던 시절을 그리워하며 전두엽에 의한 이성적 판단은 정지되고 감정의 뇌가 작동되어 감정적으로 일을 처리하게 된다. 수업이 끝난 후 교사는 패자의 느낌을 갖게 되고 학생과 소통이 단절되고 관계설정에도 실패했다는 생각에 좌절감과 절망감을 느낀다. 해당 학생을 만나면 피하게 되거나 스스로에게 화가 난다. 학생 감정코칭에 실패하면서 교사는 자존감에 큰 상처를 입을 수 있으면서 신체적 정신적인 피로로 인해 자기혐오 혹은 무기력증에 빠지는 일명 소진증후군에 빠지게 된다.

사춘기 청소년 학생과 관계를 맺고 수업을 하는 것이 과거보다 많이 힘들어진 것은 우리나라만의 일만은 아닌 모양이다. 미국에서는 '마음 챙김 및 회복력 함양하기 (CARE: Cultivating Awareness and Resilience in Education)라고 번역할 수 있는 감성적 역량 키우기 연수를 교사 대상으로 실시하고 있다. CARE연수 프로그램에서도 가장 중요하게 생각하는 것이 심호흡 3회하기, 즉 호흡을 통해 마음 집중하기를 다음과 같은 방법으로 권하고 있다.

하고 있던 반응을 잠시 멈춘 뒤, 천천히 호흡을 깊게 들이 마시고 내 쉬고 약 5초 정도 반복한다.

계속 천천히 깊이 호흡하면서 스트레스를 유발하는 생각과 감정으로부터 멀어지는 것을 상상하면서 스트레스를 유발하는 문제에 관해 감정적 충전을 낮추고 중화될 때까지 계속 심장 호흡에 집중한다. 흔히 15초의 기적이라고 하며 15초의 투자를 통해 감정 중화를 가질 수 있다. 교사로서 품위를 유지할 수 있는 순간에 투자하는 것이다.

감정코칭 3단계에서 자신의 초감정을 알아차리고 아이의 감정을 충분히 읽어주었으며, 변호사의 입장에 서려 노력하였다면 이미 감정코칭은 성공한 것이라고 말할 수 있다. 가트맨 박사가 제안한 감정코칭 5단계를 끝까지 실시하지 않아도 감정코칭이 성공한 것이라고 말할 수 있다는 의미이며 감정코칭 3단계를 감정코칭의 핵이라고 표현하는 이유이다.

감정코칭 4단계 〈학생이 자기감정을 포착할 수 있도록 감정에 이름을 붙여주기〉는 이렇게 시작된다

요즈음 교사가 아이들과 만나 감정을 물어 볼 때 가장 많이 듣는 단어는 무엇일까? 아마도 "짜증나!"라는 표현일 것이다. 청소년들은 유년기 아이들에 비해 어휘력이나 사고력이 발달되어 감정에 이름을 붙이기가 수월하지만, 우리나라 정서상 감정적인 표현이나 소통에 익숙하지 않은 학생들이 많으므로 오히려 대화가 어려워질 수도 있다. 인간의 뇌는 감정은 우뇌에서, 이성의 영역인 언어는 좌뇌에서 처리된다. 학생들이 잘 표현하지 못하는 감정에 이름을 붙여 주는 것은 이성의 뇌인 좌뇌가 활성화되도록 돕는 것이다. 감정에 이름을 붙이는 것은 학생 스스로 감정과 상황에 대해 객관적으로 인식할 수 있도록 확인하는 과정이며, 감정코칭의 마지막 단계를 성공적으로 수행할 수 있는 기반이 되는 단계이다. 실험에 의하면 사춘기 청소년들은 상대 얼굴의 감정 표현을 읽어내는데 미숙하고, 자신의 감정을 단어로 표현하는 것을 어려워한다고 한다. 감정코치가 학생과 함께 감정이 명료화될 때까지 감정의 이름을 찾아보는 과정이 필요하며 질문을 통해 감정과 핵심감정에 이름을 붙이는 것 또한 중요한 일이다.

지금 네가 짜증난다고 말한 감정을 분노라고 해. 네 생각은 어때?

등으로 막연하게 느껴지는 감정에 이름을 붙여주면, 감정의 이름을 아는 순간 마음이 놓이고 그 감정에 혼란스러워하거나 집착하기보다 대처법에 신경을 쓸 수 있다.

감정코칭전문가가 되기 위해 공부를 하면 시연에 통과해야 한다. 한방에 10명의 사람이 모여 슈퍼바이저 앞에서 짝을 이루어 내담자와 상담자가 되어 시연을 하고 나머지 사람들은 슈퍼바이저의 입장이 되어 과정을 기록해 나가는 방식으로 진행이 된다. 필자는 첫 번째 시험에서 탈락 했다. 불행하게도 나 자신을 포함하여 교사들의 시연 탈락률이 높다는 것을 알게 되었다. 다시 시험에 도전하여 슈퍼바이저입장에서 과정을 기록하면 몇 가지 교사만의 특징이 있음을 발견할 수 있었다.

첫째, 교사는 침묵을 두려워한다. 즉 내담자인 학생이 말을 하지 않을 경우 침묵의 부담 때문에 성급하게 먼저 말을 한다는 점이다. 감정코칭의 장면에서 학생이 말을 하지 않을 때는 말할 때까지 여유를 가지고 기다려 주어야 한다. 조급하고 화가 나기도 하지만 자신의 호흡에 집중하고 심장에 손을 얹고 숨소리를 느끼면서 잠시 멈춤의 시간을 갖는다면 아이와 나의 호흡이 일치되는 지점쯤에서 아이도 말을 하게 된다는 점이다. 둘째, 교사는 사명감에 압도된다. 감정코칭 3단계에 충분히 머물러 공감을 해주어야 하지만 머무름에 오히려 불안감을 느낀다는 점이다. 빨리 학생에게 좋은 해결책을 제시해 교사인 나와 이야기를 하고 나면 교무실 문을 나갈 때 해결책이 하나 가득 들어있는 답보따리를 들려 보내야만 한다는 무언의 압박을 느낀다는 것이다. 마음이 급하다 보니 감정코칭을 하는 교사는 해결에 초점을 맞추어 명령하고 훈계하며 목소리가 커지는 검사의 모습을 하고 있기 때문이다. 지금도 일정 시간에 워크숍에 참가하여 나 자신의 감정조율과 선생님들과 같이 다시 공부하는 시간을 갖는다. 왜냐하면 어느 순간 나는 다시 아이의 감정보다는 해결책을 찾는 모습이 보이기 때문이다. 마지막까지 성공적인 감정코치가 되기 위해서는 학생의 감정에 충분히 머물러 주고 아이와 한편이 되어 공감을 해주는 것만으로도 충분히 아이에게 도움이 될 수 있다. 교사에게 익숙한 검사의 모습이 아니라 변호사의 입장에서 머무를 수 있도록 자신을 경계하는 것이 정말 중요하다.

감정코칭 5단계 〈학생의 행동의 한계를 정해 주고 바람직한 방향으로 선도하기〉는 이렇게 시작된다

기나긴 여정의 마지막 단계로 교사는 특히 이 단계에서 스스로 호흡을 해야 한다. 왜냐하면 마지막 단계에서 바람직한 방향으로 선도한다는 것이 교사의 일방적 훈육이 아니라 자기의 문제에 대해 효과적인 해결책을 생각해 내도록 돕는 것이기 때문이다. '학생이 원하는바'라 함은 감정의 소용돌이가 가라앉은 후 가고자 하는 목표를 말하는 것이다. 목표는 교사가 제시하는 것이 아니라 감정코치가 질문을 통해 학생 스스로 탐색할 수 있도록 도와주는 것이다.

어떻게 하고 싶다는 이야기이지?

와 같은 목표 세우기 질문을 제시하면 학생들은 목표에 도달하기 위한 아이디어를 생각해 낼 것이며, 그다음 해결책을 탐색하기 위해

그 문제를 해결하기 위해 어떻게 하면 좋을까?

혹은

새로운 아이디어가 있니?

와 같은 질문을 통해 아이가 스스로가 마음에 드는 해결책을 골라서 실행에 옮기도록 도울 수 있어야 한다. 만약에 학생이 해결책을 위한 아이디어를 내지 못할 경우에 교사는 다음과 같은 대안을 제시할 수 있다.

선생님이 제안해도 될까?

혹은 여러 가지 해결안이 있을 경우

여기 있는 제안 중 어떤 것이 좋을 것 같아?

라고 질문함으로서 대안을 선택할 기회를 주어 비록 교사가 제안을 했지만 학생 스스로 문제 해결방법을 선택할 수 있도록 기회를 주어야 한다. 마지막으로 지금 기분이 어떤지 물어봄으로써 학생이 편안한 상태가 되었는지 확인한 후 학생과의 만남을 종료한다. 최후의 순간까지도 교사인 감정코치는 지시하는 언어를 절대로 사용하지 않으려 노력해야 한다.

학교가 파한 후 집에 가면 간식이 고구마, 삶은 감자였던 시절. 그

나마 그것조차도 없고 집안의 일을 도와야 했던 1960-70년대 학생들보다 우리가 교실에서 만나는 요즘 학생들은 얼마나 더 행복할까? OECD국가 중 부모가 가장 많이 일하는 우리나라, 더욱이 시간외 근무하는 직장 문화가 상존하고 있다 보니 양쪽 부모 모두가 퇴근시간이 늦다. 이는 저녁과 밤 시간대에 자녀 돌봄에 공백이 크다는 의미이다. 늦은 귀가 후 집에서 잠만 자고 나가거나 아침에 학교에 가는 자녀의 얼굴을 확인하지도 못하는 이른바 전자 가족의 형태에 살고 있는 우리 아이들이 가정에서 서로에 대한 관심과 만남을 통해 획득할 수 있는 감정 표현의 방법, 조절의 방법 등을 배울 수 있는 감정코칭형 부모를 만나기 어려운 것이 현실이다.

과거 대가족의 할머니 할아버지들은 아이들에게 훌륭한 감정코칭 전문가였다. 아이들은 부모의 불편한 감정이나 요구, 혹은 위협적인 훈육에서 벗어나 위로 받고 감정코칭을 받고 싶을 때 찾아갈 수 있는 돌봄의 공간이 있었다. 많은 것이 부족했던 시절이지만 감정만큼은 매우 풍요롭게 코칭 되던 환경이었다.

다행히 우리나라에서는 미국에서 확대되고 있는 홈스쿨링문화의 영향을 덜 받고 있어 아이나 부모들은 학교를 가야 하는 곳으로 인식은 갖고 있다. 그러나 학교 교육환경 역시 공부를 강조하다보니 다른 사람의 정서에 공감할 수 있는 기회가 부족하기도 하고 교사의 과중한 업무로 인해 많은 아이들의 애정과 사랑을 보듬어 안아 주는 사회적 부모의 역할을 다할 수 없는 환경이다.

지금 학교 현장에서는 미래 사회가 요구하는 인재 양성을 위해 다양한 수업 방법을 추구하고 있다. 많은 교사들은 구성주의에 입각한 다양한 수업 방법을 설계하여 학생들로 하여금 혼자 하는 공부가 아니라 더불어 할 수 있는 공부 방법을 시도하고 있다. 프로젝트 학습, PBL, 하브루타, 토의 토론 등등의 많은 수업 형태가 모둠을 구성하여 수업을 진행한다. 그러나 개인 평가 위주에 익숙한 학생들 중 성적이 우수한 상위권 학생들은 자신의 역량에 대한 점수가 자기에게 오지 않는다는 불평을 갖는 한편 성적이 다소 떨어지는 학생들은 우수한 성적을 가진 아이들이 내뱉는 말 때문에 상처를 받고 더 강한 언어를 사용하여 자신의 상처 난 자존감을 보복하기도 한다. 이런 교실 분위기 속에서 많은 감정의 상처를 입고 소진증후군에 빠지는 선생님 혹은 학생들이 내뱉는 험한 말에 상처를 입고 정신적으로 피폐해지는 선생님 그리고 학생들이 내뱉은 말에 감정에 폭풍에 휘둘려 감정을 쏟아 내다가 더 큰 오물을 뒤집어쓰게 되는 선생님 등이 늘어나고 있다. 교사의 교육 현실은 점점 더 어려워지고 있음을 보여준다. 그럼에도 불구하고 수업 안에서 감정을 살필 수 있는 기회를 부여하고 감정코칭 전문가로서 역량을 발휘해야 하는 것은 사회적 부모로서 우리가 해야 할 소명이다.

묻고 답하기

Q1 정말 미운 그 학생 때문에 학교가 힘들 때는 어떻게 해야 할까요?

A1 선생님, 이렇게 하니 도움이 되어요.

써클맵 이미지	실제
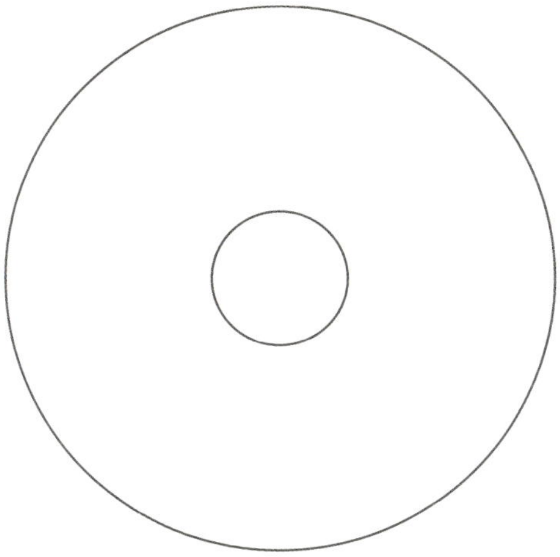	

가운데에 학생의 이름을 씁니다. 학생을 떠올리면서 머리끝에서 발끝까지 스캔한다는 생각을 가지고 하나하나 장점을 찾아 나갑니다. 정말 힘듭니다. 하지만 인간이 보는 관점에 따라 부성적인 시각도 긍정적으로 보일 수 있습니다. 50가지를 찾아서 적는 과정에서 선생님은 감정의 중립을 유지할 수 있으며 다음 시간 학생을 만났을 때 긍정적이고 편안한 관계를 유지할 수 있습니다.

A2 선생님의 자존감을 회복하는 것도 중요합니다. 학생 이름을 넣는 난에 선생님의 이름 혹은 이미지를 넣고 50가지의 장점을 찾아서 적어 보셔요. 그리고 스스로를 칭찬하세요.

Q1 교실에서 화를 참고 교무실로 돌아오면 머리가 아파요.

A1 그러시군요. 화를 참다 보면 건강을 해치게 됩니다. 마음의 병이 되기 전에 다음과 같은 작업을 해보시면 어떨까요? 하루 잠깐 시간을 내서 기록하시고 책으로 만드는 과정을 옆에 계신 선생님들과 함께 해보셔요. 데 보라 노빌은 그의 책 감사의 힘에서 "감사합니다." 라는 말을 하는데 단 0.3초도 걸리지 않지만 인간의 삶에서 큰 기적을 만들어 준다고 말하고 있습니다. 감사 일기를 써보실 것을 권합니다. 저는 이렇게 만들어서 가끔 활용합니다.

A2 미니 감정 일기 책 만들기

1. 가로 13 cm × 세로 9 cm
2. 책 겉표지에 선생님의 이미지를 만들어 보세요.
3. 그리고 저는 내용을 이렇게 편집해 보았습니다.
4. 교사로서 자존감을 회복시켜주고 감정코칭형의 교사가 될 수 있습니다.

<table>
<tr><td rowspan="14">겉표지

우·도·샘(우아한 도덕 선생님)이
되고픈 김경선의 감사 일기</td><td colspan="2">2017년 월 일 요일</td></tr>
<tr><td colspan="2">오늘의 감정 날씨</td></tr>
<tr><td colspan="2"></td></tr>
<tr><td colspan="2">나의 감정을 촉발시킨 사건은?</td></tr>
<tr><td colspan="2"></td></tr>
<tr><td colspan="2">그때 떠오른 나의 생각은?</td></tr>
<tr><td colspan="2"></td></tr>
<tr><td colspan="2">그때 나의 대응방식은?</td></tr>
<tr><td colspan="2"></td></tr>
<tr><td colspan="2">감정 중립을 위한 나의 활동</td></tr>
<tr><td rowspan="4">감사
일기
쓰기</td><td>오늘 혹은 바로 최근에
가장 고마웠던 사람을 떠올리고,
그 사람에게 짧은 감사 글 쓰기</td></tr>
<tr><td></td></tr>
<tr><td>나에게 감사하기</td></tr>
<tr><td></td></tr>
</table>

학생 감정코칭 실제

일반적인 교실의 모습

선생님 길동아! 너 수업 시간에 또 장난이구나.

길동 (들릴 듯 말 듯한 목소리) 으이씨 왜 나만 가지고 ○○이야.

선생님 (입모양을 본 순간 격앙된 목소리로) 너 이리 나와!

길동 (아~씨 입모양) 어기적거리고 걸어 나온다.

선생님 빨리 나와!

길동 선생님은 왜 나만 가지고 그러세요. 걔도 떠들었는데?

선생님 너는 맨날 떠들잖아?

길동 내가 언제 매일 떠들었어요?

선생님 너 그렇게 버르장머리 없이 말할래? 벌점 3점이야!

감정코칭이 이루어지는 교실

선생님 길동아, 수업시간인데 친구하고 장난 치고 있구나.

길동 (들릴 듯 말 듯한 목소리)으이씨 왜 나만 가지고 ○○이야.

선생님 (입모양을 본 순간 화가 난다)길동아 잠깐만 선생님하고 이야기할 수 있겠니?

길동 (으이 씨하는 입모양을 하며 어기적거리고 걸어 나온다).

선생님 (호흡을 가다듬고 호흡하기가 힘들면 하나, 둘, 셋 세기를 한다.)무슨 일로 화가 났는지 이야기 해줄 수 있니?

길동 선생님은 왜 나만 가지고 그러세요. 걔도 떠들었는데?

선생님 다른 아이들도 장난을 쳤는데 너만 떠든다는 했다는 말이지?(수용)

길동 (화난 표정으로) 네!

선생님 음, 다른 아이들도 떠들고 장난을 쳤는데 너만 떠든다고 해서 많이 화가났다는 이야기이지? 그러면 무슨 이야기를 했는지 이야기해 줄 수 있니? (수용, 경청)

길동 (일그러진 표정으로) 지우개 좀 빌려 달라고 했어요.

선생님 지우개 좀 빌려 달라고 했다는 말이구나. 지우개를 빌려 달라고 했는데 선생님이 매일 떠든다고 했다는 이야기지? (수용)

길동 (화난 표정으로) 네!

선생님 (고개를 끄덕거리며) 지우개 좀 빌려 달라고 말했는데 선생님이 떠든다고 했을 때 기분이 어땠어?

길동 짜증 났어요.

선생님 짜증이 났구나. 지우개를 빌려 달라고 했을 뿐인데 선생님이 떠든다고 해서 화가 많이 났구나.

길동 (고개를 끄덕 끄덕한다.) 그리고 저는 매일 떠들지 않았거든요.

선생님 게다가 선생님이 매일 떠든다고 해서 더 화가 더 났구나 (수용, 공감)

길동 (화난 표정으로) 네!

선생님 그래~ 어쩌다 한 행동을 가지고 매일 했다는 말을 들었으니 화가 날만도 하지. 선생님도 그런 경험이 있어 정말 속상했단다.(공감) 지금 기분이 어때?

길동 짜증나요.

선생님 짜증이 난다는 이야기이구나. 선생님이 어쩌다 떠든 것을 가지고 매일 떠든다고 하고, 그리고 다른 아이도 떠드는데 길동이만 떠든다고 해서 많이 억울했다는 이야기이지? (이해)

길동 네!

선생님 그래 충분히 억울할 만해...... 오늘과 같이 억울할 때는 욕설을 하는 것보다는 개인적으로 선생님한테 너의 상황을 설명해 주면 어떨까?

길동 (고개를 끄덕 끄덕한다.)

선생님 지금 기분이 어때?

길동 (고개를 끄덕 끄덕한다.) 그냥 뭐...

선생님 그래, 너의 억울함을 선생님이 충분히 알 수 있어 다행이야. 지금 마음이 어때? 아직도 선생님한테 화가 많이 나니?

길동 (고개를 저으며) 아니요?

선생님 화가 조금 풀렸다는 이야기구나. 선생님도 지금 기분이 좋아 다행이구나.

TIP

감정코칭 5단계를 구분하기보다는 전체적인 흐름을 통해 공감을 충분히 해주는 것과 감정에 이름을 붙여 주는 것에 집중하여 읽는 것이 중요하다.

감정코칭 사례1: 모둠 활동으로 인한 갈등

상황

다중 지능검사를 실시한 후 개인별로 다중지능지수 중 높은 것 세 가지를 조사하도록 하였다. 각 모둠별로 인간관계 지능과 자기 성찰 지능이 높은 학생을 모둠의 이끔이로 선정하고 그들이 모여 남녀 각 2명의 다양한 지능을 골고루 섞어 모둠을 구성하도록 하였다.

성실하지만 자기목소리를 크게 내지 않는 남학생이 이끔이가 되었다. 모둠을 구성하는 과정에서 자기 반에서 공부는 잘하지만 이기적인 아이들을 다른 아이들이 선택을 하지 않게 되면서 내담자인 학생이 그 아이들과 모둠을 구성하게 된 상황이다.

모둠의 아이들은 자신이 이끔이가 되지 않은 것, 그리고 원하는 모둠에 들어가지 못해 화를 내고 있고 이끔이인 학생은 아무 말도 못하고 눈물만 흘리고 있는 상황이었다.

모둠이름, 모둠원의 역할을 선정해야 하는 과정이지만 수업을 진행 할 수 없어 완성된 모둠만 카페에 탑재를 하고 나머지 모둠은 다음 시간까지 완성하도록 안내를 하였다. 수업이 끝난 후 그 학생을 만나 감정코칭을 하게 되었다.

선생님 어느 자리가 편할까? ○○이가 맘에 드는 곳에 앉을래?

내담자 (말없이 교사 옆자리 빈 의자에 앉는다.)

선생님 오늘 ○○이가 우는 모습을 보고 무언가 문제가 생긴 것 같아 도와주고 싶어서 불렀어. 무슨 일인지 이야기 해줄 수 있겠니?

내담자 (고개를 떨어뜨리고 말이 없다.)

선생님 (조금 기다려 주면서 교사도 호흡을 가다듬는다.) 선생님이 다양한 모둠 구성을 위해 오늘 다중지능 검사를 한 후 모둠을 구성할 것을 제안했는데 거기에서 문제가 생겼니?

내담자 (고개를 떨어뜨리고 고개를 끄덕끄덕 여전히 눈물을 흘리고 있다.)

선생님 많이 속상한 일이 있나보구나. 선생님이 물 한잔 줄까?

내담자 (침묵하다가 눈물을 흘린다.)

선생님 (물 한잔 그리고 티슈를 주고 기다려 준다.)

내담자 (고개를 떨어뜨리고 고개를 끄덕 끄덕 물을 마신다.)

선생님 아직도 많이 힘들어 보이는데... 지금 기분이 어때?

내담자 (고개를 떨어뜨리고) 저의 검사 결과가 왜 그렇게 나왔는지 모르겠어요.

선생님 아! 다중지능 검사에서 대인관계지능과 자기 성찰 지능이 높은 것 말이구나.

내담자 (고개를 끄덕 끄덕한다.)

선생님 아 그랬구나. 대인관계지능과 자기 성찰 지능이 높다는 것은 좋은 의미인데...
너의 생각과 다른 결과가 나온 것 같아?

내담자 (고개를 끄덕끄덕한다.) 제가 어떻게 대인관계지능 지능이 높은지 모르겠어요.

선생님 ○○이가 생각하기에 인간관계지능이 높은 아이들은 어떤 것 같아?

내담자 좀 애들하고 친하고 잘 어울리고...

선생님 그래 보통은 그런 아이들이 높게 나오는 경우가 많지.

내담자 정말 제가 왜 그렇게 나왔는지 모르겠어요.
(교사를 보며) 저는 말도 적고 내성적인데...

선생님 ○○이가 검사 결과 때문에 많이 당황했구나.

선생님 오늘 ○○이가 많이 울어서 사실은 선생님도 당황했거든. 하지만 ○○아, 꼭 외향적인 사람만 대인관계지능이 높은 건 아니야. 세상을 움직이는 사람은 외향적인 사람보다 오히려 내향적인 사람이라는 통계도 있어. 네가 활달하고 말이 많지는 않으나 생각이 깊고 친구들의 말을 잘 들어주는 것을 선생님은 많이 봤어. 이런 부분에서 대인관계 지능이나 자기성찰지능이 높게 나왔을 거야.

내담자 (다소 의외라는 듯 눈을 들어 교사를 본다.) 아...

선생님 검사 결과 때문에 많이 당황했구나. 그래 선생님도 예전에 진로탐색검사를 하면서 선생님이 자연 친화지능이 높게 나와서 조금은 의아한 적이 있어. 검사란 내가 잘 알지 못하는 내안에 나를 찾아 주기도 하지.

내담자 아... (고개를 끄덕인다.)

선생님 ○○이가 오늘 눈물을 흘린 것이 검사 결과 때문이니?

내담자 (고개를 가로 저으며) 아니요?

선생님 아, 다른 이유가 있었구나. 무슨 이유인지 말해 줄 수 있을까?

내담자 제가 이끔이가 된 것이요.

선생님 아하 이끔이가 된 것 때문에 힘들었구나? 보통은 이끔이가 되면 선생님이 가산점도 줄 수도 있고 해서 싫어하지는 않던데... 이끔이가 되었을 때 기분은 어땠어?

내담자 (침묵) ......

선생님 물 한 잔 더 줄까? 천천히 말해도 돼.

내담자 (침묵) 모둠원인 아이들이 다 공부를 저보다 잘하는 아이들이거든요.

선생님 모둠원이 공부를 잘하는 아이들이 많구나. (고개 끄덕끄덕) 음...
공부 잘하는 친구들과 한 모둠이 된데다 이끔이까지 되어 많이 힘들었구나~
그때 기분은 어땠어?

내담자 (다시 고개를 숙이고 눈물을 글썽인다.) 그냥 눈물이 났어요.

선생님 눈물은 여러 가지 이유를 가지고 있지. ○○이는 어떤 의미에서 눈물이 났는지 이야기 해줄 수 있을까?

내담자 그냥 이끔이를 잘 할 수 없을 것 같아서요.

선생님 아하 이끔이를 잘 할 수 없을 것 같다는 생각이 들었구나.

내담자 끄덕인다.

선생님 아직 오지 않은 일에 대해 걱정하고 슬퍼하는 것을 두려움이라고 해.

선생님 ○○이가 눈물이 났던 것은 이끔이를 잘하고 싶은데 모둠아이들이 ○○이 말에 잘 호응 하지 않을 것 같아 두려웠던 것은 아닐까?

내담자 (고개 끄덕)

선생님 그러면 ○○아! 모둠을 다시 구성하는 것을 원하는 것이니?

내담자 아니요...

선생님 모둠을 다시 구성하지 않아도 된다는 건 이끔이 활동을 해보겠다는 말로 들리는데... 그러면 선생님이 무엇을 도와줄까?

내담자 그냥 아무것도요.

선생님 아무것도 도와주지 않아도 된다. 한번 해 볼만 한 걸까?

내담자 (고개를 끄덕이며) 괜찮아요.

선생님 괜찮다는 이야기는 모둠에 대한 두려움이나 슬픔이 좀 사라졌다는 이야기니?

내담자 네, 제가 한번 해볼게요.

선생님 모둠원들과 어떻게 하는 것이 가장 먼저 해야 할 일일까?

내담자 모여야 해요.

선생님 그래 아이들과 한번 모이는 것이 중요하겠지? 만약에 이야기를 할 만한 장소가 없으면 이곳에서 해도 돼.

내담자 끄덕인다.

선생님 그래 일단 모둠원 역할을 정해서 카페에 올리도록 해봐. 만약에 모둠활동에서 활동이 어려우면 선생님한테 와서 이야기해 줄래? 선생님의 도움이 필요하면 언제라도 말하고.

내담자 (고개를 끄덕이며) 네.

최근 구성주의에 입각한 다양한 수업 방법을 추구하는 과정에서 협동학습, 프로젝트 학습 등 모둠활동이 강화되고 있다. 이 과정에서 모둠원간의 크고 작은 갈등이 나타날 수 있다. 위의 사례에서 볼 수 있듯이 이끔이 학생은 가정 형편은 어렵지만 매우 성실하고 조용한 학생이다. 크게 말썽을 부리지도 않으면서 성실하게 조용히 자신의 일을 하는 학생으로 자신이 지도자로서 역량을 발휘해야 하는 상황의 두려움에 격하게 눈물로서 표현한 학생이다. 교사는 학생이 보여주는 감정의 격한 그 순간을 바로 감정코칭을 해 줄 수 있는 기회로 여기고 감정코칭을 해 줌으로서 실제로 이 학생이 이끄는 모둠이 두 달 동안 최고의 모둠으로서 수업에 참여하는 모습을 보여 주었다.

교사에게 수업 과정은 언제나 바쁘고 분주하다. 학생이 가지고 있는 눈물에 초점을 맞추고 울지 않는 상황으로 만들기 위해 모둠을 재구성하였다면 그 학생은 지도자로서 성장할 수 있는 기회를 얻지 못했을 뿐만 아니라 남자가 눈물을 흘린 것에 대한 사회적 통념에도 부딪히게 되었을 것이며 자존감에 많은 상처를 입었을 수도 있다. 물론 교실 안에서는 이런 대화를 할 만한 상황을 만들기 어렵다. 수업 후에 학생과의 만남을 통해 학생이 가지고 있는 어려움을 같이 공감해 주고 충분히 학생이 가지고 있는 감정적 어려움을 들어 주며 자신이 가지고 있는 감정에 이름을 달아 주고 그 원인을 헤쳐 나갈 수 있는 대안을 제시해 줌으로서 수업에서 든든한 응원군을 하나 얻을 수 있고 아이에게 숨어 있는 역량을 발휘 할 수 있는 기회를 제공하고 도와 줄 수 있는 것이다.

가트맨 박사는 감정이 격해 있는 학생들과 만났을 때 10명 중 4명의 학생만 성공해도 감정코칭이 성공한 것이라고 했다. 매번 아이들과의 끈을 놓지 않고 감정코칭을 하면서 우리 스스로가 격려하고 지지해야 하는 이유이다. 타인과 소통하며, 능동적으로 갈등을 해결할 수 있는 자기 관리 능력과 관계 형성능력을 함양하는 것이 인성교육에서 추구하는 목표 중 하나이다. 학생에게 교사가 감정코칭을 하는 모습을 보여 주는 것은 아이에게 어른이 모델이요 멘토로서의 역할을 하는 것이다. 인성은 가르치는 것이 아니라 보여주는 것이라는 철학을 실천할 수 있는 좋은 방법 중 하나이다. 바쁘고 힘든 일상이지만 학생들을 위해 30분의 감정코칭의 시간투자는 학생들에게 역량증진이 발휘 되하도록 도와 줄 수 있는 좋은 기회라고 말할 수 있다.

감정코칭 사례 2: 모둠에서 선택받지 못한 아이

도덕수업은 개인의 성실을 기반으로 타자와의 배려가 수업 안에서 구현되도록 설계하는 경우가 많다. 모둠을 통한 협력학습을 설계해야 하는 이유 중 하나이다. 협력학습은 모둠구성과정에서 다양한 갈등 상황이 발생하고 문제를 해결하는 과정에서 학생들의 성장이 이루어진다.

상황

정** 학생은 미국에서 약 5년 동안 생활하다 중학교 1학년 2학기말에 본교에 전입해 온 학생이다. 전입과 동시에 연극반에 들어와 마지막 무대에서 많은 연습 없이 자기의 역할을 멋지게 소화해낸 학생으로 수업시간에는 엉뚱하지만 창의적인 의견을 제시하는 학생이다.

2학년 2학기가 되어 새로운 모둠구성을 하였다. 새로운 모둠을 구성하기 위해 다양한 방법을 시도하지만 모든 학생을 만족시켜 주기가 매우 어렵다. 새학기에는 도덕 성적이 우수한 학생을 이끔이로 선정하고 모둠은 남여 2명씩을 원칙으로 하고 이끔이 뒤에 기록이 역할을 할 사람이 가서 선 다음 두 학생이 리더가 되어 자기 모둠에 두 명의 학생을 초대하는 방법으로 모둠 구성을 할 것을 안내하였다.

전체적인 역동을 관찰 하던 중 정** 학생을 아무도 초대 하지 않는 상황이 될 듯하여 김**, 홍**가 이끄는 모둠에 조용히 부탁을 하여 초대 하도록 부탁을 하였다. 정**이 갑자기 교실 뒤에 사물함을 주먹으로 치고 교실 코너에 얼굴을 묻고 있는 모습을 보게 되었다. 교실상황은 매우 당황스러웠지만 일단 상황을 정리 한 후 김**, 홍**과 정**을 남도록 하고 수업을 마쳤다.

선생님 자, 점심시간인 관계로 지금부터 선생님한테 15분 정도만 내주었으면 좋겠어. (타이머 맞추기)

학생들 (침묵, 고개 끄덕이기)

선생님 정**아 아까 사물함을 주먹으로 치는 모습을 보니 화가 많이 난 것 같은데 무슨 일인지 이야기 해 줄 수 있겠니?

정** (침묵, 고개 숙임)

선생님 (기다림, 호흡 가다듬기) 말을 하기가 어렵구나. 그럼 여기 다른 친구들이 이야기 해 줄수 있니? 지금 기분이 어때?

김** 화나요. 우리가 모셔 왔는데…….

선생님 같은 모둠이 될 것을 제안 했는데 거절당한 기분이라는 이야기니?

홍** 네.

선생님 정**이는 아이들의 이야기를 듣고 어떤 느낌이 들었는지 말해 줄 수 있니?

정** 그게... (눈물)

김** 우리도 너를 초대 하고 싶지 않았거든!

선생님 잠깐. 우리가 좀 더 정**이가 이야기 할 수 있을 때 까지 잠간만 기다려 주면 안 될까? 자... 호흡을 가다듬고...

정** (격앙된 목소리로) 너네 들도 5년 동안 바보로 살아 봐!

선생님 바보로 산다는 것이 무슨 말인지 다시 한 번 말해 줄 수 있겠니?

정** 미국에서 5년 동안 말이 안통해서 심지어 특수 학급에도 갔었단 말이에요.

선생님 아... 그렇구나. 말이 서툴러서 많은 고생을 했다는 이야기이구나. 그때 네 기분은 어땠어?

정** 휴우...(눈물)

김** 야 너 정말 많이 힘들었겠구나. 그것도 5년 동안이나. 야 나라면 미쳤을 것 같아.

선생님 정말 정 *이가 많이 힘들었겠구나. 선생님도 그런 상황이라면 정말 지옥 같았을 것 같아. 우리 학교에 전학 왔을 때 기분은 어땠어?

정** 처음에는 좋았어요. 선생님하구 연극도 하고...

선생님 처음에는 행복했다는 이야기이구나. 네가 좋아하는 연극도 하게 되고

정** 네..

선생님 요즘 학교생활은 어때?

정** 제가 수업시간에 발표를 하고 싶은데 아이들이 막 뭐라고 해요.

김** 네가 아무 때 나 나대니까 그렇지.

선생님 잠간 정**이가 하고 싶은 말이 많은 것 같은데 이야기를 좀 더 들어 주면 안 될까? 아이들이 막 뭐라고 한다는 이야기는 너의 말에 비난을 한다는 말이니?

정** (고개 끄덕 끄덕)

선생님 언제부터 그랬어?

정** 4월쯤부터요.

선생님 4월부터 그랬다는 이야기이구나. 꽤 오랫동안 힘들었다는 이야기 구나. 그때 기분이 어땠어?

정** 많이 화가 났어요. 아이들이 왜 그러는지를 알 수도 없고요.

선생님 많이 화가 나기도 하구 답답하기도 했다는 이야기이구나.

김** 애들이 잘난 척 한다고 싫어해요.

선생님 김**이야기를 들어보니 잘 난 척 한다고 싫어한다는 이야기이구나. 정**이도 아이들이 싫어 한다는 사실을 알고 있었니?

정** 아뇨! 미국에서는 발표를 잘해야 해요. 그런데 저는 영어가 잘 안되어서 머릿속에서 뱅글 뱅글 돌기만 하고 말을 못했어요.

선생님 미국에서는 발표를 하고 싶어도 하지를 못했구나. 그럴 때 기분은 어땠어?

정** 정말 힘들었어요. 학교 가면 벙어리가 되었어요.

홍** 야! 너 정말 힘들었겠구나.

김** 야 너 정말 대단하구나. 5년이나 그렇게 힘든 것을 견뎠구나.

정＊＊ (고개 끄덕 끄덕)

선생님 여기서는 말을 할 수 있어서 하는데 아이들이 화를 내고... 상황이 바뀌어 좋아 질 줄 알았는데 정말 많이 힘들겠구나.

김＊＊ 야! 나도 초등학교 때 아이들이 발표한다고 따 시켰단 말이야! (울컥! 눈물을 글썽임) 나도 발표 할 수 있지만 아이들이 하는 것 봐가면서 발표 한단 말이야.
너도 미국하고 한국하고 중간을 해야지, 아이들이 싫어하는데도 막 이야기 하니까 그렇지.

홍＊＊ (고개 끄덕 끄덕)

선생님 자.. 그럼 우리가 어떻게 하면 좋을까? 모둠 선택권을 정＊＊에게 주면 어떨까?

정＊＊ 내가 가고 싶은 모둠은 아니지만...

김＊＊, **홍**＊＊ 야!!!! 그럼 너 다른 모둠으로 가!

선생님 정＊＊야 지금 두 친구가 하는 말을 들으니 기분이 어때?

정＊＊ (어깨 으쓱)

선생님 지금 그런 모습은 영화에서 보면 무안할 때 주로 사용하던데 지금 기분은 어때?

정＊＊ (미소) 조금 부끄러워요.

선생님 자... 그러면 두 가지 방법이 있네. 정＊＊가 가고 싶은 모둠 이끔이에게 네가 모둠원으로서 쓸모 있는 사람이라고 설득하는 방법 하나, 두 번째는 여기 있는 친구들에게 뽑혀 가는 방법 하나.

김＊＊ 나라면 그냥 우리 모둠에 들어온다.

홍＊＊ (미소) 우리 모둠에 뽑힌 것을 영광으로 알아!

정＊＊은 상대와 소통하고 마음을 읽어주는 역량은 부족함이 있지만 매우 솔직하고 자신의 생각을 똑바로 이야기 하는 학생으로 아직 우리 문화가 이아이의 특성을 인정해 주는 것이 다소 부족함이 있는 것이 사실이다.

선생님의 감정코칭에 따라 학생들이 자신의 경험을 얹어서 이야기함으로서 상대의 어려움 그리고 나의 어려움을 같이 이야기 하고 그 안에서 완벽하지는 않지만 해결 방법을 찾아 가는 모습을 보여 주었다. 이런 기회가 아니면 정＊＊은 중학교 3학년이 되어서도 또 다른 어려움에 노출될 수 있다. 교사가 감정코칭을 통해 해결 방법을 제시해 주는 것 못지않게 동료 친구들로부터 공감을 받음으로서 감정코칭의 4, 5단계를 가지 않아도 성공적인 감정코칭이 되었다. 교사와 15~20분 시간을 가진 학생들은 공감이 갖는 멋진 힘을 경험하였다. 감정코칭을 받은 아이는 어려움이 닥쳐도 회복 탄력성이 높고 자기 주도적으로 주어진 일을 수행 할 수 있다. 감정코칭을 하는 것이 쉬운 일은 아니지만 교사가 시도할만한 가치가 있는 이유이다.

동화책을 활용한 감정탐색하기 교수 · 학습 과정안1

학습 주제	'ʻ화'란 감정은 무엇일까?										
학습 단원	(도덕 중2) II 우리·타인과의 관계 2. 나는 타인을 어떻게 대해야 할까? 5)분노의 통제와 조절										
학습 목표	1. 화의 감정을 설명할 수 있다. 2. 화를 긍정적으로 표현하는 방법을 알 수 있다.										
교수·학습 자료	교 사	활동설명자료(프리젠테이션), '도서 올통볼통 화가나', 모둠판									
	학 생	활동지, 필기구, 질문 보드									
독서·토론 수업	토론 기법	K-W-L 차트[5]	인성가치 덕목	효	예	정직	책임	존중	배려	소통	협동
								○	○	○	○

단계 (분)	학습 요소	교 수 · 학 습 활 동	자료(★) 및 유의점(◎)
(5)	동기유발 학습 목표 확인하기 수업 흐름도 안내	● **이번 주 생활을 하면서 가장 화났던 일은?** - 그 이유는 ? - 그때 내가 했던 주 행동은? - 그때 나의 느낌은? ● **학습 목표 확인 하기** ● **수업 흐름도 및 K-W-L 차트 안내**	◎ 자연스런 분위기 조성
전개1 (30)	질문 만들기 Know-Want 활동	● **〈활동 1〉 화라는 감정 K(알고 있는 것) 탐색** ■ '올통볼통 화가나' 도서 읽기 ■ 도서를 읽고 화에 대한 핵심 단어 10가지 찾기 ■ 짝과 묻고 답하기를 통해 알고 있는 공통으로 알고 있는 것 정리하기 ● **〈활동 2〉 화라는 감정 W(알고 싶은 것)탐색** ■ 모둠으로 모여 공통으로 가장 알고 싶은 것을 선정 질문 보드 판에 써서 칠판에 부착하기 ■ 모둠별로 나온 질문을 유목화 하기 ■ 유목화 된 질문에 핵심질문을 정리하고 구성원들이 답을 찾아가기	★ 도서' 올통볼통 화가나' ★ 활동지 ★ 자석 보드 ★ 질문,답 학생 체크 리스트
(10)	L차트 완성	● **〈활동3〉 이미지로 묻고 답하는 화** ■ 이미지 질문 1 화라는 감정은 무엇일까? ■ 이미지 질문 2 화라는 감정이 가지고 있는 긍정적인 힘은 무엇일까? ■ 이미지 질문 3 'ʻ화'라는 감정 속담 찾기	★ '올통볼통화가나 이미지 캡쳐 자료

5) K-W-L차트는 학생들의 사전 지식을 접목, 활용하기 위해 가장 널리 사용되는 그래픽구조도로 아는 것(Know), 궁금한 것(Wonder), 배운 것(Learn)의 세 가지 항목으로 구성됨

동화책을 활용한 감정탐색하기 교수 · 학습 과정안2

학습 주제	공감을 통해 마음의 고통을 극복하는 방법 탐색	
학습 단원	(도덕 중2) Ⅳ자연·초월적 존재와의 관계 1. 마음의 평화와 도덕적인 삶 1) 고통의 원인과 극복	
학습 목표	• 공감이 주는 힘을 설명할 수 있다. • 고통을 이겨내기 위한 도구를 제작함으로서 정서적 안정을 도모할 수 있다	
교수·학습 자료	교 사	활동설명자료(프레젠테이션), '도서 겁쟁이 빌리', 모둠판, 걱정 인형 만들기 소도구
	학 생	활동지, 필기구, 질문 보드

독서·토론 수업	토론 기법	K-W-L 차트	인성가치 덕목	효	예	정직	책임	존중	배려	소통	협동
								○	○	○	○

단계 (분)	학습 요소	교 수 · 학 습 활 동	자료(★) 및 유의점(◎)
(5)	동기유발 학습 목표 확인하기 수업 흐름도 안내	● **여러분이 알고 있는 동화 작가는?** - 우리나라에서 가장 인기 있는 동화작가 앤서니 브라운의 작품을 안내하고 읽었던 책을 찾아보기 ● **학습 목표 안내** ● **수업 흐름도 안내 (질문의 3단계에 따른 모둠별 질문 만들기)**	★ 앤서니 브라운의 다양한 책 안내 ppt ◎ 자연스런 분위기 조성
전개1 (40)	라파엘의 질문법[6] 따라 하기	● **〈활동 1〉 '겁쟁이 빌리'를 읽고 라파엘의 질문법 따라 하기** ■ **질문 1 책 안에서 질문 만들기** - 짝과 함께 묻고 답한다. ■ **질문 2 작가에게 물어 보기** - 책을 읽고 작가가 앞에 있다고 가정하고 작가에게 묻고 싶은 것을 활동지에 기록한다. - 모둠별로 모여서 작가에게 묻고 싶은 질문 중 가장 좋은 질문을 하나 선정하여 자석보드에 기록하고 칠판에 붙인다. - 교사는 학생들의 질문을 유목화 한 후 다시 학생들과 토론을 통해 질문의 답을 만들어 간다. ■ **빌리가 할머니 말을 듣고 해결 방법을 찾은 가장 큰 이유는 무엇일까?** ● **〈활동 2〉** ■ **질문 3 나에게 묻기** - 내가 지금 가지고 있는 가장 큰 걱정은 무엇인가? - 걱정이 생겼을 때 내가 해결 하는 방법은 무엇일까?	★ 도서'겁쟁이 빌리' ★ 활동지 ◎ 공감이 주는 힘은 할머니와 빌리의 대화이다. 교사는 특히 학생들 사이에서 질문으로 나올 수 있도록 안내 해야 한다. ★자석 보드

6) 라파엘의 질문-대답 관계 모형(QAR)) 질문을 크게 '바로 거기에', '생각하고 찾기', '내 힘으로'의 과정으로 이루어짐.

단계 (분)	학습 요소	교 수 · 학 습 활 동	자료(★) 및 유의점(◎)
전개2 (32)	나 들여다보기 걱정 인형 만들기	■ **현재의 나를 탐색하기** - 뇌구조이미지를 통해 현재 나의 주된 걱정이 무엇인지 탐색한다. ■ 걱정인형을 제작 하고 나의 걱정 인형에게 편지를 써서 자기조율의 힘을 경험하도록 안내한다.	★ 퐁퐁이, 색종이, 산적꽂이, 풀, 가위
정리 (8)		● **오늘 수업활동 마무리** ■ 교사 질문1: 오늘 수업에서 새로 배운 것은? ■ 교사 질문2: 내 삶에 적용 하고 싶은 것은? ■ 교사 질문3: 이해하기 어려웠던 것은?	

첨부: 활동지

2학년	반	번	모둠명		활동일 20 년 월 일
	내가 ( )할 때 가장 자랑스러운 ( )입니다.				

학습 단원	대단원	중단원	소단원
	Ⅳ자연·초월적 존재와의 관계	마음의 평화와 도덕적인 삶	고통의 원인과 극복

<table>
<tr><td>빌리와 함께 걱정 나누기</td><td colspan="2">1. 대상과의 만남 – 책안에서 질문 찾기</td><td colspan="2">2. 타자와의 만남 – 작가에게 질문하기</td></tr>
<tr><td rowspan="7">
</td><td>질문1</td><td>예) 빌리의 걱정을 해결하기 위해 도움을 준 사람은?</td><td>질문1</td><td>예) 할머니의 의견에 따르도록 한 이유는?</td></tr>
<tr><td>답</td><td></td><td>답</td><td></td></tr>
<tr><td>질문2</td><td></td><td>질문2</td><td></td></tr>
<tr><td>답</td><td></td><td>답</td><td></td></tr>
<tr><td colspan="4">3. 나와의 만남</td></tr>
<tr><td colspan="4">나에게 현재 걱정들은 무엇일까?</td></tr>
<tr><td colspan="4">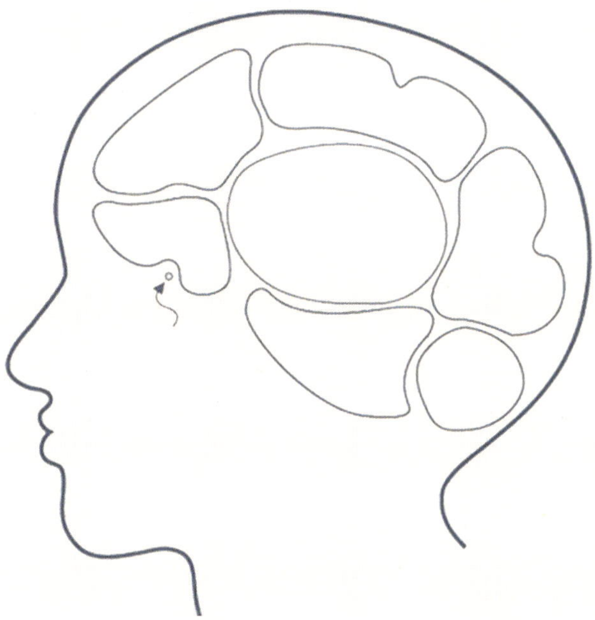</td></tr>
</table>

<table>
<tr><td rowspan="4">나의
걱정인형
에게</td><td>나의 걱정 인형의 이름은?</td></tr>
<tr><td></td></tr>
<tr><td>나의 걱정에게 편지 쓰기</td></tr>
<tr><td></td></tr>
</table>

겁쟁이 빌리
앤터니 브라운 글·그림/ 김경미 옮김

PART

5

생명이 살아 숨 쉬는 교실,
공감이 싹트는 아이들

윤병육 | 서울 창일중학교 수석교사

환경 동아리 '녹색 친구들'부터 '숲사랑소년단'까지

정원은 생명이 살아 숨 쉬는 교실이다. 푸른 숲 속에는 이름 모를 풀들이 저마다 도우면서 살아가고 있다. 자세히 바라보면 별꽃 같은 풀꽃이 앙증맞게 피어있기도 하다. '콘크리트 속에서 기계와 노는 우리 아이들의 눈에 이 풀들이 들어올 수 있을까?', '어떻게 하면 자연과 생명을 사랑하고 그들과 공존할 수 있는 인간성을 회복할 수 있을까?'를 고민하며 만든 것이 환경 동아리 '녹색 친구들'이다.

2007년부터 '녹색 친구들'을 구성하여 운영하였다. 그런데, 2008년부터 2년 동안 학교에서 '환경 시범학교'를 운영하게 되어 '녹색 친구들'이 활발하게 활동하는 기폭제가 되었다. 텃밭을 임대하여 채소를 심고 학교 유휴 공간을 개간하여 여러 가지 화초를 심고 가꾸었다. 무엇보다 퇴비 만드는 헛간을 지어 학교에서 나오는 음식물 쓰레기를 호기성 미생물로 발효시켜 거름을 만들었는데, 충분한 양이 되어 지역 주민들에게도 나누어 주었다. 삽 들고 퇴비를 섞어주다 마주한 굼벵이를 보고 기함을 하던 그 때의 학생들은 성인이 된 지금도 그 때를 추억할 것이다.

필자는 학교를 옮겼고 그 때의 학생들은 성인이 되었지만 그 때 시작한 동아리는 이름만 바꿔 활동을 계속하고 있다. 학교를 옮기면서 이름을 '스팀(STEAM)환경과학동아리'로 개명했었고, 지금은 '숲사랑소년단'[1]이 되어 30명의 단원이 활동하고 있다. 활동 내용은 더욱 다양해졌다. 식물 이름표 만들어 붙이기, 식목일 맞이 나무 심기, 텃밭 가꾸기와 상자 텃밭 가꾸기, 가을 국화 가꾸기, 화단 화초 가꾸기, 꽃동산 만들기, 가을 국화 전시회 등이다.

뿐만 아니라 관심 있는 선생님들이 모여 교원학습공동체 '초록 마을이 모두의 배움터'를 구성하고 도시 농업과 실내 원예 등 다양한 활동을 통해 3권의 자유학기 선택교과 프로그램 자료집을 개발하였다.[2] 2016년에 실시한 자유 학기 선택교과 프로그램 '아낌없이 주는 식물'은 그 때 만든 프로그램을 8차시로 재구성한 것이다.

'아낌없이 주는 식물' 프로그램은 3개의 장으로 구성되어 있다. 첫 번째 장은 '숲과 친해지기'로 '학교 식물 분류 UCC만들기',

1) 숲사랑소년단(GREEN RANGER): 산림청 산하 국립산림과학원에서 운영하는 청소년 단체

2) 프로그램 1: 텃밭 가꾸기, 프로그램 2: 우리 학교 식물 사전 만들기, 프로그램 3: 식물을 활용한 자연 염색

'외래 식물 우리 이름 짓기', '숲 속에서 민속 고누놀이 게임하기'이다. 두 번째 장은 '숲 만들기'로 '재활용 페트병 미니 정원 만들기', '새싹 채소 기르기', 그리고 세 번째 장은 ' 아낌없이 주는 숲'으로 '재생 종이 만들기', '홀치기염색 손수건 만들기', '잎맥 책갈피 만들기' 등 8개의 주제 활동이다.

이 책에서는 8개의 주제 중 3개 '외래 식물 우리 이름 짓기', '재활용 페트병 미니 정원 만들기', '새싹 채소 기르기'에 대한 수업을 소개한다.

'독도 초롱꽃'이 아닌 '다케시마 초롱꽃'이라고?

독도와 울릉도에만 서식하는 한국 고유종 특산 희귀식물인 섬초롱꽃의 학명은 *Campanula takesimana*이다. 다케시마는 일본이 자기 영토라고 우기는 독도의 일본식 이름인데 이곳에서만 서식하는 섬초롱꽃이 독도 초롱꽃이 아닌 다케시마 초롱꽃이라고 붙여진 셈이다. 이뿐만 아니라 금강초롱꽃도 *Hanabusaya asiatica* Nakai라는 학명이 붙어있고 우리 고유종 식물 중 300여종에 일본식 이름이 붙어 있다고 한다.[3)]

학생들에게 이러한 내용을 담고 있는 동영상을 보게 하였다. 학생들의 반응이 궁금하기도 하고 그들 나름대로 어떻게 대안을 찾아가는지 알고 싶어서였다.

당장 고쳐야 해요.

국제 사회와 공조하여 학명을 바꿔야 해요.

등의 격한 반응이 많이 나올 줄 알았는데 이런 반응은 불과 몇 명에 지나지 않았다. 우리 학생들이 매우 성숙하다는 인상을 받을 만했다. 그런데 문제는 학생들이 성숙하게 보일만큼 침착했던 것이 동영상을 보던 스마트폰[4)]에 마음을 빼앗긴 탓에 우리 식물에 일본식 표현이 들어 있는 데는 관심이 없었기 때문이라는 것을 알았다. 스마트폰에 집착하여 수업의 흐름에 관심을 갖기보다 기기 조작에 몰두한 학생들이 많았기 때문이다. 보통 사람들은 불의를 보면 흥분하게 되고 정의를 보면 감동을 받게 된다. 무엇이 이들의 감정의 흐름을 차단하게 했을까? 지나치게 많이 노출된 인터넷 미디어 환경이나 스마트 환경들이 학생들을 비인간적인 중독의 세계로 몰아가 적절한 감정을 갖지 못하게 한 까닭이 아닌가 싶다.

3) MBN. [광복절] 독도 서식 섬초롱꽃의 학명은 '다케시마'. 방영일자 2016.8.14

4) Timplus에 탑재한 동영상을 학생들이 스마트폰으로 구동하여 본다.

심정을 나누는 대화

숲 관련 동아리를 운영한지 10년이 되어가면서 학생들의 감성적 태도 변화를 많이 보아왔다. 때로는 갈만한 동아리를 찾지 못해 밀려 와서 1년 내내 방황하다 시간만 보낸 학생도 없지 않다. 그렇지만 많은 학생들이 조그만 씨앗에서 움이 트고 그것이 자라나서 커다란 열매를 맺을 때 감탄하는 모습을 보면서 힘들었지만 이 동아리를 운영해야 할만한 가치가 있음을 알 수 있었다.

한번은 두 명이 한 팀이 되어 호박을 가꾸어가다가 발생한 일이다. 호박잎 사이로 자그만하게 달린 호박을 보고 혹시라도 누가 훔쳐갈까 봐 호박잎으로 가려놓고 등교할 때 돌아보고 집에 갈 때 돌아보곤 하던 어느 날 그 호박은 사라져버렸고 빈자리만 보고 와서 서운해 하던 모습이 아직도 생생하다.

불의를 보면 화가 나고, 사랑하던 것을 잃으면 서운하고, 작은 씨앗이 발아하여 결실을 맺으면 벅찬 감격을 느끼는 것 같이 감정이 살아나야 바른 인간 생활이지 않을까? 스마트 시대를 살아가면서 이웃이 아파해도 아무런 감정 없이 살아가는 메마른 현대인들이 늘고 있다. 이 시대에 우리 아이들에게 무엇을 심어 주어야하는지 깊이 생각해 보아야 할 때다.

차를 타고 멀리 수학여행을 가던 중 한 학생이 멀미를 했다. 그런데, 그 옆에 앉은 학생은 꾸역꾸역 과자를 먹고 있었다. 대개는 먹던 것을 멈추고 옆에 앉아 괴로워하는 학생에게 비닐 봉투라도 갖다 준다. 차라리 코를 막고 자리를 피하기라도 해야 하는 것이 아닌가?

얼마 전 식물 모종을 파는 화원에서 제자를 만났다. 화원을 잘 경영하고 있었다. 그 제자는 나를 무척 반갑게 맞이했다. 그렇게 많은 식물들의 이름을 척척 말하기에 신기해서 물었다.

그거 어떻게 외웠니?

선생님, 싱고늄은 싱거운 놈이라고 외우면 돼요.

너, 학교 다닐 때도 그렇게 외웠으면 1등 했겠다.

왜냐하면 지금은 화원을 잘 경영하고 그 속에 있는 수백 가지가 넘는 식물들의 이름을 외우고 있지만 학교 다닐 때는 그 정도가 아니었다. 그도 알기에 웃었다. 이 제자를 보면서 학생들의 흥미에는 관심도 없이 교과서만 가지고 가르치면서 학생만 나무랐던 잘못을 깨달았다.

이름 모를 잡초라니?

나태주님의 시 '풀꽃'이다.[5)]

풀꽃

나태주

자세히 보아야 예쁘다.
오래 보아야 사랑스럽다.
너도 그렇다.

정원을 언뜻 보면 다듬어진 나무와 무리지어 있는 풀들로 보인다. 그러나 자세히 바라보면 이름 모를 풀들이 눈에 들어온다. 그 속에서 반짝이는 꽃들도 있다. 풀꽃이다. 그런데 꽃은 피었지만 꽃의 이름도 잊혀 진 채 잡초라는 말로 뭉뚱그려 불러지는 경우가 많다. 가요의 노랫말처럼 이름 모를 잡초인가? 저마다 이름이 다 있다. 이름을 모르는 것은 잡초이어서가 아니라 자신의 무지 때문일 것이다.

어느 해 학교 화단에 별꽃이 유난히 많았다. 무성하게 자라서 키도 꽤 커 보였다. 마치 밤하늘 은하수 같이 뿌옇게 흩어져 보였다. 그러던 오월 어느 날 깨끗하게 정돈된 화단이 눈에 들어왔다. 별꽃이 잡초라는 이름으로 사라져버렸다. 부지런하게도 화단을 관리하는 분이 뽑아버린 것이다. 뽑지 말라고 부탁하지 못한 탓도 있지만 화단을 보는 관점에 차이가 있다는 것을 몰랐다. 그 분들에게는 잘 정돈된 화단이어야 한다는 것이다. 화단이 그 속에서 함께 살아가는 생물들의 공동체라는 말이 관리하는 분들에게는 다르게 들릴지도 모른다.

잡초는 농부들에게는 보통 골칫거리가 아니다. 자그마한 텃밭을 하나 가꾸어도 잡초 때문에 포기하는 경우가 허다하다. 학생들과 같이 잡초 뽑는 작업을 했다. 텃밭에 가서 팀별로 구역을 할당해주고 호미로 뿌리째 뽑으라고 했다.

선생님, 잡초가 어떤 것이에요?

응, 상추가 아닌 것들이야.

이건 상추예요?

그건 잡초야.

5) 나태주, 「오래 보아야 예쁘다 너도 그렇다」, 알에이치코리아(2015). p.142

텃밭에서는 잡초가 무엇인지 분명해진다. 내가 키우는 것 외에는 잡초라고 말한다. 그런데 화단에 가면 잡초가 분명하지 않다.

선생님, 잡초 뽑았어요.

응, 수고했다.

…

학생들이 잡초라고 뽑아온 한 움큼의 손아귀 안에는 애써 가꾸던 코스모스도 들어있고 국화도 들어있다. 그것들을 구별할 수 있을 때까지 꽤 많은 수고가 따른다. 그런데 잡초에 대한 다른 해석이 있다. 잡초라는 말이 사람 입장에서 사람의 이용 가치에 따라 부여한 말이라고 한다. 상추 밭에 다른 풀이 나면 그것이 잡초라는 것이다. 여기에 문제가 있다. 상추 밭에 나는 풀을 사람 입장에서만 봐야 하나?

풀을 보는 시각을 바꿔보면 의미가 많이 달라진다. 흔히 잡초라고 사정없이 뽑아내는 그 식물 속에 항암 효과 성분들이 다량 포함되어 있다는 사실도 밝혀지고 있고, 토양의 하부에 있는 미량원소를 표토로 옮기는 기능을 하는 풀도 있다. 또한 토양을 유화시켜서 비옥하게 만들고 땅 속 동식물에게 좋은 환경을 제공한다. 그래서 작물 재배에 해를 끼치기보다 오히려 도움을 준다는 것이다.[6] 잡초가 문제라기보다 사람의 생각이 문제가 아닐까?

학생들도 그렇게 생각 될 때가 있다. 성적이 우수하고 성취도가 높은 학생들 중심으로 바라보면 그렇지 않은 학생들은 잡초처럼 보일 때가 있다. 이들도 자세히 보면 성적이 우수한 학생들이 갖고 있지 않는 다른 재능들을 갖고 있다. 단지 발견하지 못한 까닭일 것이다. 책상 앞에 앉아있기는 싫어해도 삽 들고 우직하게 땅 파는 모습을 보면 마치 무리지은 풀들 속에서 반짝이는 별꽃만큼이나 빛나 보인다.

이름이 들려주는 이야기

우리 식물의 이름을 보면 저마다 자기 이야기를 하고 있다. '별꽃'이라는 이름을 가진 풀이 있다. 무성한 풀 속에서 쬐그마한 꽃이 핀다. 시선을 끌 만큼 화려하지도 않고 이렇다 할 향기가 있는 것도 아니다. 그러나 자세히 살펴보면 밤하늘에 빛나는 별만큼이나 아름답다. 별꽃을 아는 이에게만 보여주는 선물이다.

6) 조지프 코캐너.「잡초의 재발견」. 우물이 있는 집(2014). p.9

별꽃

별꽃처럼 자기 모양을 알려주는 식물도 있지만 삶의 애환을 들려주는 것도 있다. '며느리 밑씻개'는 시어머니가 며느리 밑을 닦으라고 해서 붙여진 이름인데 문제는 그 식물 줄기와 잎자루가 온통 가시투성이다. 사랑하는 아들을 빼앗긴 시어머니의 불편한 심기를 그 이름으로 느끼게 해준다.

며느리 밑씻개[7]

흔히 잡초라고 억울하게 뽑혀나간 풀들을 자세히 보면 그들도 수많은 이야기를 간직하고 있다. 뽀리뱅이, 씀바귀, 꽃다지, 꽃마리 그 외에도 많이 알려진 정겨운 풀꽃들도 많이 있다. 뽀리뱅이는 보리밭에서 잘 자란다고 하여 보리뱅이라고 했고, 긴 줄기 끝

7) 이미지 출처: Eggmoon. WIKIMEDIA COMMONS (https://commons.wikimedia.org/wiki/File:Persicaria_senticosa_in_Paju,_Korea_02.JPG?uselang=ko)

에서 꽃이 핀다 하여 뻐리뱅이라고도 한다. '뻐'는 길다는 뜻이고 '뱅이'는 줄기 끝에 꽃이 달리는 풀에게 붙여진다.[8] 씀바귀는 쓴맛에서 붙여진 이름이고 최근에는 항암 효과가 있다고 밝혀졌다. 꽃다지는 코딱지나물이라고도 하고 한방에서는 이뇨제로 사용한다. 꽃마리는 꽃송이가 시계의 태엽처럼 돌돌 말려서 피어나는데서 유래했다. 꽃이 필 때는 꽃봉오리가 돌돌 말려 있다가 꽃대가 펴지면서 밑에서부터 한 송이씩 피는 것을 볼 수 있다. 흔히 볼 수 있는 꽃이지만 자세히 보면 신기하고 정이 가는 우리 꽃이다.

'안시리움'이란 이름의 뜻은?

자유학기 선택교과 '아낌없이 주는 식물' 시간에 '외래 식물 우리 이름 짓기'를 해 보았다. 우리 식물에 붙여진 이름을 소개하고 각 모둠에 하나의 외래 식물을 두고 이름을 짓는다. 포스트잇에 이름과 그 이유를 적게 한 다음 화이트보드나 전지에 붙이게 한다. 첫 모둠에서 완성하면 그 다음 모둠으로 이동하면서 이름을 짓는다. 모둠장이 남아서 앞 모둠에서 지은 내용을 설명해주고 이동해온 새 모둠에서 추가로 이름을 지어간다. 완성되면 또 다음 모둠으로 이동해가면서 모든 모둠을 돌면서 이름을 짓는다. 마지막으로 모둠장이 자기 모둠 식물이 얻은 이름을 발표한다. 가장 많은 이름과 가장 재미있는 이름을 찾아 발표하는 것이다. 학생들의 관찰력과 식물에 대한 느낌을 알 수 있다.

'안시리움'이라는 상품명을 가진 식물이 있다. 남미가 원산지로 플라멩코 플라워라고도 불리는데 유독성 가스를 흡수하는 기능이 있어 실내 공기 정화 식물로 잘 알려져 있다. 그런데, 그 이름을 보면 실내 공기 정화 기능을 가졌다거나 또는, 모양이나 특징 따위를 알려 주는 것은 아니다.

안시리움

8) 네이버 지식백과(http://terms.naver.com/entry.nhn?docId=1385315&cid=48180&categoryId=48248)

이런 외래 식물의 상품명이 갖는 의미를 알 수 있도록 우리말 이름을 지어보는 것인데, 학생들은 꽃의 모양이 부채 같다고 해서 '부채꽃', 꽃의 색깔이 익은 고추와 같다고 해서 '고추 바사삭', 꽃이 방패 모양이라고 해서 '방패꽃' 등 다양한 이름을 지어보였다.

이렇게 지은 이름이 통용 될 리야 없지만 적어도 외래 식물에 대한 학생들의 관심 끌기에는 충분해보였다.

외래 식물 우리 이름 짓기 수업 사례[9)]

수업 주요 활동

우리나라 식물은 우리말 고유의 이름을 가진다. 이런 이름을 국명, 향명, 속명이라고 칭하는데 식물의 모양, 습성, 빛깔 전설 등의 내용을 담고 있다. 개불알꽃, 꿩의 다리 등 재미있는 이름이 많다. 이 수업에서는 우리 식물 이름이 갖는 의미를 알아보고, 몇 가지 외래 식물을 관찰하여 우리 이름을 지어보면서 이름이 주는 느낌과 소중함을 알아본다.

활동1. 우리 식물 이름 익히기

읽기 자료〈재미있는 식물 이름〉을 보고 식물 이름을 다음과 같이 분류해보자.

- 식물의 사는 곳을 나타내는 이름:
- 참과 거짓을 나타내는 이름:
- 식물의 외형적인 특징이나 냄새를 나타내는 이름:
- 색깔을 나타내는 이름:
- 크기나 모양을 나타내는 이름:
- 생활 속의 이야기를 담고 있는 이름:

9) 외래 식물 우리 이름 짓기 수업 사례는 서울시교육청 자유학기 선택교과 운영 프로그램

읽기 자료 재미있는 식물 이름[10]

- **강아지풀** 꽃과 이삭이 강아지 꼬리처럼 생겨서
- **금강아지풀** 꽃과 이삭이 금같이 노랗고 강아지 꼬리처럼 생겨서
- **족도리** 꽃이 족도리처럼 생겨서
- **고깔제비꽃** 어렸을 때 고깔처럼 생겨서
- **괭이눈** 열매가 괭이눈처럼 생겨서
- **노루귀** 새싹이 올라 올 때의 모습이 노루귀처럼 생겨서(꽃이 먼저 핌)
- **미선나무** 아름다운 부채 모양의 열매가 달려서
- **삼지구엽초** 세 가지에 잎이 세장씩 아홉 장이 달려서
- **쇠뜨기** 소가 잘 뜯어 먹어서
- **오미자** 다섯 가지 맛을 내어서
- **주목** 줄기가 붉은 나무
- **초롱꽃** 꽃 모양이 청사초롱을 닮아서
- **톱풀** 잎이 톱날처럼 생겨서
- **투구꽃** 꽃이 투구처럼 생겨서
- **층층나무** 가지가 층층을 이루는 나무
- **때죽나무** 뿌리를 찧어서 물에 풀면 물고기가 떼로 죽어서
- **며느리밑씻개, 며느리 배꼽** 시어머니와 며느리의 갈등을 그려서
- **소경불알** 뿌리가 소의 불알처럼 생겼다고 하여

— 아래 생략

10) 자료 출처: 다음 Tip(http://tip.daum.net/question/49471391)

활동2. 재미있는 이름을 가진 식물을 검색 앱으로 확인하기

검색 앱 소개

내 주변의 식물 찾기 | 모야모 | 우리 식물 찾기 | Plantnet

식물의 이름과 특징

위의 읽기 자료를 참고하여 관심이 가는 식물 4가지(3~6가지)를 선택한다. 소개한 스마트폰 앱으로 식물을 검색하여 이름을 쓰고 이미지를 그린다. 그리고 그 식물이 주는 느낌을 글로 표현한다.

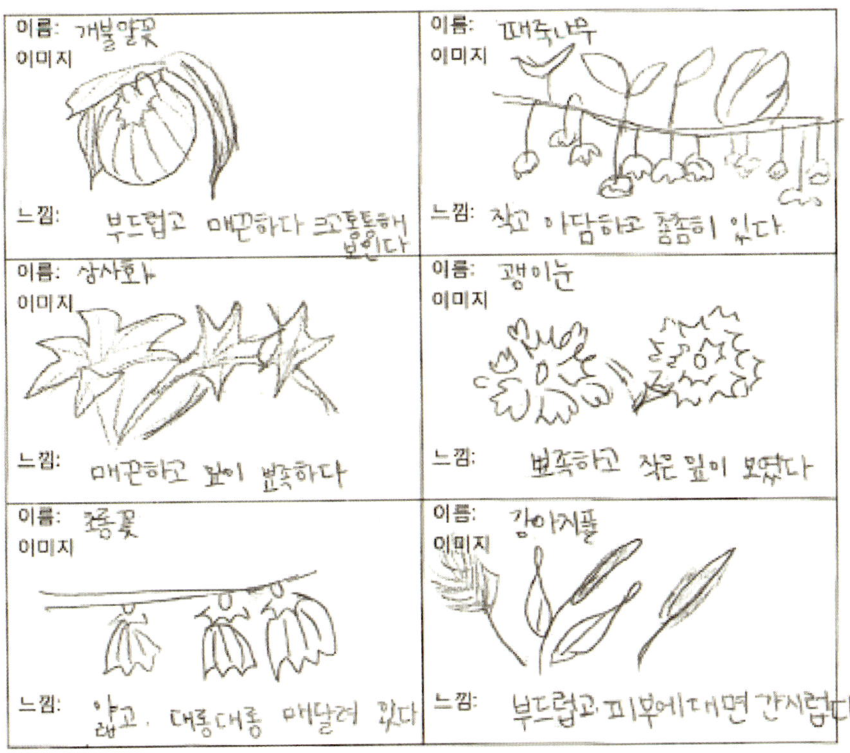

작성 사례: 김지민

활동3. 외래 식물 우리 이름 짓기

- 모둠별로 외래식물을 하나씩 준비한다.
- 자기 모둠의 식물을 관찰한다.
  (촉감, 향기, 색, 모양, 크기, 무늬, 꽃, 잎, 줄기, 거칠기, 연상되는 이미지 등)
- 포스트잇에 특징과 이름을 쓴다. 이름을 쓴 이유도 쓴다.
- 화이트보드에 포스트잇을 붙인다.

● 〈모둠 이동〉
- 모둠장만 남고 나머지 모둠원들은 다음 모둠으로 이동한다.
- 모둠장은 새로 찾아온 모둠원들과 함께 이름을 짓는다. (포스트잇에 적어 붙임)

● 〈모둠 이동〉
- 모든 모둠에서 이름을 붙였으면 모둠장이 정리를 한다.
  <가장 많은 이름과 그 이유>, <가장 재미있는 이름>
- 화이트보드에 작성하고 발표한다.
- 우리 이름 정리

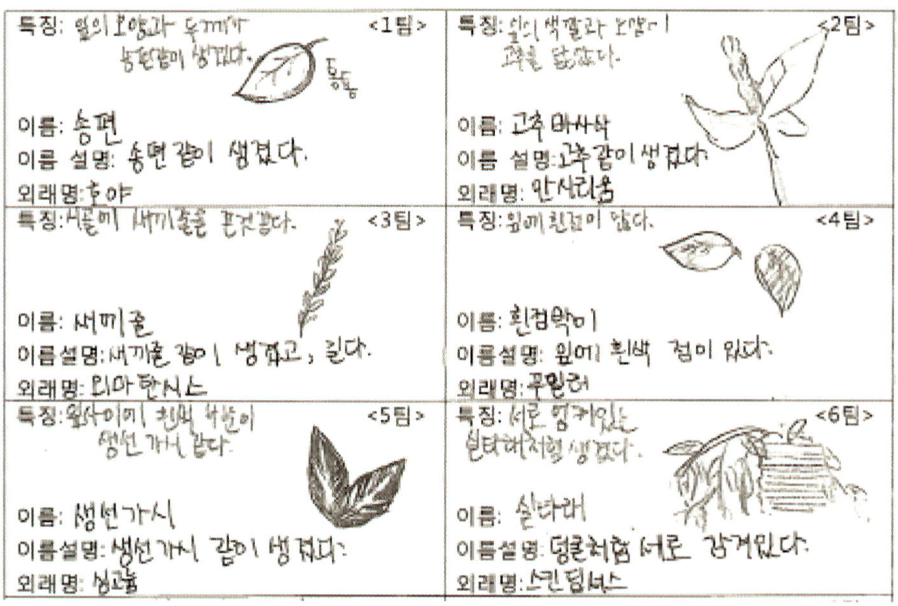

작성 사례: 노예현

활동4. 이름 이야기

- 내 이름:
- 풀이:
- 느낌:
- 친구가 불러주었으면 하는 이름:
- 이름에 대한 생각의 변화:

교수·학습 과정안

주제	외래 식물 우리 이름 짓기		
학습목표	• 우리 식물 이름의 유래를 알고 외래 식물을 관찰하여 우리 이름을 지을 수 있다. • 이름이 갖는 의미와 소중함을 설명할 수 있다.		
재료 및 도구	연필 등 필기구, 이름 지을 외래 식물 (네마탄, 호야, 아이비, 푸미나, 싱고늄, 스킨댑서스, 안시리움 등)		
학습과정	**시간**	**내용**	**유의·준비**
도입	5	■ Timplus[11] 이야기 - 기억 조각 모으기 - 느낌 나누기, 토론, 비평하고 문제의식을 갖는다.	스마트폰
문제 발견	30	● 우리 식물 이름 익히기 ■ 우리 식물의 이름 - 읽기 자료를 보고 우리 식물의 이름은 어떻게 지어졌는지 분류해본다. ■ 식물 찾기 - 스마트폰이나 식물도감으로 식물들을 찾아 특징을 정리한다.	읽기자료 스마트폰 도감
체험 활동	30	● 외래 식물 우리 이름 짓기 ■ 특징 있는 식물 준비 - 팀별로 식물 1가지씩 준비한다. - 월드 카페 식으로 팀별로 돌아가며 식물의 이름을 짓는다. - 각 팀당 가장 많이 획득한 이름을 고른다. ■ 우리가 정한 식물 이름 - 팀별로 발표한다.	외래 식물 화이트보드 또는 이젤패드

11) Timplus: 거꾸로 교실에 활용되는 동영상 탑재 앱 서비스(http://www.timplus.co.kr)

학습과정	시간	내용	유의·준비
창의적 문제해결	20	● 이름 이야기 ■ 식물 이름이 주는 느낌 나누기 - 팀별로 식물 이름에 대한 이야기를 나눈다. ■ 내 이름이 주는 느낌 나누기 - 내 이름을 풀어본다. - 내 이름이 주는 의미를 알고 소중히 여기게 한다.	많은 이야기를 나누게 한다.
정리	5	■ 정리 및 평가 ■ 활동지 정리 ■ 다음 차시 준비물 안내: Timplus 안내	

이름을 부를 때 드는 느낌

마지막으로 식물 이름과 나의 이름을 비교하여 생각해보게 하였다. 식물의 이름을 부를 때 드는 느낌과 내 이름을 부를 때의 느낌을 비교하여 이름의 소중함에 대한 반응을 알아보기 위함이다.

외래어를 많이 사용하면 멋있는 줄 알았는데 우리나라 말이 제일 좋다는 것을 느꼈고, 사람마다 좋다고 생각하는 이름이 다르다는 것을 알았다.

이름은 소중하기 때문에 잘 다뤄야 한다.

어떤 학생은 자신의 이름이 가장 자랑스럽고 좋다고 하면서도 자기 이름을 불러보면

색다른 느낌이 든다.

식물은 사람과는 다른 느낌이다.

고 했다.

외래 식물 이름을 우리 이름으로 바꿔 지어보면서 식물의 이름이 갖는 의미를 생각해보고 이와 관련하여 사람의 이름도 의미를 지닌다는 것을 알아가면서 이름을 소중하게 여기기를 바라는 수업이다. 신나는 수업은 아니었을지라도 그래도 학생들이 이름의 소중함을 생각해 볼 수 있고 적어도 식물이 가지고 있는 정겨운 이름에 관심을 가질 수 있다는 것을 알기에는 충분하였다.

숲사랑소년단 주말 활동 시간에 텃밭에서 상추를 따던 중 한 학생이 물었다.

선생님, 키 큰 저 풀의 이름이 뭐예요?

그건 뚱딴지야.

예, 뚱딴지라고요?

흔히 돼지감자라고도 하지.

활동을 마치며 작성한 소감문에 그 학생이 이런 글을 남겼다.

여러 가지 식물에 관심이 생기고 이름을 많이 알게 되어 좋았다.

학생들이 식물에 관심을 가지면 이름을 물어본다. 학교 정원에 있는 식물에는 대개 이름표가 달려 있다. 우리 학교에서는 숲사랑소년단 활동으로 식물의 이름표를 만들어 붙였다. 언제든지 식물의 이름을 알아볼 수 있고 더 궁금하면 QR코드로 검색할 수 있게 하였다.

김춘수님의 시 '꽃'에 이런 구절이 있다.[12)]

내가 그의 이름을 불러주기 전에는
그는 다만 하나의 몸짓에 지나지 않았다.
내가 그의 이름을 불러주었을 때
그는 나에게로 와서 꽃이 되었다.

심는 대로 거둔다고?

배추김치 담을 만큼 크게 자랄 것을 기대하고 씨를 뿌렸는데 키워보니 병들고 초라한 배추가 자랐다면 그 때의 심정을 어떨까? 접시보다 더 큰 해바라기를 심었는데 종지보다 작은 해바라기가 핀다면 그건 또 어떻게 보아야 할까?

3년 전의 일이다. 숲사랑소년단 학생들이 주말 방과 후 활동으로 여러 가지 씨앗들을 심었는데, 그 중에 해바라기와 제비콩[13)]도 들어 있다. 그 전년도 늦은 가을에 심은 우리밀과 같이 여러 군데 코스모스를 심고, 화단의 한쪽 편에 자그마한 모종밭을 만들

12) 김춘수. 「꽃을 위한 서시」. 미래사(1998). p.55

13) 제비콩(hyacinth bean)은 자피칡콩이라고도 한다. 콩의 꼬투리가 자색이고 꽃은 보라색 또는 흰색으로 모양이 칡꽃과 유사하다. 아열대산 콩과에 속하는 다년생 덩굴풀.

어 놓고 분꽃, 아주까리 등과 함께 해바라기, 제비콩도 심었다. 우리밀과 코스모스는 제 자리에서 잘 자라 주었고 아주까리, 분꽃, 해바라기, 제비콩은 모종을 옮겨서 적절한 장소를 찾아 정식을 해주었다. 해바라기는 화단 곳곳에 무리지어 심었고 제비콩은 1층 도서관 앞 창문 밑에 심었다.

우리밀은 자라서 5월에 수확을 하게 되어 숲사랑소년단 학생들이 주말에 나와 마른 밀집에서 밀 이삭을 잘라내고 비벼서 밀을 추수했다. 수확한 밀은 누룩 만드는 실험용으로 사용하기로 하고 일부는 씨앗으로 보관해두었다. 코스모스도 화려하게 피어 주었고, 아주까리도 건물 밑 척박한 공간을 차지하여 가장 늦은 시간까지 모질게 살아 버티어 생명의 강인함을 보여 주었다.

해바라기와 제비콩도 숲사랑소년단 학생들의 보살핌 속에서 따뜻한 햇살의 기운 받아 쑥쑥 자라서 가을을 맞이하게 되었다. 어느 날 해바라기의 작은 봉오리가 터져 노란 꽃잎을 보이더니 어느새 둥근 태양처럼 환하게 꽃잎을 펼쳐 우리를 맞이했다. 줄지어 심어 놓은 해바라기가 만발하여 장관을 이루었고 그 해의 가을은 어느 때보다 더 풍성해 보였다.

도서관 창 밑에 심은 제비콩 덩굴은 1층 교실 하나의 창을 모두 덮었고 그 광경이 신비로운 느낌마저 들었다. 보라색 짙은 줄기와 잎 사이에 희게 핀 콩 꽃과 그 곁에 맺혀 있는 보라색 꼬투리가 조화롭게 자리를 잡아 보는 이마다 감탄하게 하였다.

제비콩과 해바라기

욕심이 생겼다. 그 다음 해에는 온통 해바라기와 제비콩 동산을 만들고 싶었다. 그래서 해바라기와 제비콩 씨앗을 많이 확보하여 온 학교가 꽃으로 가득하게 만들 요량이었다. 드디어 다음 해에 해바라기가 여기저기 줄지어 자라고 제비콩은 1층 교실 하나만이 아니라 1층 교실 모두와 옥상에서 줄을 내려 2층까지 올라가게 하였다.

때가 되어 꽃이 필 즈음에 문제가 발생했다. 둥근 쟁반 같이 환하게 반겨 주리라 기대했던 그 해바라기는 흔적도 없고 마치 종지처럼 작은 꽃들만 송송 피어나는 것이다.

이게 대체 어찌된 일일까? 작년에 그토록 크고 탐스럽게 피었던 그 해바라기는 어디가고 이렇게 초라한 꽃들만 피어나는 것일까?

제비콩도 마찬가지다. 행정실에서 큰 소리가 났다. 2층 교실의 어떤 담임 선생님이 행정실에 가서 제비콩을 없애 달라고 요청한 것이다. 교실이 어둡고 개미가 돌아다닌다는 이유에서였다. 학생들이 개미를 보고 기겁을 하여 괴성을 질러대니 담임 선생님도 어쩔 수 없었던 모양이다. 그래서 2층으로 올라간 제비콩을 잘라내고 1층에만 남겨 두었다. 그런데 그보다 다른데 문제가 있어 보였다. 전년도에는 제비콩 꽃이 연한 보라색으로 촘촘히 피어나고 꼬투리가 탐스럽게 열려서 진한 감동을 주었는데, 올 해에는 덩굴만 무성할 뿐 콩이 몇 개 열리지 않았다. 아마 제비콩이 탐스럽게 열렸으면 개미의 공포보다 콩을 택했을지도 모를 일이다. 이 또한 그토록 탐스럽게 맺혔던 제비콩이 자신의 열매를 따서 만든 씨앗으로 키운 것은 그렇게 하찮은 모습으로 변하게 된 것이었다.

종자 전쟁

씨앗의 비밀을 알게 된 지가 그리 오래되지 않았다. 자유학기 선택교과 시간에 '새싹 채소 기르기' 수업을 하였다. 첫 번째 활동에서 문제 제시 과정으로 "그 씨앗 속에는 씨앗이 있을까?" 라는 동영상 자료를 학생들과 함께 보았는데, 거기서 씨앗의 비밀을 알려주었다.[14)]

종자 산업 강대국에서 새로운 씨앗을 개발하면, 자기들이 개발한 종자를 심어 재배한 식물의 열매를 따서 그 씨앗을 다시 심으면 그 다음에 나오는 식물은 처음 식물과 많이 달라지게 조작한다는 것이다. 외관이나 기능면에서도 현저히 떨어진다. 김치 담그는 배추를 심어서 씨를 받아 다시 심으면 거기서 나는 배추는 병충에도 약하고 모양도 볼품 없이 변한다는 것이다. 해바라기도 그래서 쟁반 같이 큰 모양이 종지처럼 작아지고 제비콩도 잎만 무성하고 열매를 맺지 않는 볼품없는 모습으로 변한 것이다.

그렇게 되면 할 수 없이 그들이 만든 씨앗을 해마다 사야 한다. 이것을 독점하게 되어 씨앗 값을 그들이 결정하게 되므로 그 씨앗을 구입하는 사람은 해마다 올라가는 씨앗 값을 부담해야 한다. 오늘날 농부들이 농사지어 씨앗 값도 못 건지게 되었다고 아우성을 치는 것도 빈말이 아닐 것이다.

다행히 우리나라도 이 종자 전쟁에 뛰어들었다. 일명 '골든 시드 프로젝트(GSP)'라는 것인데, '금보다 비싼 종자'라는 의미를 지닌 이 사업은 8000억 원을 투입해 2021년까지 국내 종자 산업의 경쟁력을 글로벌 수준으로 끌어올린다는 것이다. 이 사업이 계획대로

14) 지식채널e(https://www.youtube.com/watch?v=Uoyox1ZqGFA)

추진된다면 농업·원예업 종사자들이 해외 기업에 지불하는 사용료를 대폭 줄이게 되고 2021년에는 외국으로부터 2억 달러 정도의 사용료를 받을 수 있을 것으로 보고 있다.[15)]

우리 씨앗의 소중함

그런데 우리밀은 해마다 추수하여 그 씨앗을 다음해 또 심어도 아무런 문제가 없었다. 처음에는 화단 한쪽에 자그마한 자리를 확보하여 10월 말에 씨를 뿌리고 그 다음해 6월에 수확하였다. 생각보다 많이 열리고 탐스럽게 보였다. 그 다음 해에는 학교 텃밭에 모판을 만들고 두 이랑을 심고 화단에도 몇 군데 심었는데, 모판에 심은 것은 봄에 20개의 화분에 옮겨 심고 화초처럼 가꾸어 화단에 심은 것과 함께 6월 어느 주말에 숲사랑소년단의 활동으로 수확의 기쁨을 나누게 되었다.

화분에 심은 우리밀

우리밀 수확

우리나라에서 나고 자라는 우리 식물은 해를 거듭해도 변하지 않는다. 우리 환경에 최적화 되어 있기 때문이다. 또한 사용료를 지불하지 않아도 된다. 이것이 우리 씨앗을 소중히 여겨야 하는 이유이기도 하다.

그런데 학생들은 이런 씨앗에 얽힌 문제를 알 리가 없다. 시장에 나오는 채소나 과일을 고를 때 우리 나라 고유 품종을 찾기보다 크고 맛있는 것을 고른다. 상품 가치만 보고 선택하게 된다. 농부는 소비자의 수요에 따라 필요한 상품을 생산하기 때문에 수입한 씨앗을 심지 않을 수 없다. 이렇게 하여 다국적 기업에 종속될 뿐만 아니라 많은 사용료를 지불해야 하므로 해마다 오르는 씨앗 값을 감당해야 한다. 이런 문제에 대한 인식 전환과 함께 우리 농산물을 애용하기 위하여 '새싹채소 기르기' 수업을 하였다.

15) https://www.youtube.com/watch?v=0Vz7SvJgrko

새싹채소 기르기 수업 사례[16)]

수업 주요 활동

새싹채소 기르기 수업은 '종자전쟁'을 다루면서 씨앗 속에 감추어진 이야기를 풀어 보는 시간이다. 재활용 페트병을 가공하여 새싹채소 재배기를 만들고 거기에 상토를 채우고 씨앗을 뿌려 가꾸면서 생명의 자람을 관찰할 수 있다. 씨앗이 발아하여 움이 트고 하루하루 자라면서 무성하게 그릇을 채워가는 모습을 보면서 많은 교훈을 얻을 수 있는 수업이다.

활동1. 종자 전쟁의 문제 찾기(읽기 자료 참고)

읽기 자료 **종자 전쟁[17)]**

110조원 걸린 '씨앗 전쟁'… 한국도 '골든 시드 프로젝트'로 도전장

- **세계는 우량종자 쟁탈전 중**
  2050년 세계 인구 90억 넘는데 이상 기후로 농산물 공급 불안정
- **6개국이 세계 종자 시장 60% 차지**
  기술력·자금력 무장한 다국적기업, 연구 개발에 10억 달러 이상 투자
- **세계시장 비중 1% 불과한 한국**
  국내 시장도 다국적기업이 80%… '골든 시드 프로젝트'로 성장 기대

옛날 농부들은 "굶어죽을지언정 종자(種子)를 베고 죽는다."고 했다. 아무리 배가 고파도 앞으로 농사를 위해 종자를 남겨둔다는 뜻이다. 종자는 예로부터 후손과 미래를 위한 최후의 보루로 여겨질 만큼 귀한 존재였다.

그동안 국내에서 종자 산업은 생산력이 좋은 농산물을 만들기 위해 품질 개량을 하는 사업 정도로 생각돼 왔다. 하지만 21세기 들어 종자는 거대한 산업으로 부상했다. 2014년 기준 537억 달러(약 64조원) 수준인 세계 종자 산업 규모는 2020년 920억 달러(약 110조원)까지 성장할 것이란 전망이 나온다.

세계는 우량종자를 확보하기 위해 사활을 건 쟁탈전을 벌이고 있다. 종자 산업의 수준이 강대국과 약소국을 구분하는 척도라는 말이 나올 정도다. 우리나라가 더는 종자 산업에 무관심할 수 없는 이유다.

— 아래 생략

---

16) 새싹채소 기르기 수업 사례는 서울시교육청 자유학기 선택교과 운영 프로그램

17) 출처: chosun.com_(http://news.chosun.com)

첫째, 종자 전쟁이란 무엇인가?

신품종의 종자 개발 및 공급을 둘러싸고 국가나 기업 간에 정치적, 경제적 대립이 격화되는 현상을 말하는데 국제식물신품종보호동맹(UPOV)의 협약에 따라 신품종에 대한 지적재산권이 보호되면서 앞 다투어 신품종 개발에 박차를 가하고 있다.[18)]

둘째, 종자 전쟁은 우리 생활에 어떤 영향을 미칠 수 있을까?

씨앗 값 상승, 식량 위기 초래, 씨앗의 원천 권리 확보 위한 치열한 경쟁, 분쟁 등

셋째, 종자 전쟁에서 우리나라가 도전한 것은 무엇인가?

골든 시드 프로젝트

활동2. 새싹 채소 기르기

첫째, 페트병 가공 새싹 재배기 만들기

- 다음 그림과 같이 2L용 큰 페트병을 옆으로 눕혀 놓고 붉은 선으로 표시한 부분을 잘라낸다.
- 윗부분을 모두 잘라내고 모서리를 가위로 다듬는다.

> - 안전을 위하여 칼집을 먼저 내고 가위로 자른다.
> - 윗부분을 가능한 크게 만들어 새싹 채소가 자랄 수 있는 공간을 확보한다.

둘째, 토경 재배

- 가공한 페트병에 배양토를 전체 높이의 1/2정도 넣는다.
- 씨앗을 종류별로 뿌린다. 3등분으로 어림하여 3종류의 씨앗을 뿌린다.

> - 무씨, 적무씨, 밀, 보리 등은 1주일 정도 자라면 새싹 채소 비빔밥을 해 먹을 수 있다.
> - 들깨, 배추씨, 알팔파 등은 자람이 느리다.

- 씨앗을 뿌리고 난 후 상토로 씨앗을 얇게 덮는다.

> - 씨앗을 덮지 않으면 발아가 늦어진다.

- 분무기로 물을 주고 햇빛이 잘 드는 곳에 둔다.

18) 출처: 네이버 지식백과 종자전쟁 [seeds war, 種子戰爭] (두산백과)

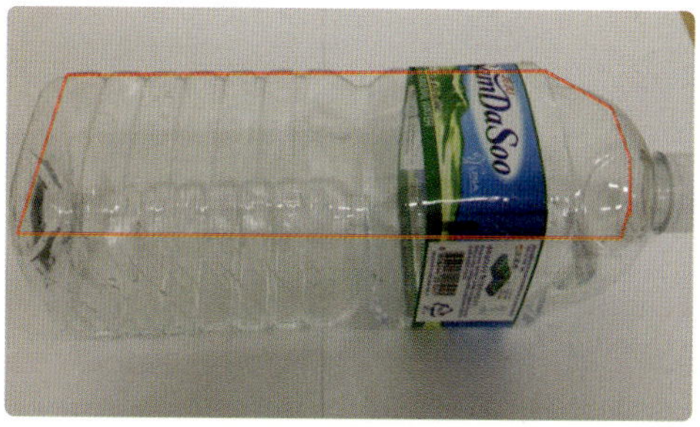

셋째, 수경 재배

- 새싹 채소 재배기의 트레이에 씨앗을 뿌린다.
- 새싹 채소 재배기 안에 물을 눈금 아래까지 채운다.
- 분무기로 씨앗에 물을 뿌리고 덮개를 덮는다.

씨앗 뿌리기

4일 후/9월

1주일 후/9월

- 씨앗의 발아와 새싹의 자람은 온도와 습도 등의 요인에 따라 달라진다. 여름철에는 1주일 만에 새싹비빔밥을 해 먹을 수 있을 만큼 자라지만 겨울철에는 2주 이상 걸린다.

활동3. 우리 종자 지키기 위한 아이디어 모으기

첫째, 우리 종자의 우수성

씨를 받아 그 다음해 심어도 외형이나 품질이 변하지 않는다. 우리 토양에 알맞기 때문에 병해충에도 강하다.

둘째, 우리 종자를 지키기 위한 우리의 노력

우리 농산물 애용하기, 육종 산업에 관심 갖기, 육종 과학자 되기 등

교수·학습 과정안

<table>
<tr><td>주제</td><td colspan="3">새싹 채소 기르기</td></tr>
<tr><td>학습목표</td><td colspan="3">• 종자 전쟁의 심각성을 알고 문제의 원인을 찾을 수 있다.
• 재활용 페트병을 가공하여 새싹 채소 기르기를 할 수 있다.
• 우리 씨앗의 소중함을 알고 지키고 보전하는 태도를 기른다.</td></tr>
<tr><td>재료 및 도구</td><td colspan="3">스마트 폰, 필기구, 페트병, 칼, 가위, 목장갑
씨(무씨, 보리씨, 밀씨, 배추씨 등), 수경용 재배기</td></tr>
<tr><td>학습과정</td><td>시간</td><td>내용</td><td>유의·준비</td></tr>
<tr><td>도입</td><td>5</td><td>■ Timplus 이야기
- 기억 조각 모으기
- 느낌 나누기, 토론, 비평하고 문제의식을 갖는다.</td><td>스마트폰</td></tr>
<tr><td>문제 발견</td><td>30</td><td>● 종자 전쟁(읽기 자료 또는 동영상[19] 보기 – Timplus)
■ 종자 전쟁의 영향 찾기
- 종자 전쟁이란?
- 종자 전쟁은 우리의 앞날에 어떤 영향을 미칠까?
■ 우리나라 고유종 찾기
- 우리나라 고유종에 대한 이야기
■ 한국 특산 식물의 종류와 특징
- 한국 특산 식물의 종류와 특징을 설명해보자</td><td>읽기자료
스마트폰</td></tr>
<tr><td>체험 활동</td><td>30</td><td>● 페트병 새싹 채소 기르기
■ 새싹 채소 기르기 학습
- 동영상을 함께 보고 실습 계획을 세운다.
■ 재활용 용기: 페트병, 우유팩, 플라스틱 용기, 각종 캔류
- 재활용 폐 용기 가공하기
- 페트병 가공
- 우유팩 가공
- 캔류 가공
■ 흙넣기(수경재배), 씨앗 뿌리기, 물주기
- 물주기 등 관리 계획 세우기</td><td>실내정원용
식물 준비
흙
재활용기
활용

안전사고
유의</td></tr>
</table>

학습과정	시간	내용	유의·준비
창의적 문제해결	20	● 우리 종자 지키기 ■ 우리 종자 지키기 - 자생식물 주권 어떻게 지킬까? ■ 우리 씨앗의 우수성 (동영상: 그 씨앗 속에는 씨앗이 있을까?) - 씨앗 속에 숨어 있는 비밀 - 우리 씨앗의 우수성 - 우리 씨앗(종자) 지키는 나만의 방법(발표)	검색
정리	5	■ 정리 및 평가 ■ 활동지 정리 ■ 다음 차시 준비물 안내: Timplus 안내	

'새싹 채소 기르기'는 학생들이 좋아하는 수업이다. 페트병을 가공할 때 칼과 가위로 다듬어 가면서 재미있어 한다. 흙을 만지고 작은 씨앗을 보면서 신기해하기도 했다. 더욱 좋아한 것은 그 다음 시간에 대한 기대였다. 기른 새싹으로 비빔밥을 만들어 먹기로 한 것이다. 비빔밥에 대한 기대가 강한 동기가 되어 당번 학생이 아침과 점심시간에 빠짐없이 찾아와 물준 덕에 새싹 채소도 기대에 부응해 주었다.

무, 적무, 밀이 빨리 자라주어서 한주 뒤인 그 다음 시간에 새싹 비빔밥을 만들어 먹을 수 있었다. 이날 수업은 가사실습실에서 하였는데, 밥솥에 밥을 지어놓고 계란과 고추장 참기름 정도만 준비해서 학생들을 맞이했다. 학생들도 모둠별로 필요한 재료를 준비해오기도 하였다. 큰 밥솥 한통 다 먹은 학생들의 얼굴은 그렇게도 밝아 보였다.

맛있게 먹고 난 후 과제를 하나 제시하였다. '오늘 먹은 비빔밥 속에 들어있는 식품첨가물 찾기'였다. 비빔밥에 넣은 식품 재료들을 다 생각해보게 하고 그 속에 식품 첨가물이 있는지 토론하여 발표하게 하였는데, 학생들이 고추장, 참기름을 지목하기에 이르렀다. 드디어 고추장 통과 참기름 병을 조사하고 붙어 있는 레이블을 스마트폰으로 촬영하여 분석하기에 이르렀다. 이어서 '식품 첨가물'이란 동영상을 함께 보면서 식품 첨가물이 들어 있지 않은 건강 식단에 대하여 깊이 있는 토론을 할 수 있었다.

씨앗이 종자 전쟁이나 식품 첨가물이 들어있지 않은 건강 식단만 알려준 것이 아니다. 우리에게 또 다른 교훈을 알게 해 주었다. 한 학생이 물을 주면서 물어본다.

19) 총성 없는 전쟁은 시작되었다. 종자전쟁(https://www.youtube.com/watch?v=0Vz7SvJgrko)

선생님, 왜 싹이 빨리 안 나요?

응, 싹은 때가 되어야 나는 거란다. 참고 기다리며 물을 줘야해, 아무런 변화가 없어도.

한 주가 지난 뒤 수업하러 온 학생들이 무성하게 자란 새싹 채소를 보고 놀라는 분위기다.

선생님, 많이 자랐네요. 그런데, 씨앗은 조금 뿌렸는데 어쩌면 이렇게 많아졌어요?

응, 씨앗은 뿌린 것 보다 훨씬 더 많이 거두는 법이지.

그런데 싹이 안 난 씨앗은 왜 그래요?

그건 씨앗이 죽지 않아서이지. 말라서 살아 있으면 싹은 나지 않아.
물에 젖어 자신을 희생해야 생명이 자란단다.

잔치가 끝나면 무엇을 먹고 살까?

스스로 '안티-모바일리스터'라고 하는 박승욱의 저서 「잔치가 끝나면 무엇을 먹고 살까?」(녹색평론사, 2007)에 대한 이야기이다. 저자는 말하기를 "두말할 필요도 없이 현대 자본주의 문명은 화석연료 문명, 즉 석유에 중독된 문명이다. 현대산업의 원동력은 값싼 석유이다. 20세기 들어 대량 생산되기 시작한 석유는 자동차문명 사회를 가능하게 했을 뿐만 아니라 의식주 모든 분야에서 석유가 없으면 생존이 불가능하게끔 만들었다."라고 했다.

"오랜 옛날에 자연이 만들어 놓은 천연자원을 불과 몇백 년 만에 마구 퍼다 써서 "미래세대의 저금통장을 몽땅 털어먹는 도둑질이자 미래를 소비하는 파렴치한 범죄행위이다."라고 비판하고 자신은 "지구 천연자원을 파헤쳐 자연생태계가 그간 쌓아온 저금통장을 순식간에 까먹으며 지구온난화를 부추기는 온실가스를 배출해 나의 숨통을 조여오는 자동차 따위는 타지 않겠다."라고 선언했다.

화석 연료의 고갈이라는 문제에 견주어 조금도 덜하지도 않을 만큼 심각한 것이 지구온난화로 인한 이상 기후일 것이다. 우리는 이런 문제의 심각성을 알고 있으면서도 너무나 크기 때문에 어찌할 바 모르고 마치 아무 일도 없는 것처럼 살아가고 있다. 저자처럼 자동차 따위는 타지 않겠다고 선언하지는 않을지라도 생활하면서 실천할 수 있는 소소한 것들이 많이 있다.

사소한 것 같지만 자연을 사랑하고 숲을 아끼는 마음도, 작은 꽃 한 송이 가꾸어 보는 것도 지구온난화를 줄이는 방법이지 싶다. 지구온난화는 온실 가스가 열을 저장하여 지구복사에너지의 방출을 막아 지구의 온도가 올라가는 현상인데, 이를 해결하기 위해서는 온실가스를 줄여야 한다.

이는 온실가스를 덜 방생시키거나 이미 발생해 있는 온실가스를 저장하여 줄일 수 있다. 식물은 광합성이라는 화학 반응으로 공기 속에 있는 이산화탄소를 저장한다. 빛의 엽록체 속에서 물과 이산화탄소를 반응시켜 포도당과 산소를 만드는 것인데, 이산화탄소가 물과 결합하여 포도당으로 변하면서 산소를 내놓는 현상이다. 이런 기막힌 자연현상이 식물 속에서 일어나고 있는 것이다.

EBS TV에서 방영한 하나뿐인 지구의 '숲이 있었던 자리'라는 프로그램을 자유학기 선택교과 시간에 학생들과 함께 시청하였다. 필리핀에서 일어나는 문제인데, 맹그로브 숲이 사라지고 그 자리에 새우 양식장이 들어선다는 것이다. 이렇게 양식한 새우를 우리나라도 수입하여 먹는다고 한다. 우리가 소비하는 그 새우를 양식하기 위해 울창한 맹그로브 숲을 훼손하고 있는 셈이다. 그렇다면 양식한 새우를 먹지 않는 것도 숲이 사라지는 것을 막을 수 있으므로 온실가스를 줄이는데 기여하는 것이 아닐까?

온실가스를 잡아라. 페트병 미니 정원 만들기 수업 사례[20)]

수업 주요 활동

지구온난화를 줄이기 위해서는 원인이 되는 온실가스를 덜 발생시키거나 이미 존재하는 온실가스를 저장하여 줄여야 한다. 페트병을 가공하여 화분을 만들고, 거기에 식물을 심고 가꾸는 활동을 한다. 식물이 광합성 작용으로 온실가스를 저장하여 지구온난화를 줄인다는 것을 알게 하는 수업이다.

활동1. 온실 가스의 문제 발견

온실가스가 무엇이고 또 어떤 문제를 일으키는지 다음 읽기 자료를 읽고 해결한다.

20) 페트병 미니정원 만들기 수업 사례는 서울시교육청 자유학기 선택교과 운영 프로그램으로 개발되어 본서와 중복 사용되었다.

읽기 자료 **온실 가스**[21)]

지구의 기후변화와 이로 인한 부정적 효과가 인류의 공통적인 관심사임을 인정하고, 인간 활동이 대기 중의 온실가스 농도를 현저히 증가시켜 온실효과의 증대로 인해 지구 생태계와 인류에게 부정적인 영향을 미칠 수 있음을 우려하여 국제 사회는 기후변화협약을 맺게 되었다. 이러한 기후변화협약을 구체적으로 실행하고자 2005년 교토의정서가 발효되어 선진국에서 먼저 온실가스에 대한 감축 목표를 세우고 그 의무를 이행하도록 협의하였다. 바로 이 교토의정서에서는 온실가스를 6개의 기체로 규정하고 이 6대 온실가스에 대해 감축할 것을 국제적으로 합의하게 되었다.

교토의정서에서 규정하고 있는 6대 온실가스는 이산화탄소(CO_2), 메테인(CH_4), 아산화질소(N_2O), 수소불화탄소(HFCs), 과불화탄소(PFCs), 육불화황(SF_6)이다. 우리나라에서도 이와 동일하게 온실가스에 대해 '저탄소녹색성장기본법'에서 다음과 같이 정의하고 있다.

"온실가스"란 이산화탄소(CO_2), 메테인(CH_4), 아산화질소(N_2O), 수소불화탄소(HFCs), 과불화탄소(PFCs), 육불화황(SF_6) 및 그밖에 대통령령으로 정하는 것으로 적외선 복사열을 흡수하거나 재방출하여 온실효과를 유발하는 대기 중의 가스 상태의 물질을 말한다(저탄소 녹색성장 기본법 제2조 9항).

— 아래 생략

첫째, 온실가스의 문제: 온실 가스는 지구온난화의 원인 물질로 알려져 있다.

둘째, 온실 가스의 종류와 발생원인

온실 가스의 종류	발생원인
메테인(CH_4)	폐기물, 농업, 축산
아산화질소(N_2O)	비료, 농업, 자동차 매연
이산화탄소(CO_2)	자동차 매연, 공장이나 가정용 보일러
수소불화탄소(HFCs)	에어컨 냉매
과불화탄소(PFCs)	에어컨 냉매
육불화황(SF_6)	에어컨 냉매

21) Insight of GS Caltex, 기후변화의 범인-온실가스 그는 누구인가? 에서 일부 발췌(http://www.insightofgscaltex.com/?p=18318)

활동2. 재활용 페트병 미니 정원 만들기

첫째, 작업 준비

- 실내용 식물 1개, 2L 생수용 페트병 1개, 원예용 상토, 마사토(중, 소), 모종삽, 칼, 가위 폭 1~2cm 심지용 부직포

둘째, 자동 관수 페트병 화분 만들기

❶ 자동 관수 심지를 만들기 위해 부직포를 2개 준비한다.

❷ 병뚜껑에 +모양의 칼집을 낸다.

❸ 심지를 2개 포개서 가위 끝으로 병뚜껑 +자 모양의 구멍에 밀어 넣는다.

❹ 심지를 병뚜껑 가운데 쯤 두고 X자 모양으로 벌린다.

❺ 페트병 가운데 부분을 2칸 정도 잘라낸다. 그냥 두면 아랫부분이 너무 길어진다.

❻ 심지 끼운 병뚜껑을 닫고 굵은 마사토를 넣는다.

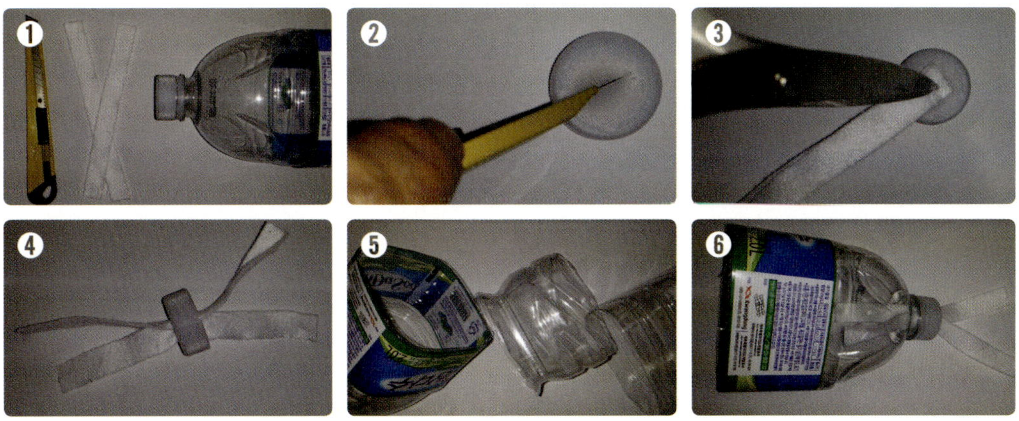

셋째, 페트병 미니 정원 만들기

❶ 각 모둠에서 작업하기보다 실험실 가운데 있는 실험대에서 작업하는 것이 편리하다.

❷ 만들어 둔 페트병 화분에 있는 심지를 벌려 놓고 굵은 마사토를 3cm 정도 넣는다.

❸ 마사토 위에 상토를 조금 넣고 식물을 포트에서 뽑아 심고 상토를 채운다.

❹ 고운 마사토로 화분 윗부분을 채워서 흙이 보이지 않게 한다.

❺ 페트병 아랫부분에 물을 1/2정도 채우고 심지 달린 화분을 올려놓는다.

❻ 물이 줄어들면 보충해주고 식물을 관리한다.

넷째, 토론

- 물이 심지를 타고 올라가는 원리
  모세관 현상으로 작은 관(모세관)의 벽과 물 분자가 당기는 힘(표면장력)에 의해 식물이 올라가게 된다.
- 식물이 잘 자라게 하려면 어떻게 해야 할까?
  적절한 온도에서 물, 빛, 영양소의 공급이 필요하다.

활동3. 지구 온난화를 줄이기 위한 창의적 문제 해결책 찾기

첫째, 온실 가스 줄이기

- 온실 가스는 어떻게 만들어 지는가?
  자동차와 같이 화석 연료를 태울 때 산화물이 발생한다. 메테인 가스는 식물이 썩을 때나 가축의 방귀에서 많이 발생한다.
- 온실 가스를 줄이는 방법
  화석 연료를 태우지 않도록 노력한다. 이미 발생한 온실 가스를 저장하는 노력이 필요하다. 식물은 광합성 작용으로 이산화탄소를 저장하는 능력이 있다. 가까운 거리는 걸어 다니기, 가축 특히 소 방귀에서 나오는 메테인이 문제가 되므로 쇠고기 대신 다른 먹거리를 찾는다.

둘째, 지구 온난화를 줄이기 위한 노력

- 지구 온난화란?
  지구에서 복사하는 에너지를 온실 가스가 저장하고 있어 지구의 온도가 높아지는 현상이다.

- 지구 온난화를 줄이는 방법
  온실 가스가 발생하지 않도록 노력한다. 국제사회가 협력하여 온실 가스 감축을 위한 노력을 해야 한다. 숲의 조성, 에너지 관리 등

교수·학습 과정안

주제	온실가스를 잡아라. 페트병 미니 정원 만들기		
학습목표	• 온실 가스의 종류와 발생 원인을 설명할 수 있다. • 재활용 페트병으로 미니 정원을 만들 수 있다. • 온실 가스를 줄이는 방법을 설명할 수 있다.		
재료 및 도구	스마트 폰(촬영 용), 연필 등 필기구 재활용 페트병, 가위, 상토, 아이비, 마삭줄, 모종삽, 심지 등		
학습과정	**시간**	**내용**	**유의·준비**
도입	5	■ Timplus 이야기 - 기억 조각 모으기 - 느낌 나누기, 토론, 비평하고 문제의식을 갖는다.	스마트폰
문제 발견	30	● **온실 가스 문제** ■ **온실 가스 발생원인 찾기** - 온실 가스의 발생 원인을 설명한다. ■ **온실 가스 종류 알기** - 읽기 자료 활용(또는 동영상 활용) - 온실 가스의 종류 및 발생 원인을 찾는다.	읽기자료 스마트폰
체험 활동	30	● **재활용 미니 정원 만들기** **(동영상: 페트병 재활용 화분 만들기[22])** 	실내정원용 식물 준비 흙 식재도구 푸미나 호야 스킨답서스 (3종) 실험

22) 유튜브(https://www.youtube.com/watch?v=HiW8Sc-w25g)

학습과정	시간	내용	유의·준비
체험 활동	30	■ 자동관수 페트병 화분 만들기 - 페트병을 가공하여 심지를 끼운다. ■ 재활용 미니 정원 만들기 - 굵은 마사토를 넣고 식물을 심는다. - 고운 마사토를 채워 넣고 아랫부분에 물을 넣는다.	실내정원용 식물 준비 흙 식재도구 푸미나 호야 스킨답서스 (3종)
창의적 문제해결	20	● 지구 온난화를 줄이기 위한 창의적 해결책 찾기 ■ 온실 가스 줄이기 - 온실 가스는 어떻게 만들어 지는가? - 온실 가스를 줄이는 방법 ■ 지구 온난화 줄이기 위한 노력 - 지구 온난화란? - 지구 온난화를 줄이는 방법	개인의 실천 의지
정리	5	■ 정리 및 평가 ■ 활동지 정리 ■ 다음 차시 준비물 안내: Timplus 안내	

참여와 협력을 이끄는 평가

수업할 때 학생들에게 말한다. 나 혼자만 열심히 활동하면 그건 보통 수준이고, 나도 하고 남도 하게 도와주면 그것이 잘 하는 것이라고 강조한다. 이해를 못하는 학생이 더러 있다. 자기만 열심히 잘 하면 그것으로 되는 줄로만 안다. 학생 참여형 수업은 나 혼자서 하는 수업이 아니기 때문에 남을 도와서 함께 해야 하는 이유를 설명해 준다. 나 혼자보다 여럿이 함께 하는 것이 더 많이 배운다고 말한다. 남을 돕는 방법 중에 남에게 물어보는 것도 좋은 방법이라고 한다. 그럴 때 질문 받은 학생은 가르치는 기회를 얻게 되고 그 학생은 가르치면서 배운다고 한다. 이런 평가 방침을 설명하고 학생 활동지의 말미에 평가를 위한 3가지 질문을 넣어 둔다.

첫째는 나 자신이 이 수업에 얼마나 기여했는가를 스스로 평가하게 해서 점수로 나타내게 한다. 이를 통해 팀 활동에 기여하도록 하고자 하는 것이다.

둘째는 우리 팀에서 수업에 많이 기여한 학생이 누구인지 쓰게 한다. 물론 단수만이 아니라 복수도 가능함을 말한다. 남보다 자기 자신의 이름을 쓰는 학생도 더러 있다. 이것은 서로 도우면서 수업하라는 의도이고 또 보는 이가 있으니 수업에 좀 더 적극적으로 참여할 것이기 때문이다.

셋째는 이 수업에 대한 흥미와 만족도를 물어본다. 이는 교사 입장에서 학생의 활동을 보고 그 학생이 수업에 흥미가 있다거나 적극적으로 참여한다고 보는 것이 실제 학생의 내면과 다를 수 있기 때문이다. 따라서 그 학생의 흥미를 스스로 체크해보게 하는 것이다. 스스로 높은 점수를 체크하는 학생도 있지만 대부분은 바르게 평가한다. 그리고 활동마다 지속적으로 받아보면 학생의 경향성을 파악할 수 있다.

PART

6

긴밀한 또래관계 형성을 위한 지원 방법을 고민하다

심상덕 | 전 서울 선린초등학교 교장

긍정의 대화체험을 통해서 인성교육에 입문하다

오늘도 수고 많겠네. 잘 다녀와라.

필자는 당시 고등학교 3학년인 아들에게 매일 아침마다 이러한 격려의 말을 했다. 학교에서 아들이 돌아올 때도 현관에까지 나가서 반갑게 맞이해 주면서

아이고, 우리 아들 오는구나! 잘 다녀왔니?

라고 말해 주었다. 때로는 하이파이브를 하면서 파이팅을 외치기도 했다. 이런 말에 의해서 아들은 공부에 대한 부담을 많이 덜고 어느 정도는 평화로운 얼굴을 되찾을 수 있었다. 이 한 마디의 말을 하기 위해서 회식을 하다가도 귀가해서 아들을 기다렸다. 그리고 교문에서 등교하는 학생을 맞이해 주는 활동으로 이어졌다.

대부분의 부모들이 자녀에게 공부를 열심히 할 것을 요구하거나 특정 교과의 성적을 올릴 것을 요구하지만 필자는 단 한 번도 이러한 요구를 하지 않았다. 또한 학기말고사, 중간고사, 전국 모의고사 등의 시험을 본 날에도

오늘 수고 많았지? 푹 쉬어라.

라고 말하면서 시험을 잘 봤는지 또는 어떤 교과의 시험 성적도 물어보지 않았다. 이와 함께 일주일에 반일이라도 쉴 것을 권고했고 아들은 필자의 권유를 잘 받아들였다. 이러한 필자의 태도와 대화로 아들은 시험성적의 불안에서 벗어나서 공부에 몰입할 수 있었다. 이 대화방법을 대학교 다니는 딸에게도 적용하여 큰 효과를 보았다. 그 후로 주변의 친척이나 학교 선생님에게 상담을 해 주었는데 그 분들 역시 놀라운 성공을 체험하였다. 자녀의 학업성적 향상 외에 좋은 결과는 자녀와 필자가 더없이 가까워졌다는 것이다. 함께 영화도 보고 시장도 보러 다니며 외식도 자주한다. 효라는 덕목 교육을 따로 하지 않았지만 아이들은 내게 잘 해 주고 있다.

긍정의 대화방법은 학생들과의 대화에서도 그 효력이 똑같이 나타났다. 교감으로 근무하던 시절, 교육자로서의 전문성과 열정으로 늘 감동을 주는 선생님과 함께 근무했는데 이 분으로부터 인터넷 중독 학생을 지도하는 방법을 배웠다. 그 지도 방법의 핵심은 긍정의 대화였다. 그 분의 지도 방법을 활용해서 인터넷 중독 학생에게 상담을 해 주었다. 선생님들에게 인터넷게임에 중독된 학생을 교장실로 보내달라고 하였다. 인터넷

중독 학생 상담을 할 때 '중독'이라는 부정적인 말을 사용하지 않도록 주의했다. 비록 학생이

선생님 저 게임중독이지요?

라고 묻더라도

아니야. 너는 아직 게임에 중독되지 않았다. 조금만 노력하면 게임을 줄일 수 있어.

라고 말하는 것이 바람직하다. '중독'이라는 말은 부정적일뿐만 아니라 학생이 미리 지레 겁을 먹고 노력을 포기할 가능성이 있기 때문이다.

또 일주일 동안 매일 게임을 하는데 걸린 시간을 기록하게 한 다음 가장 게임을 적게 한 날을 찾아서 크게 칭찬을 해 주었다.

와, 이날은 정말 게임을 조금밖에 안했네. 이 날 어떻게 게임을 적게 할 수 있었니?

라고 말했더니, 이 학생은 게임을 줄이는데 자신감을 갖게 되었고 이러한 지도가 반복되는 가운데 점점 게임 중독에서 벗어나게 되었다. 게임을 적게 한 날, 게임 외의 활동을 찾아서 그 활동을 긍정적으로 말해 주었더니 효과가 컸다. 예를 들어서 게임을 적게 한 날에 공놀이를 많이 했다면 그것을 칭찬해 주었다.

많은 정서적 문제는 불안에서 출발한다. 불안을 느끼는 학생에게 열심히 하라든지 왜 그런 행동을 하느냐고 비난을 하는 것은 도움이 되지 않는다. 우선 불안한 마음을 진정시키는 것이 우선이다. '괜찮아.' '지금 잘 하고 있어.' 등의 긍정의 대화를 듣게 되면 학생은 마음이 안정되어서 자신의 상황을 제대로 볼 수 있고 스스로 문제를 해결할 수 있다. 그리고 끊임없는 격려는 용기와 자신감을 준다. 사실 게임 중독은 어른들도 끊기가 어렵다. 그러나 선생님의 긍정의 대화로 어린이도 성공적으로 게임 중독에서 벗어날 수 있다. 또 학업에 자신감을 잃은 학생이 놀라운 집중력으로 엄청난 성과를 거두게도 할 수 있다. 원래 인간은 무한한 잠재력을 가지고 있는데 여러 가지 상황에 의해서 이 잠재력이 일시적으로 위축될 수 있다. 우리는 긍정의 대화를 통해서 내면에 잠들어 있는 거인인 잠재력을 일깨울 수 있다. 그러므로 진정한 긍정의 대화는 단순히 대화를 원만하게 하고 관계를 개선하는 것을 넘어서서 상대방의 잠재력을 이끌어 냄으로써 그의 운명조차 바꾸어 놓을 수 있다.

필자는 이렇게 긍정의 대화의 교육적 효과를 체험하면서 인성교육에 관심을 갖게 되었다. Adler의 심리학은 필자에게 인성교육에 대하여 새로운 지평을 열어 주었다. Adler의 심리학을 읽고 도덕교육에서 중요하게 여기는 도덕적 행동의 습관화교육도 또래관계 형성이 뒷받침되어야 성공적으로 이루어질 수 있다는 것을 깨닫게 되었다. 이러한 생각은 또래놀이 운영 체험을 통해서 더욱 더 확신을 가지게 되었다. 또래놀이란 매일 오전

10시 20분부터 50분까지 30분 동안 학생들에게 친구들과 어울려 놀 수 있는 시간을 주는 것으로서 다른 장에서 자세히 설명했다. 또래놀이 운영 과정에서 학생들이 마음껏 소리치면서 웃고 뛰어노는 모습, 티 없이 맑고 행복한 표정에서 많은 감동을 받았다. 또래놀이 프로그램을 전교 학생을 대상으로 2년 6개월 운영하는 동안 학교폭력자치위원회를 한 번도 열지 않았다. 또한 학생들 간에 또래관계가 돈독해지면서 선생님들의 생활지도도 수월해 졌다. 또래놀이 지도할 때 받은 감동이 아직도 마음속에 고스란히 남아있어서 '또래관계를 위한 선생님의 지원 방법은 무엇일까?' 라는 주제로 이 글을 쓰게 되었다.

또래관계 교육을 위해서는 선생님의 변화가 필요하다

어머니 독서동아리 활동을 통한 인성교육 연구와 보급을 올해로 3년째 활동하고 있다. 어머니 독서동아리를 운영하는 과정에서 최신의 교육관련 신간 서적을 많이 읽게 되었다. 독서를 통해서 지금까지 대학원에서 초등윤리교육을 전공하고 전문상담교사 과정을 이수하면서도 얻지 못한 양질의 지식을 얻을 수 있었다. 그 덕분에 필자의 인성교육에 대한 관점이 바뀌게 된 것이다. 그 전까지는 인성교육은 덕목의 습관화 교육에 의해서 이루어져야 한다고 생각하고 이러한 생각을 바탕으로 인성교육에 대한 원격직무연수를 만들기도 했다. 이러한 덕목의 습관화를 통한 인성교육은 많은 도덕학자들의 주장이기도 하지만 이러한 교육이 제대로 이루어지기 위해서는 학생들의 인간관계가 긍정적으로 형성되어야 한다.

도덕교육이든 인성교육이든 그 기초는 긍정적인 인간관계 형성에 있다. 영아기에 주 양육자와 아이 사이의 애착관계의 질이 평생 동안 영향을 미친다고 한다. 영유아기의 주 양육자와 아이 사이에 생긴 신뢰와 우호의 관계가 가족 모두에게 확대되었을 때 가장 기본적인 인성이 만들어지는 것이며 이것이 안 된 채 학교에 입학한 학생은 친구들과의 관계에서 여러 가지 어려움을 겪게 된다. 학교의 임무는 선생님의 사랑으로 가족관계가 원만하지 못해서 생긴 애정의 공백을 메워주며 또래관계를 촉진시켜 학생의 인성발달을 돕는 것이다.

'선생님들 중에는 인성이 교육의 대상인가?' 라는 의문을 갖는 분들이 있는데 전혀 일리가 없는 이야기는 아니다. 인성은 가르치는 것보다는 관계를 맺는 것이 우선되어야 하기 때문이다. 부모와 관계가 나쁜 학생에게 효도를 제대로 가르칠 수 있는가? 또 친구가 없는 학생에게 우정을 가르칠 수 있는가? 부모와의 관계가 좋은 학생에게 효도를 가르치면 효도를 더 잘 할 수 있고 친구관계가 좋은 학생에게 참된 우정이 무엇인지를 제대로 가르칠 수 있다. 이런 논리에 따라서 인성교육은 도덕 또는 덕목교육에 앞서 인간관계 형성이 우선되어야 한다는 것이다.

인간관계는 가족과의 관계가 가장 기본적인 인간관계이며 그 다음 단계가 또래와의 인간관계이다. 또래관계가 잘 형성되었다면 어른이 되어서 사회생활을 잘 할 수 있는 인성을 갖추었다고 판단해도 좋을 것이다. 가족과의 원만한 인간관계 성립 여부가 또래관계를 맺는데 지대한 영향을 미치듯이 또래관계 성립 여부가 지역사회 주민과의 관계, 국가와의 관계 나아가서 인류와의 관계를 정립하는데 중요한 조건이 될 수 있다.

학생들이 또래와의 관계에서 느낀 공감, 존중, 배려, 협력의 정신이 곧 민주시민 자질의 바탕이 된다. 친구와의 놀이에서 규칙을 지키는 체험을 통해서 사회의 유지와 발전을 위해 질서와 법을 지킬 필요가 있다는 것을 배울 수 있다. 지역사회 문화체험, 노인들 위문, 환경보호 활동 참여 등을 통해서 지역사회와의 관계를 맺으면서 민주시민으로서의 교육을 할 때 더욱 효과적이다. 그냥 막연히 인류애를 가르치기보다는 다문화체험, 아프리카에 있는 극빈 아동에게 편지쓰기와 동전 모아 보내기 등 조금이라도 세계인과 관계를 맺으면서 인류애를 경험하고, 세계시민으로서의 환경보호활동, 에너지 절약 운동 등의 교육을 하는 것이 보다 효율적이다.

가정에서 가장 단순한 사회생활의 기초를 배웠다면 또래관계를 통해서 실제 어른이 되었을 때 적응하는데 필요한 사회성을 배울 수 있다. 즉 인간의 기본적인 인성은 또래관계를 통해서 완성되는 것이다. 또한 또래관계를 기초로 민주시민교육과 세계시민 교육을 제대로 할 수 있다. 따라서 학생들의 긍정적인 또래관계를 지원하는 일은 학교교육의 중심적 위치에 있어야 마땅하다. 학교교육은 가족관계에서 성립된, 사람에 대한 신뢰와 우정을 또래관계로 확대시키는 중요한 임무를 지니고 있다. 긍정적인 또래관계를 맺어주는데 성공했다면 비로소 사람다운 사람을 만든 것이다. 부모, 형제, 선생님, 친구, 이웃, 지역사회 주민에 대한 신뢰와 우호적인 감정 못지않게 얼굴을 본 적도 없고 평소에 교류도 하지 않는 일반 대중이나 세계 시민에 대한 신뢰와 우호적인 태도가 필요하며 이를 기초로 이들과 더불어 살아갈 수 있는 여러 가지 덕목을 교육하되 습관화가 되도록 지속적이고 성의 있게 해야 한다. 즉 학생들 개개인이 모르는 대중, 세계시민과 함께 살아가는 데 필요한 준법, 정직, 청렴, 정의, 존중, 배려, 봉사, 협동의 덕목교육과 의사소통과 중지를 모으는 지혜와 창의성교육을 통하여 인성교육의 완성도를 높여 가야 한다.

선생님이 인성교육의 기초인 또래관계의 촉진자로서의 역할을 하기 위해서는 자기연찬과 수련을 통한 장시간의 노력이 필요하다. 연수를 통해서 인성교육에 대한 높은 차원의 생각을 하고 있다하더라도 이를 실천하기 위해서는 연수를 받는 몇 배의 노력이 필요하다. 대화방법을 바꾸는데 얼마나 많은 노력이 필요할까? 이에 대한 예를 들어보겠다. 필자와 함께 참여한 독서동아리 어머니들의 경우, 약 6개월 동안 각고의 노력 끝에 자녀와의 대화를 할 때 자기의 감정을 통제할 수 있었다. 필자가 느끼기에 어머니들은 감정을 다스리기 위해서 집 안에 긍정의 대화에 대한 실천 수칙을 붙여 놓는 등 온갖 노력을 다했는데도 반 년이라는 시간이 걸렸다. 긍정의 대화 또는 여러 가지 교육적 대화는 끊임없는 마음의 수련과 반복된 행동을 통해서 습관화의 과정을 거치지 않으면 연수가 실제로 교육의 변화로 연결되지 못한다. 즉 교사의 언어와 행동, 나아가서 교사의 인성이 바뀌어야 인성교육자로서 또는 또래관계 촉진자로서의 역량이 획기적으로 향상될 수 있다. 따라서 좋은 연수를 받았을 때는 기록으로 남기고 이 기록을 바탕으로 반복하여 수없이 실천에 도전해야 한다. 습관이 바뀌면 운명이 바뀐다는 말이 있다. 예컨대, 대화습관 하나를 바꾸면 가족과의 관계, 학생과의 관계, 직장 동료와의 관계, 친구와의 관계 등 모든 인간관계가 개선된다. 얼굴 또한 편안하고 미소가 감도는 얼굴로 바뀐다. 인성교육의 입문의 과정인 대화방법을 비롯한 상담, 놀이지도 방법, 수업지도 방법 등 여러 가지 자기연찬에 많은 선생님이 도전하기를 바란다.

다음은 학생과의 개별적인 인간관계를 맺어야 한다. 이때 긍정의 대화 능력, 상담기능, 선생님과 학생과 친해질 수 있는 교육프로그램이 필요하다. 이렇게 선생님과 학생의 개별적 인간관계가 탄탄할 때 비로소 선생님은 또래관계 촉진자로서의 큰 영향력을 갖게 된다.

알면 알수록 중요한 또래 관계, 어떻게 지원할까?

유아원이나 보육시설에서 많은 시간을 보낼지라도 학령 전기 아동은 일차적으로 가정 중심적이다. 그러나 5, 6세에 가까워지면 아동은 점점 또래 지향적이 되면서 이와는 반대로 가족 지향적인 경향은 점차 감소하게 되며, 깨어있는 시간 동안 또래들과 어울리는 비중이 점점 커진다.[1)]

그리스의 철학자 아리스토텔레스는 '인간은 사회적 동물이다.'라고 하였다. 즉 인간의 특성을 사회성에서 찾았던 것이다. 그렇다면 이 사회성은 어떤 과정을 통해서 획득되는 것일까? 그것은 첫 번째로 주 양육자를 비롯한 가족관계에서 사회성의 기초가 길러지며 다음으로 또래집단을 통해서 좀 더 복잡하고 다양한 사회에 적응할 수 있는 능력이 길러진다.

아동은 부모로부터 제대로 양육되었을 때 최초로 신뢰와 친밀감을 체험할 수 있다. 그리고 이러한 체험은 또래와 어울리는 일을 매우 수월하게 한다. 그러나 아동이 양육과정에서 절망과 좌절 또는 분노를 체험한 경우에는 다른 친구들과 잘 어울리지 못한다. 이러한 아동들은 다른 사람에게 작은 일에도 쉽게 분노하며 공격성을 드러내기 때문에 주변의 또래들이 가까이 하려하지 않는다. 선생님은 이러한 학생을 조기에 발견하여 개별 지도 방법을 강구해야 한다. 이러한 학생에게는 선생님의 상담과 더불어 리더십이 강하고 사회성이 발달한 아동 몇 몇에게 협조를 얻어서 또래들과 어울리는 체험을 하도록 한다. 사회성이 현저하게 떨어지는 학생들에게는 전문적인 상담사나 정신과 의

1) Fergus P. Hughes, 유미숙 외 역, 「놀이와 아동발달」, 시그마프레스(2012), p.133

사의 치료를 받도록 해야 한다.

비록 가정에서 안정적인 양육에 의해 사회성의 기초가 형성되었다고 해도 이것만 가지고 사회화가 되지는 않는다. 가족으로부터 공감, 소통, 존중, 배려, 협력 등의 사회화에 필요한 능력을 배운다 할지라도 이것은 매우 단순한 상황에서 적용할 수 있는 것에 불과하다. 가족은 수 년 동안 함께 생활해 왔기 때문에 적응하기가 쉽다. 그러나 또래는 성장 배경이나 성격이 천차만별이므로 여러 부류의 또래들과 잘 어울릴 수 있고 원만하게 지내기 위해서는 한 차원 높은 공감, 소통, 협력적인 능력이 필요하다. 그렇기 때문에 어릴 때 다양한 인성의 또래들과 어울리는 과정을 통해서 완성도 있는 사회성이 획득될 수 있다.

많은 미래학자들은 21세기에는 뛰어난 공감능력과 소통으로 다른 사람과 협력할 수 있는 사람이 바로 인재라고 말한다. 미래학자 Daniel Pink는 다른 사람에 대한 공감능력이 뛰어나고 잘 어울리는 능력을 하이터치라고 하였다. Daniel Pink가 말하는 '하이터치'란 다른 사람과 공감하고, 미묘한 인간관계를 잘 다루며, 자신과 다른 사람의 즐거움을 잘 유도해 내고, 목적과 의미를 발견해 이를 추구하는 능력과 관련이 있다고 말했다. 하이터치에서 하이(high)는 높다. 터치(touch)는 '마음을 움직이다.', '감동시키다.' 라는 의미가 있다. 따라서 하이터치의 근본적인 의미는 '사람의 마음을 잘 움직이다.' 라는 뜻이 있다.

사람의 마음을 잘 움직이기 위해서는 먼저 상대방이 처한 입장을 잘 이해하고 공감해야 한다. 그리고 상대방을 존중하고 배려하는 마음이 필요하다. 자기를 존중하고 배려하는데 싫다고 하는 사람은 드물 것이다. 그러나 이것만 가지고는 다른 사람의 마음을 움직이기가 어렵다. 상대방이 가지고 있는 심리를 잘 파악해야 한다. 사람의 마음에는 열등의식, 우월감, 경쟁의식, 시샘 등 다양하고 복잡한 의식과 생각이 있다. 하이터치는 이러한 복잡한 사람의 심리까지도 잘 이해하고 적응하는 능력이다.

취업을 했지만 얼마 견디지 못하고 나오는 젊은이들이 많다고 한다. 직장에 들어가는 순간부터 다른 사람과의 협업이 필요하며 서로 존중하고 배려하는 마음으로 원활하게 소통을 할 수 있어야 한다. 이것이 잘 안 될 때 직장은 살아가는 보람을 느끼고 서로 돕는 대신 갈등과 스트레스로 점철될 것이다. 따라서 복잡해지는 미래 사회로 갈수록 긴밀한 인간관계와 이러한 관계를 잘 맺게 해줄 수 있는 하이터치 대화 능력이 필요하다. 이젠 우리나라 사람들끼리 뿐만 아니라 세계의 어떤 나라 사람들과도 능숙하게 대화하고 협력하는 것이 필요한 사회가 다가오고 있다.

그런데 이러한 하이터치를 어떻게 하면 학생들이 획득할 수 있게 할 수 있을까? 하이터치는 또래관계의 경험을 통하지 않고서는 길러질 수 없는 것이므로 선생님은 신뢰와 우호적 감정의 또래집단이 형성되도록 도움으로써 간접적으로 하이터치를 획득하도록 도울 수 있다.

정신분석학자인 에릭슨(Erik Erikson)은 초등학교 연령에 속하는 학령기(6~12세)는 근면성 대(vs) 열등감의 시기라고 하였다. 노력하여 성취하면 근면성이 생기고 노력한 결과를 맛보지 못하면 자신에 대해 열등감을 갖게 된다는 것이다. 에릭슨이 자신의 저서에서 아동은 발달하면서 가족 내에는 자신을 위한 미래가 없다는 것을 깨닫게 되고, 그래서 보다 넓은 성인 세계에서 필요한 다양한 기술과 과업을 자기 자신에게 적용시키기 시작한다고 했다.[2] 이 시기에 자기가 노력한 결과를 인정받게 되면 성취의욕이 고취되고 노력의 중요성을 체험하면서 근면성이 길러질 수 있다. 따라서 아동들은 다양한 면에서 노력을 인정받아야 한다. 너무 학업성취도에서만 성취를 인정받는다면 공부를 잘하는 몇 명의 학생 외에 대부분의 학생은 열등감을 느끼고 성취의욕이 위축될 것이다. 학생들에게 자기의 능력을 발휘할 수 있는 발표기회를 다양하게 주어서 노력을 인정받을 기회를 최대한 확대해 주어야 한다. 선생님은 예술적 활동, 운동기능, 친절, 유머 감각, 손재주 등 다양한 분야에 대해서 주의 깊게 보고 관심과 칭찬을 해줄 필요가 있다. 또래들끼리 서로 칭찬해 주기 시간을 갖는 것도 효과적이다. 비단 공부뿐만 아니라 제기차기, 줄넘기, 굴렁쇠 굴리기, 철봉운동 등 놀이나 운동을 잘 하는 것도 친구들에게 인정받게 되면 근면성 형성에 큰 도움이 된다. 따라서 활발한 또래활동은 학습이나 일 외에 근면성을 발달시킬 수 있는 또 하나의 큰 기회가 될 수 있다.

청소년기(12~22세)는 '정체성 vs(대) 혼란'의 시기로 내가 누구인지에 대한 생각을 많이 하게 된다. 정체성을 획득하지 못하면 혼란을 겪게 되고 진로 문제를 정하는데도 영향을 미칠 수 있다. 이 단계에서 학생은 자신의 가치관과 생각에 누군가 공감해주고 지원받기를 원하는데 친구나 또래가 이러한 역할을 해 줌으로써 정체성 확립에 큰 도움을 받을 수 있다. 물론 정체성은 또래 친구가 아닌 선생님이나 부모, 또는 주변에 다양한 인물로부터도 영향을 받을 수 있다.

정체성이 바로 잡히면 마음의 안정을 가져와 자기가 하는 일에 집중할 수 있다. 그러나 정체성에 대한 확립이 이루어지지 않았을 때, 삶의 목표와 방향 설정에도 어려움을 겪고 방황의 시간이 길어질 수 있다.

위와 같이 또래관계는 사회성을 길러줄 뿐만 아니라 근면성과 정체성 발달에도 지대한 영향력을 끼친다. 긍정적인 또래관계 촉진을 위해서 선생님의 관심과 지원이 필요하다. 선생님은 학급을 하나의 신뢰와 우호적 감정의 공동체로 보고 누가 잘 어울리지 못하는지를 파악하고 잘 어울리지 못하는 학생을 여러 가지 방법으로 도와주어야 한다.

초등학교 학생의 경우, 자유놀이 시간을 주고 선생님은 좀 떨어져서 학생들이 노는 모습을 관찰하게 되면 누가 잘 못 어울리는지 쉽게 파악할 수 있다. 잘 못 어울리는 친구를 위해서 선생님은 다음 〈표 1〉과 같은 방법으로 도움을 줄 수 있다.

2) Fergus P. Hughes, 유미숙 외 역, 「놀이와 아동발달」, 시그마프레스(2012), p.134

표 1 또래관계를 위한 선생님의 지원 방법

방 법	내 용
학생 이해하기	관찰과 개별 상담을 통해서 학생의 또래관계에 대한 적응능력을 파악한다.
도우미 친구 활용하기	또래관계가 좋은 학생에게 친구와 잘 어울리지 못하는 학생을 도와주도록 협조를 구한다.
또래관계 적응력 향상을 위한 상담	친구들이 좋아하는 행동과 싫어하는 행동에 대한 이해를 바탕으로 스스로 행동수정을 위한 노력을 하도록 한다.
치료	우울증이 심각하거나 분노조절이 안 되는 학생에게는 전문 상담사나 정신과의사에게 치료를 받을 기회를 제공하도록 한다. 이 과정에서 학부모의 협조가 필요하다.
친구들과 유쾌한 체험을 할 수 있는 다양한 기회 제공	친구 사귀기 상담 프로그램 운영, 협력학습, 놀이 시간 제공, 스포츠 리그전 기회, 연극 및 합창 지도, 팀별 과제 수행을 하는 현장체험학습, 영화 관람 등

선생님과 학생의 긴밀한 관계 형성이 중요하다

대학원 다닐 때, '사회과 탐구수업의 저해 요인'이라는 주제로 논문을 쓰면서, 탐구수업을 하기 위해서는 선생님과 학생의 관계가 중요하다는 것을 깨달을 수 있었다. 좀 강조해서 설명한다면 선생님과 학생이 서로 자기의 비밀과 꿈을 이야기할 수 있을 만큼 친밀한 인간관계가 맺어져야 제대로 된 탐구수업을 할 수 있다.

창의성 교육을 연구하는 과정에서 이런 필자의 생각에 대하여 더욱 확신하게 되었다. 창의성의 중요한 요소는 관련 분야에 대한 지식과 경험, 창의적 사고방법, 과제해결에 대한 동기이다. 선생님과 긍정적 인간관계를 맺게 되면 바로 이 과제 수행에 대한 동기를 부여할 수 있다는 점을 알게 되었다.

또래관계 지원, 인성교육, 창의성 수업 또는 사고력 신장 수업 등 모든 교육적 활동에 학생과의 긴밀한 인간관계 형성이 중요하다. 학생과 선생님과의 인간관계가 학생들의 바람직한 행동에 적극적인 참여 동기를 주기 때문이다.

그렇다면 선생님과 학생은 어느 정도까지 밀접한 관계를 형성해야 하는지, 또 신뢰관계를 구축하기 위해서는 어떤 방법이 있을까?

학생이 내 이름을 기억할 수 있을 때 나는 비로소 그 학생의 스승이 된다

선생님이 학생들과 의사소통을 하고 인성교육과 창의성교육을 제대로 수행하여 스승의 역할을 하기 위해서는 어느 정도로 유대가 필요할까?

첫째, 학생에게 고민이 있으면 제일 먼저 선생님에게 달려와 고민을 털어놓고 함께 이야기할 수 있어야 한다. 학생이 선생님에 대해 두터운 신뢰와 친밀감을 가질 때 이것이 가능하다.

둘째, 선생님이 학생을 가르친 후에도 학생이 선생님의 이름을 오래오래 기억할 수 있어야 한다. 학생의 말을 경청해 주고 학생을 신뢰해 주며 격려해 준 선생님의 이름을 학생은 결코 잊지 못한다.

셋째, 학생들의 바른 인성 형성에 긍정적인 역할을 해야 한다. 언행에 모범을 보이고 도덕적 판단 능력과 도덕적 행동의 실천 능력을 함양해 주어야 한다. 비행 학생이 선생님의 감화와 선도로 그 행동을 멈출 수 있을 때 그 학생은 평생 그 선생님을 스승으로서 존경하게 된다.

표 2 학생과 신뢰관계 구축 방법

방 법	내 용
학생 맞이해 주기	아침에 교실 등교하는 학생을 맞이해 주면서 학생들의 상태도 살핀다.
긍정의 대화	긍정의 대화방법은 학생들의 마음을 치유하고 자신감과 용기를 준다. 많은 연구와 수련이 필요하다.
상담	정기적으로 모든 학급 학생들을 대상으로 일대일로 상담하는데 미리 상담 주제를 정하면 효율적인 상담이 이루어질 수 있다.
민주적인 학급 운영	학생 자치활동을 독려하되, 학생들에게만 맡기지 말고 선생님도 관심을 가지고 지도를 한다. 학생에게만 맡기면 비민주적인 벌칙을 정할 수도 있고 일부 학생이 학급회의를 좌우할 수 있다.

학생 맞이하기로 하루를 시작하자

아침에 교실에 들어오는 학생을 따뜻한 미소로 맞이해 준다. 이때 학생들의 표정을 잘 살펴보면 건강상태나 학생의 기분을 파악할 수 있다. 건강이나 표정이 몹시 안 좋은 학생에 대해서는 관심을 가지고 도와준다.

인간은 어떤 일에 몰입할 때 행복을 느끼는 경우가 많다. 일에 몰입할 때, 놀이에 몰입할 때, 이성을 사귀는데 몰입할 때, 어떤 취미에 몰입할 때 만족감을 느낄 수 있다. 정말 교육에 몰입하는 선생님들은 교육활동에 대한 만족감과 자부심이 높다. 이런 선생님들은 대개 학생들보다 조금 일찍 출근하여 등교하는 학생을 한 명 한 명 맞아준다.

필자가 근무했던 학교에서는 아침마다 유치원 선생님들이 현관에 서서 학생들을 기다린다. 학부모가 자녀를 데리고 오면 반갑게 이름을 부르면서 인사를 한다. 그리고 가볍게 포옹을 해주고 학생의 가방을 받아주고 학생의 손을 잡고 자리까지 데려다 준다. 많은 초·중등학교의 교감, 교장선생님들이 교문에서 학생을 맞이해 주는 모습도 자주 볼 수 있다.

긍정의 대화는 선생님과 학생의 마음을 이어주는 다리가 된다

한 교실의 학생은 다양하게 구성되어 있다. 품성이 바르고 육아를 제대로 하는 부모를 둔 학생도 있고 부모 자체의 성격이 원만하지 못하고 육아에 서투른 부모 밑에서 자란 학생도 있다. 이 모든 학생들과 소통하고 이들에게 용기를 주는 대화방법이 있다. 우리가 지금까지 일상적으로 사용하고 있는 대화는 대부분 교육적 효과가 미미하다. 학생들에게 책임감과 문제해결력을 길러주는 교육적 대화의 예를 한 번 살펴보자.

학생이 교실에서 공놀이를 하다가 실수로 화분을 엎은 상황에서 선생님은 어떻게 대화를 해야 할까?

아이쿠 저런! 다친 데는 없니?

라고 말하여 학생의 당황스럽고 놀란 마음을 진정시켜주면서 실제로 다친 데가 없는지 잘 살펴준다.

학생의 마음이 진정되었을 때

선생님은 네가 스스로 한 일에 대하여 책임지는 모습을 보고 싶구나. 어떻게 해야 할까?

라는 두 번째 질문을 하여 학생이 자신의 행동에 대해 책임감을 갖고 문제를 해결하도록 한다.

아이는

일단 깨진 화분과 흙을 치울게요. 그리고 화분이 하나가 없어졌으니 다시 친구들과 씨앗을 심을까요?

이와 같이 학생이 해결방법에 대해서 여러 가지 의견을 내놓았을 때 이렇게 대답할 수 있다.

선생님은 네가 자신이 한 행동에 대해서 책임지는 모습을 보여 주어서 고맙다. 그리고 문제해결을 위해서 성실하게 의견을 말해 준 네가 자랑스럽구나!

우리가 일상적인 대화를 한다면

선생님이 공은 바깥 운동장에서 가지고 놀라고 했잖아?

네가 화분을 엎었으니 빨리 치워.

이런 식으로 질책할 수 있다.

이렇게 말했을 경우, 학생들은 운이 없어서 선생님께 호되게 혼난 것으로 생각하고 그 날 수업도 망칠 것이다. 또한 선생님과의 관계도 서먹서먹해 질 수 있다. 그리고 이러한 기분이 방과 후에도 종일 지속될 수도 있다.

그러나 대화 방법을 위에서 든 예와 같이 바꾼다면 학생은 자기문제에 책임을 지는 태도와 문제해결력을 기를 수 있으며 선생님과의 관계도 한층 친밀해질 것이다.

필자가 근무하던 학교 선생님, 유치원 선생님 그리고 학부모들이 대화방법에 대한 연수를 집중적으로 받았다. 일부 선생님들은 매주 1회 2시간씩 진행되는 버츄 프로젝트(Virtues Project)와 긍정의 대화 방법에 대한 연수를 11회 연속 받았다. 강의 도중 탄성과 환호가 빈번히 나올 정도로 강의실 안은 온통 배우고자 하는 열기로 가득 찼다. 이 연수에 참여한 대부분의 선생님과 학부모는 자녀 교육뿐 아니라 삶에 대한 어떤 통찰력과 지혜를 얻은 것처럼 보였다. 참여자들은 평소에 자신이 얼마나 학생들과 자녀 또는 주변 사람들과 대화를 잘못하고 있는지를 깨달았다. 그리고 지금까지 학생이나 자녀에게 한 말에 대해서 미안하게 생각하고 심지어 후회의 눈물을 흘리는 사람들도 있었다. 버츄 프로젝트는 덕목이 적혀 있는 카드를 활용하여 선생님과 학생, 학생과 학생 사이에 대화를 나누면서 덕목을 실천하는 프로그램이다. 미덕의 보석, 버츄카드는 버츄 프로젝트 인터내셔날(Virtues Project International)이 개발한 인성교육 도구로서 전 세계 모든 문화권에서 소중히 여기는 보편적 미덕, 곧 감사, 배려, 사랑, 신뢰, 창의성, 화합 등 총 52가지 미덕을 담고 있다. 이 덕목 카드를 활용하는 방법에는 여러 가지가 있다. 예컨대 학생들은 52개의 덕목카드 중 한 장을 뽑아서 그 의미를 이해하고 하루 또는 일주일 동안 그 덕목을 실천하고 그 실천 결과를 친구들에게 발표함으로써 덕을 기를 수 있다. 또는 자기가 취약하다고 생각하는 덕목을 선택하여 그 덕목을 집중적으로 실천함으로써 새로운 미덕을 갖출 수 있다. 이러한 덕목 카드를 통한 인성교육은 협력학습 형태로 할 수도 있고 학생이 스스로 카드를 활용하여 자기의 인성을 도야할 수도 있다. 덕목 카드에 있는 덕의 정의를 읽는 일, 덕목을 주제로 친구들과 토의하는 일, 자기와 타인에게서 덕목을 찾아보는 일 그리고 이 덕을 계획하고 실천하는 과정 모두가 인성교육에 긍정적인 영향을 미칠 수 있다.

여러 학급에서 교실 곳곳에 버츄프로젝트 실천을 위한 자료가 게시될 정도로 선생님들이 이 프로그램을 교육에 적극적으로 활용하고 있다. 이 교육 프로그램을 운영하는 과정에서 덕목 카드를 매개로 선생님과 학생 사이에 많은 대화가 이루어질 수 있다. 어떤 학급은 1교시 수업 시작 전에 매일 버츄카드를 활용해서 인성교육을 하고 있다. 유치원 선생님들도 '버츄카드를 활용한 인성교육'이라는 주제로 교육력 제고 팀을 구성하여 매일 인성교육을 하고 있다. 유치원에서는 유아들에게 버츄카드에 기록되어 있는 내용이 너무 어렵다고 판단하여 유아들도 이해할 수 있도록 버츄카드를 새로 제작하여 활용하고 있다. 이런 유치원 선생님들의 활동은 필자에게 큰 감동을 주었으며 그 때 당시 병설 유치원원장으로서 선생님들에게 무한한 감사의 마음을 전하고 싶다.

유치원학생을 위해서 만든 카드 사진(10가지 중 2가지)

상담은 영혼과 영혼의 만남이다

학생들은 가족과의 관계, 친구관계, 성적문제, 진로, 외모, 건강 등의 문제로 여러 가지 고민을 가지고 있는 경우가 많다. 이러한 고민을 누군가 들어주고 공감만 해 주어도 학생들에게 큰 위로가 된다. 아무도 자기 말을 들어줄 사람이 없는 상황에 처한 학생은 마치 사막에서 혼자 길을 잃고 헤매는 상황과 다를 바 없다. 상담을 통해서 선생님과 학생 간에 마음과 마음의 소통이 이루어지면서 비로소 이러한 상황이 선생님에게 발견되고 이러한 발견의 순간이 바로 영혼과 영혼의 만남의 순간인 것이다. 상담과정 자체가 피담자를 무조건적으로 존중하고 편안하게 해 주며 전문적인 대화방법에 의해 진행되므로 깊은 대화를 가능하게 한다. 이러한 만남의 과정을 통해서 학생은 다시 일어설 수 있고 선생님과 학생 사이에 신뢰와 우호적 감정의 관계가 구축될 수 있다.

필자가 전문상담교사자격 과정을 이수하면서 3학년 학생 6명을 대상으로 1주일에 1회씩 2개월에 걸쳐 집단 상담을 한 적이 있다. 주제는 '친구들과 사이좋게 지내기'였다. 이러한 장기간의 상담을 할 때는 상담의 윤리와 과정의 준수가 중요하므로 전문상담교사자격을 이수하거나 상담 전문가의 도움을 받아서 상담을 진행하는 것이 바람직하다. 그러나 일상적인 대화 수준의 상담을 할 때는 이러한 엄격할 절차를 밟지 않아도 되지만 비밀은 반드시 지켜 주어야 한다.

필자의 지인인 한 교장선생님은 담임선생님과 학생들이 주기적으로 개별대화를 하도록 구체적인 프로그램을 만들어서 운영하고 있다. 그 학교 담임선생님은 모든 자기 반 학생들과 한 달에 4회 이상 개별대화를 하고 이를 기록한다. 그 결과 학생들의 행동이 달라지고 학부모가 학교와 선생님을 대하는 태도가 달라졌다. 당시까지 그 초등학교 졸업생의 입학을 꺼려하던 중학교 생활지도 선생님이 이제는 그 학교 졸업생을 환영하게 되었다고 한다.

창의·인성수업을 통해서 또래관계를 효과적으로 지원할 수 있다

여기서는 수업을 통한 또래관계 촉진자의 역할을 살펴보고자 한다. 선생님이 학생들과 가장 접촉을 많이 하고 있는 때가 바로 수업시간이다. 따라서 수업시간을 통한 학생들의 또래관계 지원 방법에 대한 탐색이 필요하다. 또래관계를 촉진하기에 적당한 수업의 방법으로 창의·인성수업이 효과적이라고 본다. 창의·인성수업에서는 협력학습을 통한 집단창의성을 함양하고자 하므로 깊이 있는 개인의 생각을 서로 교류하면서 팀원 간에 또는 다른 팀과의 밀접한 유대와 협력이 요구된다. 창의·인성수업을 잘 하는 선생

님은 선생님과 학생의 관계, 또래와의 협력적인 관계를 매우 중요시한다. 창의·인성수업을 운영하는 가운데 학생들은 또래끼리 소통, 공감, 배려, 책임, 협력, 존중 등의 덕목을 체험으로 배울 수 있다. 수업 참여자에 각 학생의 이러한 덕목이 잘 발휘될 때 각 학생의 인성뿐만 아니라 지적 능력도 향상될 수 있다. 공동의 협력학습을 통해서 지적 발전을 체험하게 되면 더욱 친구에 대한 신뢰와 우호적 감정이 두터워질 수 있어서 또래관계가 공고해 질 수 있다.

다음 교수·학습 과정안은 필자가 근무한 학교의 수업연구부장 선생님이 만든 것이다. 이 선생님은 창의·인성수업 연구 동아리를 운영하고 있으며 도덕적 덕목의 습관화 프로그램을 만들었는데 이 프로그램을 3학년 이상 모든 학급에서 활용하고 있다. 학생들은 도덕적 습관화가 되었을 때 비로소 인성의 변화가 일어난다는 점에서 이 선생님이 개발한 습관화 프로그램은 매우 중요한 의의가 있다.

이 교수·학습 과정안의 창의·인성 요소 난에서 제시한 배려, 존중, 협동은 바로 또래관계 형성을 위한 덕목이기도 하다.

(음악)과 교수·학습 과정안

수업일시	2016. 11. 07. (월) 5교시	학년 반	6학년 1반	지도 교사	서○○
		재적	25명 (남13 여12)		
단원	8-2 나도 작곡가	쪽수	152-153쪽	장소	6학년 1반 교실
주제	리듬과 가락창작하기	교수학습 모형	창작 학습 모형		
학습목표	리듬과 가락을 창의적으로 만들어 연주할 수 있다.	준비물 학습자료	교사	전자피아노, 동영상	
			학생	개별 및 모둠학습지, 각종 가락악기, 리듬악기	
창의·인성요소	배려, 존중, 협동, 창의적 사고				
인성교육목표	모둠원간에 배려하고 적극적으로 협력한다.				
협력학습 수업전략	모둠원 간 돌아가며 말하기를 통해 다양한 의견을 존중 및 배려하며 각 모둠원의 리듬과 가락을 들어보고 한마디씩 연결하여 함께 연주하거나 노래를 부를 수 있도록 한다.				

학습 단계	주요 활동	교수·학습활동: 교사	교수·학습활동: 학생	시간	협력학습 활동자료 및 유의점
문제 확인	동기유발 전체 학습	● **연주 및 노래** - 여러 가지 곡을 연주해봅시다. - 음악을 연주할 때의 기분은 어떠한가요? - 오늘은 우리가 음악을 만들어봅시다.	- 재미 있습니다. - 흥이 납니다.	3′	다양한 리듬악기, 가락악기
	학습문제 확인	주리듬과 리듬 오스티나토를 이용하여 리듬에 어울리는 가락을 창의적으로 만들어 연주할 수 있다.		1′	
	학습활동 안내	● **[활동 1] 리듬과 리듬오스티나토 만들기** ● **[활동 2] '도,레,미,솔,라'의 5음을 활용하여 주리듬과 리듬 오스티나토에 어울리는 가락을 창의적으로 만들어 연주할 수 있다.** ● **[활동 3] 발표하기**			
탐색 하기	제재곡 탐색하기 전체 학습 개별 학습	● **[활동 1] 리듬과 리듬오스티나토 만들기** ■ **주어진 리듬을 보고 손뼉치기로 연주하기** ■ **148쪽 독도 리듬 익히기** 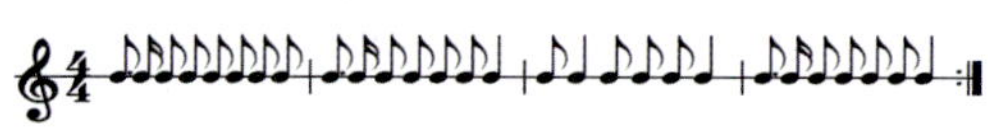 - 기본박을 들으며 리듬을 말리듬으로 연주한다. - 리듬을 손뼉치기로 연주한다. ■ **빠르기, 셈여림, 음색, 순서 등을 다양하게 변화시켜 리듬을 연주한다.**		5′	각 리듬 오스티나토를 지도하면서 학생들이 리듬분할의 개념을 이해 할 수 있도록 한다. 학생들이 창의적으로 리듬분할을 하고 리듬에 맞게 가락을 창작할 수 있게 한다.

창작 하기	모둠내 협력학습	● [활동 2] '도,레,미,솔,라'의 5음을 활용하여 주리듬과 리듬 오스티나토에 어울리는 가락을 창의적으로 만들어 연주할 수 있다. 주 리듬 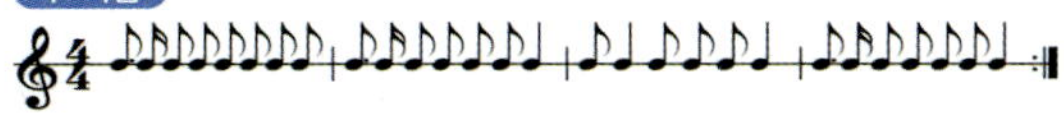 ■ 연주한 리듬에 도,레,미,솔,라'의 5음을 활용하여 주리듬과 리듬 오스티나토에 어울리는 가락을 창의적으로 만들어봅시다. ■ 교과서 149쪽에 창작한 가락을 오선악보에 나타내어 봅시다.	15′	개인별 및 모둠 가사 창작 학습지 가락악기, 리듬악기 발표 시 경청하도록 유의한다.
일반화 하기	창작내용 일반화 하기	● [활동 3] 창작한 가락 연주하고 발표하기 ■ 모둠별로 한명씩 돌아가면서 창작한 가락을 발표해봅시다. ■ 모둠원의 발표 중 잘된 작품을 골라 모둠별로 연습하여 원하는 악기로 발표해봅시다. ■ 가락을 창의적으로 잘 만든 친구의 연주를 함께 연주해 봅시다.	12′	짝과 함께 다른 모둠이 창작한 가락에 대해 이야기를 나눈다.
정리 하기	정리하기 차시 예고하기	● 정리하기 ■ 자기 평가지에 가락 창작 활동에 대한 자기 평가를 한다. ■ 친구들의 연주를 듣고 피드백을 한다. - 친구의 연주를 듣고 잘한 점, 칭찬할 점 등에 대하여 이야기한다. - 나의 연주에 대한 친구들의 평을 듣고 자기평가를 한다. ● 차시 예고하기 - 다음 시간에는 기악합주를 해보겠습니다.	3′	
평가 계획	평가목표	'도,레,미,솔,라'의 5음을 활용하여 주리듬과 리듬 오스티나토에 어울리는 가락을 창의적으로 만들어 연주할 수 있는가?		
	평가방법	지필평가,관찰평가	평가물	개인별 및 모둠별 창작 학습지
	평가내용	• (지식) '도,레,미,솔,라'의 5음을 활용하여 주리듬과 리듬 오스티나토에 어울리는 가락을 창의적으로 만들 수 있는가? 창작한 가락을 정확하게 악보에 기보할 수 있는가? • (인성) 모둠원간에 배려하고 친구의 발표시 적극적으로 경청하는가?		
피드백	다양한 리듬과 가락에 가사를 창의적으로 만드는 활동을 제공할 수 있다.			

모든 선생님들은 교수·학습 과정안을 작성하지만 주로 연구용이나 발표용으로 작성한다. 이러한 교수·학습 과정안은 수업의 발전을 위해서 꼭 필요하다. 그러나 교수·

학습 과정안을 수업을 할 때마다 작성해서 활용하기는 어렵다.

현재 대부분의 선생님들이 작성하고 있는 교수·학습 과정안에는 두 가지 문제점이 있다. 첫째, 평소의 수업에 활용하기에는 교수·학습 과정안을 작성하는데 너무 많은 시간이 걸린다는 점이다. 둘째, 학생의 자연스러운 학습 진도에 맞추기보다 교수·학습 과정안에 설계된 치밀한 계획에 의해서 수업이 강행될 수 있다는 것이다. 창의·인성수업은 충분한 숙고와 토의 그리고 예상되지 못한 문제의 발견으로 수업의 방향이 바뀔 수도 있어야 제대로 된 수업이라고 볼 때 융통성이 있는 교수·학습 과정안이 필요하다. 아래와 같이 간단하게 작성할 수 있는 교수·학습 과정안을 제시한다.

평상시에 활용할 수 있는 창의·인성 교수·학습 과정안 예시

단 원	2-2 외세의 침략과 우리 민족의 대응	단원차시	14~15 /16	누가시수	37/56
학습주제	개화 정책과 근대문물로 달라진 사회 모습 알아보기			교과서	94-96
학습제재	❸ 대한 제국을 선포한 뜻은?			사회탐구	99-101
학습목표	근대문물의 도입이 백성들의 생활에 어떠한 변화를 가져왔는지 설명할 수 있다.				
창의·인성 요소	모둠별 구성원으로서의 책임, 협력, 배려, 존중 자료 해석에 대한 독자성, 창의적 사고기법에 대한 이해와 적용				
주요개념 기 능	문물, 개화기 당시 조선의 문물, 외래 문물, 개화정책, 외래 문물의 영향 자료 수집, 정리, 분석, 추론 기능 협동하는 태도(소통, 배려, 책임, 협동 등)				
수업 모형 또는 전략	탐구학습, 브레인스토밍, 육색사고모기법[3] 활용(외국문물 도입에 대한 다각적 사고하기) 개화기의 외국문물에 대한 사람들의 반응장면 역할극(모둠별 발표)				
장소, 준비물	14차시 – 컴퓨터실, 15차시 – 학급 교실, 개화기 백성들의 생활모습				
수업의 흐름	동기유발 → 학습목표 정하기 → 자료수집 → 자료 분석(1차시) → 역할극 발표 → 결론내리기 → 적용하기 → 평가하기(2차시)				
수행평가	일반 학습 목표 평가	근대문물의 도입 백성들의 생활에 어떠한 변화를 가져왔는지에 대해서 세 가지 이상 설명할 수 있다(두 가지 이상 설명 :중, 1가지 이하: 하).			
	창의·인성 교육 목표 평가	팀원들과 활동하는 과정에서 책임, 존중, 배려, 협동성을 관찰하여 평가하고 창의적 사고 기법을 이해하고 적용하는 능력, 독자적으로 자료를 해석하고 결론을 내리는 능력을 평가한다.			
유의점	학생들이 달성해야 할 목표, 주요 개념과 기능을 수업 시작할 때 알려준다. 외국 문물 도입의 긍정적인 측면 외에 다양한 각도에서 판단하도록 한다.				
차시예고	일제 침략기의 독립운동가의 활동내용과 우리민족에 끼친 영향				

※ 수행평가 부분의 창의·인성 교육목표 평가 난은 매 수업마다 반복되는 부분이므로 평가와 기록은 하되 교수·학습 과정안 작성을 할 때는 생략할 수 있다. 이러한 부분의 평가는 자기평가, 상호평가 그리고 선생님의 평가를 병행한다면 보다 수월하게 평가가 이루어질 수 있다.

이 교수·학습 과정안은 하나의 예로 만든 것이므로 정말 수업을 잘 하는 선생님이 실용적이고 간단한 교수·학습 과정안을 많이 만들기를 바란다. 교수·학습 과정안 작성은 수업을 위한 최선의 준비다. 교수·학습 과정안을 작성하지 않고 수업을 진행할 경우, 학생들의 적극적인 반응과 참여를 일으키기 어렵고 수업의 흐름도 매끄럽지 못하다. 학생들의 적극적인 참여와 지적 향상이 이루어질 때 수업을 통한 인성교육 또는 또래관계 형성에 도움이 된다. 학생들 간에 상호작용 없이 각자 배우는 수업에서는 또래관계의 참여나 협력을 할 기회가 주어지지 않는다. 따라서 수업의 질과 또래관계 촉진은 밀접한 관계가 있다.

모든 수업에서 교수·학습 과정안이 필요하다. 한 학교를 단위로 각 학년별, 교과별로 위에서 예시한 간단한 교수·학습 과정안을 해마다 누적해서 만든다면 전 학년 전 교과에 대해서 교수·학습 과정안이 만들어질 수 있다. 이것이 만들어진다면 선생님들이 앞서 만든 선생님들의 교수·학습 과정안을 조금씩 수정해서 사용하게 되면 교수·학습 과정안을 만드는 시간을 10분으로 축소할 수도 있다. 이렇게 선생님들이 모든 수업에서 교수·학습 과정안을 작성하여 사용한다면 우리교육의 수준은 한 단계 이상 상승할 것이다.

팀 세우기(team building) 수업을 통한 또래관계 촉진

학년 초에 수업을 위한 학습조직을 하게 된다. 학습조직은 반 전체 학생을 몇 개의 소집단으로 나누어서 구성하는데 이 소집단을 보통 팀 또는 조라고 부른다. 여기서는 팀이라고 하기로 한다. 수업의 질과 학생들이 주의 집중도는 선생님과 학생의 유대관계와 학생 상호간의 팀 결속력에 의하여 크게 영향을 받는다. 따라서 학년 초에 학습조직을 할 때 여러 수준의 학생이 한 팀이 되도록 한다. 성적도 잘 하는 학생, 중간 학생, 학습 속도가 느린 학생을 골고루 섞이게 한다. 그리고 리더십을 갖춘 학생도 각 조에 한 명 이상 씩 포함되도록 한다. 이렇게 학습 팀이 조직된 후에는 팀의 결속을 다지는 수업을 2차시 정도 한다. 이렇게 팀의 결속을 다지는 수업활동을 팀 빌딩이라고 한다. 모든 협력학습에서 팀 빌딩 효과가 나타날 수 있으며 이 과정에서 인성교육과 또래관계 촉진이 매우 효과적으로 이루어질 수 있다. 이러한 팀 빌딩을 위한 교수·학습 과정안을 부록으로 제시하였다. 이것을 제공한 선생님은 필자가 근무하던 학교의 교무부장으로서 서울시에 있는 많은 초등학교를 방문하여 다양한 협력학습을 전수하고 있으며 팀 빌딩 수업활동을 통하여 강력한 협력 학습공동체를 만듦으로서 항상 활기가 넘치고 학생 참여율이 매우 높은 수업을 진행하고 있다.

---

3) 영국의 심리학자(Edward de Bono)가 고안한 이 기법은 학습자들이 여섯 가지 각기 다른 색의 모자를 쓰고, 모자 색깔이 의하는 유형의 사고를 하게 하는 것이다. 예컨대, 백색모를 쓴 경우에는 중립적이고 객관적인 사고를 하고 흑색모를 쓴 경우에는 비판적이거나 부정적인 사고를 한다. 이 방법을 사용하면 여러 가지 측면에서 폭넓은 사고를 할 수 있다.

온라인 세상 속에서 동시 감상을 통한 공감과 우호적 감정 나누기

시 교육은 감성과 창의성을 길러주는데 효과가 매우 큰 영역이다. 대부분의 학교에서는 시 교육이 교과서에 나오는 시를 읽고 해석하는 수준에서 그치고 창작지도에 까지는 이르지 못하고 있다. 이것은 많은 교과진도를 나가기에 바빠서일 수도 있고 시를 창작하는 일이 전문성을 요하는 일이기 때문일 수도 있다고 생각한다.

요즘은 초등학교에서 백일장을 하는 학교가 줄어들고 있는 추세이다. 이러한 상황에서는 아무리 글재주가 뛰어난 학생이 있다 할지라도 자신의 소질을 확인할 길이 없겠다는 생각에 2015년 9월 전교 학생을 대상으로 백일장 대회를 열었다. 대회가 끝난 다음에 각 학년 우수작품을 읽어 보았는데 학생들이 글을 쓰는 수준이 매우 실망스러웠다. 특히 시 부분은 더 수준이 낮았다. 이 학생들의 글을 읽는 순간 '나는 학교장으로서 도대체 왜 이 자리에 있는가?'라는 의문이 들면서 자존심이 많이 상했다.

이 문제를 해결하기 위해 많은 고민 끝에 시인으로 퇴직한 선생님을 초대하였다. 이 분은 학교 재직 시에 매해 전교 학생을 대상으로 시화전을 열었을 정도로 학생 시 지도에 열성이 대단한 분이었다. 필자는 선생님들과 협의한 끝에 이 분을 초대해서 4학년 이상 모든 학생에게 시를 짓는 방법을 지도하기로 하였다. 그리고 그 이듬해인 2016년에는 3, 4학년을 대상으로 시 짓기 지도를 하였다. 이를 실천하는데 따른 문제점은 선생님들이 교과진도를 나가야 하기 때문에 많은 시간을 시 짓기 수업에 사용하기 곤란하다는 점이었다. 선생님들과 협의 끝에 시를 짓기 위해서 최대로 확보한 시간이 3차시의 수업시간이었다. 그러나 3차시의 수업 시간으로는 시 창작 지도를 하기에 너무나 부족할 것으로 생각했다. 그래서 이 시간의 한계를 극복하는 방법으로 인터넷을 이용하기로 하였다. 즉 3학년 이상의 학생이 3차시 동안 교실에서 시 창작 지도를 받은 후에 자기가 쓴 시를 학교홈페이지에 올리는 것이다. 이를 위해서 학교홈페이지 학생마당 창에 동시배우기 창을 만들었다. 학생들이 동시를 이 창에 올리면 시인 선생님이 학교홈페이지에 들어가서 첨삭지도를 해 주는 것이다.

일부 선생님들은 이러한 지도 방법에 대해서 그 효과성에 의문을 표하기도 했지만 이러한 방법은 매우 효과적이었다. 학생들은 시를 동시배우기 창에 올리면서 다른 친구들의 시를 읽고 시인 선생님이 첨삭 지도한 내용도 읽었다. 이렇게 다른 친구의 첨삭지도를 읽으면서 학생들은 수업시간에 배운 이상으로 시 짓는 방법을 깨우칠 수 있었다고 생각한다. 학생들은 친구의 동시를 읽는데 그치지 않고 친구의 동시를 공감해 주고 칭찬해 주는 댓글을 달아 주었다. 부정적인 말이나 비난하는 글은 없었다. 나중에는 동시 지도에 관심이 있는 담임선생님도 이 창에 들어와서 자기 반 학생의 시 하나하나를 읽고 댓글을 달아 주었다. 그 결과 이 창이 시를 통해서 서로를 공감하고 우호적 감정을 나누는 건전한 놀이마당이 되었다. 학생들은 평소에 자기가 느낀 감정을 아주 자연스럽게 시로 표현하였고 재미있는 시가 많았다. 특히 담임선생님이 직접 들어가서 공감과 격려의 댓글을 달아준 학급의 시가 눈에 띄게 우수했다.

2016년 3월에 용산어린이 도서관에서 서울시 초·중·고 학생을 대상으로 글짓기 대회를 개최한다는 공문이 왔다. 필자는 우리학교 학생들의 시 창작 실력을 객관적으로 확인하고 싶어서 이 글짓기 대회에 본교 학생들을 참여시켰다. 창작 시 부문에서 40명의 수상자를 뽑았다. 이 대회에서 본교 학생 3명이 수상을 했다. 선생님들과 나는 이 결과에 만족했다. 짧은 지도 시간에 비하면 큰 성과라고 생각한 것이다. 이 대회에서 수상한 학생들은 아침 조회방송 시간에 발표를 하게 하였다. 필자는 학교홈페이지 동시창에 자주 들어가서 학생들의 시를 읽었다. 학생들의 동시를 읽어보니 학생들의 마음을 보다 잘 알 수 있었다. 그리고 학생들의 순수한 마음과 그러한 마음을 창의적으로 표현하는 능력에 대해서 많은 감동을 받았다.

시 교육을 통해서 학생들의 감성교육도 하고 동시배우기 창을 통해서 또래끼리 상호 칭찬의 댓글을 달아 줌으로써 친구끼리의 우호적 감정이 깊어지는 계기가 되었다고 생각한다. 이러한 교육의 효과를 극대화하기 위해서 166명의 학생에게 '어린이 시인 인증서'를 주었다. 학교장이 어린이를 시인으로 공식적으로 인정한 것이다. 또한 이 166명의 시를 CD에 시화 형태로 담아서 3학년 이상 모든 학생에게 나누어 주었다. 그리고 이 어린이들의 시를 2개월에 걸쳐 월요일 날마다 하는 아침 방송시간에 발표를 하도록 했다. 발표의 효과를 돕기 위해서 필자는 직접 PPT를 활용해서 시화를 만들고 음악을 넣어서 학생들이 이 시화를 화면으로 내 보내면서 시를 발표하게 하였다. 이 프로그램을 통해서 본교에는 시 짓기를 즐기는 학생들이 등장하게 되었다. 다음 시는 본교 학생이 지은 것이다.

가을 산

5-2 유○○

가을 산은
시집을 가나 봐요.

빨간색으로
연지 곤지 찍고,

노란색으로
비단 옷을 입고,

누가 예쁜 가을 산을
데려 갈까요?

아마 차가운 겨울바람이
휙 하고 데려갈 거예요.

아래에서 첫 번째 글은 친구가 달아 준 댓글이고 여기 선생님으로 표시된 글은 시인 선생님이 첨삭지도를 한 것이다. 여기서는 친구가 달아 준 댓글이 하나지만 20개 이상인 경우도 있다.

유●● 2015.11.19 20:26:41 덧글
산을 데려간다는 표현이 재미있다~!!

선생님 2015.11.23 10:19:16 덧글
가을산이 시집을 간다는 발견이 대단하네요. 1연에서 &'가을산은/ 시집을 가나봐요&' 로 행을 나누면 더 자연스러울 것 같네요.

놀이는 또래관계 형성을 위한 최고의 기회이다

즐거운 학급생활 속에서 선생님과 학생, 그리고 학생 상호간에 우호적인 인간관계를 맺을 수 있다. 따라서 선생님은 학급의 분위기를 재미있고 활기 넘치도록 항상 관심을 가져야 한다. 부모와 관계가 안 좋은 학생, 친구들과 잘 못 어울리는 학생, 공부 때문에 스트레스 받는 학생들도 교실에서 함께 어울리면서 스트레스를 말끔히 풀고 새로운 에너지를 얻을 수 있다. 즐거운 학급을 운영하기 위해서는 놀이나 오락프로그램 제공, 노래나 악기 연주 지도, 구기운동 리그전, 그림이나 만들기 지도, 시나 산문 지도, 그림 지도 등 다양한 교육프로그램이 있다. 리코더, 단소, 플루트 등을 일 년 동안 꾸준히 지도를 하여 그 반 학생들이 모두 악기 연주를 즐기는 사례도 있다.

놀이는 생활상의 이해관계를 떠나서 자발적으로 참여하는 목적이 없는 활동으로서 즐거움과 흥겨움을 동반하는 가장 자유롭고 해방된 인간 활동이다.[4] 놀이의 본질적 특징을 다음과 같이 네 가지로 요약할 수 있다.[5]

첫째, 놀이는 내적으로 동기화 된 것으로서 그 자체가 목적이다. 즉 놀이를 하는 것 자체가 만족을 주기 때문에 하는 것이다.

둘째, 놀이를 참여자가 자유롭게 선택하여야 한다.

셋째, 놀이는 즐거워야 한다.

넷째, 놀이는 사실 그대로의 것이 아니라는 것이다. 놀이는 놀이하는 사람의 흥미에 맞추어 현실의 왜곡과 가장이라는 요소를 포함한다.

다섯째, 놀이는 수동적이거나 무관심하기보다는 신체적으로나 심리적으로나 몰입해야 한다.

놀이에는 실외 놀이와 실내 놀이가 있다. 실외 놀이로는 사방치기, 제기차기, 굴렁쇠 굴리기, 팽이치기, 긴 줄넘기, 무궁화 꽃이 피었습니다, 도둑과 경찰놀이, 수건돌리기, 고무줄놀이, 딱지치기 등 전통놀이가 있다. 그리고 철봉, 구름사다리, 정글짐, 미끄럼틀 등 운동시설도 좋은 놀이 기구이다. 초등학교 저·중학년 학생들의 경우는 모래놀이를 좋아하는 학생들도 있다. 학생들은 한 달 정도 바깥놀이에 적응되면 위의 놀이 외에도 몇 명이 조를 짜서 달리기 시합을 하기도 하고 운동장 가에 꽃이나 식물을 관찰하기도 하며 운동장가의 나무에 있는 벌레를 관찰하기도 한다. 가을이 되면 운동장에 잠자리가 날아다닌다. 손에 잡힐 듯 말 듯 잠자리가 학생들 가까이에 날아다니면 학생들은 이것을 잡으려고 일주일 동안 매일 잠자리를 쫓아다니기도 한다. 계단에서 가위, 바위, 보게임을 하기도 하고 몇 몇이 모여서 율동을 하면서 노래를 부르기도 한다. 이러한 놀이를 선생님이 가르치되 가르친 후에 강요는 하지 말아야 한다. 놀이의 가장 중요한 점은 자유로운 선택을 보장하는데 있다.

운동장에서 하는 바깥놀이는 일기가 안 좋거나 미세먼지가 많은 날은 운영하기가 어렵다. 이때는 공기놀이, 바둑, 장기, 쌓기 놀이, 조각 맞추기 등 실내 놀이 기구를 구비해서 학생들이 날씨에 상관없이 매일 놀 수 있도록 해야 한다.

필자가 근무한 학교에서는 2교시 수업이 끝난 10시 20분부터 10시 50분까지 매일 놀이 시간을 운영하였다. 한 6개월 동안 운영했을 때 많은 선생님들은 아이들의 표정이 밝아지는 것을 발견했다. 정말로 아이들이 행복한 학교가 되고 있음을 느낀 것이다. 처음에 이 놀이프로그램을 반대하던 선생님들도 점점 본교에서 운영하는 또래놀이 프로

4) 한국학중앙연구원, 한국민족문화대백과, 네이버 지식백과

5) Fergus P. Hughes, 유미숙 외, 「놀이와 아동발달」, 시그마프레스(2012), pp. 4-5.

그램을 적극적으로 지지해 주고 자랑스럽게 생각했다. 본교 놀이 프로그램은 점차 소문이 나기 시작하여 2015년도에는 교육감님까지 방문하여 본교의 놀이교육의 현황을 보고 칭찬과 격려의 말을 아끼지 않았다.

서울시교육 정책에 따라서 많은 학교가 또래놀이를 운영하는데 매일 30분씩 하는 학교는 몇 학교 되지 않는다. 일주일에 2회만 놀이 시간을 주는 학교도 있고 매일 놀이 시간을 주지만 20분만 주는 학교가 대부분이다. 그런데 20분의 놀이시간과 30분의 놀이시간에는 큰 차이가 있다는 것을 말하고자 한다. 20분 동안 놀이시간을 주는 학교가 많은데 20분으로는 매우 부족하다. 왜냐하면 학생들이 운동장에 나오는데 5분, 놀이 후 들어가는데 걸리는 시간이 5분 정도 걸리기 때문에 학생들이 실제로 놀 수 있는 시간은 10분밖에 안 되기 때문이다. 이 10분 동안에는 학생들이 충분히 또래관계를 형성하기 어렵다. 그러나 놀이 할 시간으로 30분의 시간을 주면 20분 동안 마음 놓고 놀 수 있다. 몸에 땀이 나도록 운동을 할 수도 있고 친구들과 한두 가지 놀이를 제대로 하고 들어갈 수 있다. 놀이 프로그램을 운영하는데 있어서 시간조절은 가장 어려운 문제였다. 선생님들의 적극적인 참여와 협조가 필요한 부분이다.

놀이가 학생들을 행복하게 해 주는 이유는 다음과 같다.

첫째, 친구들과 관계가 개선되고 있다는 것이다. 즉 친한 친구가 생기고 아는 선후배가 생기게 된 것이다. 학년이 올라갈 때 반이 달라져 헤어졌던 친구들도 이 놀이 시간을 통해서 우정을 이어갈 수 있다. 놀이 시간에 꼭 자기 반 친구들과만 놀지는 않는다. 5학년 언니들이 긴 줄넘기를 하는데 2, 3학년 학생들도 뛰어 들어가 함께 줄을 넘기도 하고 선후배가 함께 모래놀이, 구름사다리, 미끄럼틀에서 놀면서 서로 친해진다. 학부모들의 말에 의하면 자녀들이 3학년쯤 되면 학교 가는 것을 좀 부담스럽게 생각하는 경향이 있었는데, 이제는 자녀들이 학교를 가고 싶어 한다는 것이다. 이제는 전과 달리 학교에 가면 친한 친구들과 선후배가 있고 즐거운 놀이가 있는 것이다.

둘째, 사람이 걷거나 달릴 때, 웃을 때 세로토닌이라는 소위 '행복물질'이 분비되어서 행복을 느낀다고 한다. 보통 학생들은 웃으며 소리치며 마음껏 달린다. 이러한 학생들의 얼굴에는 오직 즐거움만 있지 어떤 그늘도 발견하기 어렵다.

셋째, 햇빛을 많이 받는다. 햇빛을 하루 30분 정도는 받아야 몸도 건강하고 마음도 밝아진다고 한다. 햇빛을 받지 못하고 사무실에서 하루 종일 일을 하는 블루칼라 직업에 종사하는 사람들 중에 우울증을 앓고 있는 환자가 많다고 한다. 햇빛을 받게 되면 몸에 비타민 D가 생성된다. 이 비타민 D는 체내에서 칼슘과 칼륨으로 뼈를 만드는데 꼭 필요한 요소이다. 즉 학생들이 햇빛을 충분히 받아야 뼈가 튼튼하게 만들어지는 것이다. 비타민 D는 뼈를 만드는 일 뿐만 아니라 당뇨 등 여러 가지 성인병을 예방하는데도 꼭 필요한 영양소이다.

필자가 2년 6개월 근무하는 동안 이제는 하루 30분간 운영하는 또래놀이는 학교의 문화로 정착되었다. 놀이에 재미를 더하기 위해서 학생들이 가장 많이 다니는 중앙현관에 미술작품, 글짓기 등의 학생작품을 전시하여 볼거리를 제공하였다. 또한 2 주일에 한 번씩 운동장 조회대에서 장기자랑을 개최한다. 춤, 마술, 악기 연주, 댄스 등을 한다. 학생들이 교무실에 가서 장기자랑을 신청하면 학교에서 발표 날짜와 순서를 정해 준다. 학교에서는 마이크와 음향시설을 미리 준비해 주고 선생님 한 분이 사회를 본다. 가끔 반 전체가 출연하여 리코더 연주를 하기도 하고 춤과 율동을 보여 주기도 한다. 방과후 방송댄스 반, 락밴드부, 국악동아리 등이 출연해서 장기자랑의 위상을 높여 주기도 한다. 이러한 공연을 할 때는 수 백 명의 학생이 조회대 앞에 운집해서 구경을 하며 함께 흥겨워 한다. 학부모도 와서 자녀의 발표 장면을 열심히 카메라에 담는다. 때로는 연예인의 꿈을 꾸는 학생들이 자기의 재능을 이 기회에 스스로 실험해 보기도 한다. 학생들은 마음껏 뛰어놀며 공연을 함께 즐긴다. 학생들은 이러한 즐겁고 행복한 생활 속에서 친구들과 미래를 함께 이야기하며 각자의 꿈을 키워간다.

본교의 5, 6학년 학생의 50% 이상이 스포츠 동아리에 참여하고 있다. 이 스포츠 동아리 프로그램은 학생들에게 또 하나의 놀이마당을 제공한다. 토요일에 주로 스포츠 동아리 활동이 이루어지지만 다른 학교와 경기가 있을 때는 거의 매일같이 운동을 한다. 다른 학교로 대회를 나갈 때는 선생님들도 몇 분씩 따라가서 응원을 하고 학부모들도 많이 가서 자녀의 경기를 보면서 열심히 응원을 한다. 무더운 여름에도 20여 명의 탁구동아리 학생들이 학교 체육실에 모여서 탁구를 연습하더니 서울시교육감배체육대회에서 준우승을 하였다. 다른 스포츠 동아리들도 학교 간 경기에 활발하게 참여하였다.

놀이는 생존관련 인성과 밀접한 관련이 있다. 미래사회로 갈수록 개인의 지성이나 창의성을 뛰어넘는 집단지성 또는 집단창의성의 필요성이 급격히 대두되고 있다. 집단지성이나 창의성은 상호 우호적인 협력관계에서 이루어질 수 있다. 즉 다른 사람과 잘 어울리는데 필요한 공감능력, 갈등조절능력, 의사소통능력, 창의성 등이 바로 이 또래 놀이를 통해서 가장 효과적으로 길러질 수 있다. 만일 어린 사자를 다른 형제 사자나 또래 사자와 못 어울리게 한다면 사자는 성인사자가 되어서 생존하기 어렵다. 어린 사자는 사냥에 필요한 민첩성, 공격방법, 협력 기술 등을 놀이를 통해서 배우기 때문이다. 학생들에게도 놀이는 생존권이면서 동시에 인성교육에 필수조건이 되는 셈이다. 이런 측면에서 보면 놀이가 수업을 우선한다고 해도 지나친 말이 아니다. 필자는 Erickson과 Adler의 심리

학 이론 검토와 그 동안 학생지도 경험에 의하여 건강한 또래관계의 경험이 없이는 결코 인성이 완성될 수 없다는 결론에 이르게 되었다.

놀이프로그램 운영을 통해서 필자가 배운 점이 있다면, 학생들이 행복할 때 선생님도 행복하다는 것이다. 지금은 퇴직해서 학교에 나가지 않지만 운동장 가득한 학생들의 웃음소리, 외치는 소리, 민첩하게 내닫는 학생들의 모습이 귀에 들리는 듯, 눈에 보이는 듯하다.

학생들이 놀이를 하는 장면

위쪽의 사진에 나타난 줄다리기는 놀이를 하는 과정에서 자연스럽게 이루어진 것으로서 남녀나 학년 구분 없이 줄다리기를 하고 싶은 학생은 누구나 어느 한 편에 서서 줄을 잡으면 된다. 아래쪽 사진은 첫눈이 오는 날 많은 학생들이 운동장에서 마음껏 노는 모습이다.

학생들이 놀이를 하는 장면

위쪽의 모습은 한 학생이 장기자랑으로 댄스를 하고 있는 모습이다. 많은 학생들이 운집해서 구경을 하고 있고 선생님들과 학부모님들이 사진을 찍고 있다. 아래쪽 사진은 친한 또래 친구끼리 정답게 이야기를 하고 있는 모습이다.

집단 상담을 통해 또래 관계가 어려운 학생들을 도울 수 있다

간단한 대화로는 지도가 잘 안 되는 학생이 있다. 교육활동을 하다보면 강당이나 교실 입구에서 많은 학생이 이동할 때 서로 몸을 부딪치거나 발을 밟는 일이 종종 생길 수 있다. 그런데 학생에 따라서는 이것을 이해하지 못하는 사례가 있다. 이해하지 못할 뿐만 아니라 학부모까지 나서서 학교폭력대책자치위원회를 요구하는 경우도 있다.

대부분의 학생은 상대방이 실수로 자기의 몸을 부딪쳤을 때 상대방의 사과를 쉽게 받아주거나 사과를 하지 않더라도 그냥 넘어가는 경우가 대부분이다. 그러나 상대방의 실수를 실수로 인정하지 않고 고의로 자기를 공격했다고 생각하는 학생도 있다. 이러한 학생은 친구들과 분쟁이 잦고 그때마다 몹시 억울해하고 분노에 차있는 모습을 볼 수 있다. 그러나 이러한 행동은 본인의 장차 사회생활에도 저해 요인이 될 수 있고 주위의 다른 사람도 힘들게 한다.

이러한 학생은 일차적으로 가정에서 가족들과 신뢰관계 형성에 문제가 있다고 볼 수 있다. 즉 가족 구성원 하나하나에 대해서 신뢰와 친밀한 관계 형성이 제대로 안 되었다고 보는 것이다. 따라서 친구의 행동도 긍정적으로 보지 못하고 부정적인 측면에서 치우쳐서 보기 때문에 이런 행동을 하게 되는 것이다.

이러한 학생의 행동을 수정하는 것은 간단한 방법으로는 어렵다. 이 학생에게는 진정한 우정이 무엇이며 친구가 좋다는 것을 직접 체험할 수 있는 기회를 제공하는 것이 효과적이다. 이 과정에서 친구와 사이좋게 지내는 방법에 대한 학습도 함께 이루어지도록 한다.

필자는 '삶의 기술'이라는 책자에 나오는 상담프로그램을 활용해서 이러한 학생의 행동수정을 성공적으로 지도한 경험이 있다.

필자는 초등학생 3학년 담임 시절 청소시간만 되면 친구들과 자주 다투는 여학생을 발견하였다. 듣고 보면 사소한 문제로 충분히 이해할 수 있는 일을 가지고 친구들과 격렬한 다툼을 하고 있었다. 담임으로서 몇 번 지도를 해 보았지만 학생은 담임의 말을 잘 이해하지 못하였다. 그래서 이 학생을 위한 집단 상담을 하기로 하였다.

먼저 비교적 그 친구와 친한 학생 다섯 명에게 집단 상담에 참여할 것을 요청했다. 자주 다투는 이 학생을 포함해서 집단 상담에 참여하는 학생들 모두에게 가정통신문도 보내고 전화를 해서 학생 상담에 대한 부모의 허락을 얻었다. 상담은 1주일에 1회씩 8주 연속으로 진행하였다. 우선 첫 시간에 상담의 목적과 계획을 자세하게 안내하고 상담하는 과정에서 일어난 일은 누구에게도 말하지 않겠다는 비밀에 대한 서약을 하였다.

그 진행 일정은 다음 표와 같으며 본인의 아이디어에 상담 교본에 나오는 방법과 절차에 따라서 상담을 진행하였다.[6)]

6) 로즈마리 스메드 몰가넷, 허승희 역, 「삶의 기술」, 학지사(2001), pp.125-158 참고

표 4 또래관계를 위한 선생님의 상담 방법

회기	상담 주제	상담활동 내용
1	시작하기	집단 상담 소개, 규칙 및 비밀 지키기, 만화를 통하여 친구에 대한 자기의 생각 발표
2	여러 종류의 친구들	친구의 대상에 대한 토의, 외로움과 친구의 필요성
3	우정을 깨는 행동과 도움이 되는 행동	우정을 깨는 행동과 우정에 도움이 되는 행동에 대한 역할극 및 토론
4	도와주기	도움을 요청하는 방법, 친구를 도울 수 있는 여러 가지 방법에 대한 토의
5	'미안하다' 라고 말하기	남에게 피해를 줄 수 있는 다양한 사례 발표, 남에게 사과를 할 수 있는 구체적인 단계 학습
6	우정의 끝에서	친구와 헤어 질 때의 작별인사, 우정의 변화에 대한 인식
7	나는 협력할 수 있다.	라면떡볶이를 만들면서 협력의 중요성 대한 토의 및 공감하기. 많은 일들이 협력이 필요하다는 것에 대하여 인식하기
8	작별 인사 하기	지난 과정 훑어보기, 기념사진 찍기, 상대방 카드에 장점이나 칭찬의 글 써 주기, 작별 인사 하기

위의 상담을 하는 과정에서 필자는 매번 간식을 준비해서 주고 즐거운 상담 분위기를 유지하고자 하였다. 3회기를 할 때는 친구들과 다툼이 잦았던 행동을 한 학생의 양해를 구한 다음 그 학생이 한 행동을 여섯 명이 3조로 나누어서 역할극으로 재현하도록 했다. 그리고 역할을 바꾸어서 극을 하도록 하였다. 이 학생도 역할극에 참여하였다. 그 학생은 이 역할극을 통해서 객관적으로 자기의 행동을 관찰할 수 있었다. 역할극이 끝난 다음에는 서로 느낀 점을 발표하게 되었다. 토의 과정에서 모르고 상대방 몸에 부딪혔을 때 상대방 친구가 욕을 하며 대들 때 기분이 어떠했는지도 이야기 했다. 다음에는 서로 기분이 나쁘지 않게 하기 위해서 상대방이 자신의 몸에 부딪혔을 때 어떻게 말하고 행동해야 되는지에 대해서 논의하게 하고 논의한 내용을 반영하여 역할극을 재구성해서 발표하도록 했다. 이러한 과정을 통해서 친구들과 잦은 분쟁을 했던 학생은 스스로 자신의 행동이 적절하지 못했다는 것을 깨달았다.

8회기 동안 상담에 참여한 학생들이 서로 우정을 나누었고 다툼이 잦았던 학생도 마침내 서로 친한 친구가 되었다. 여기에 참여했던 학생들 모두 친구의 소중함과 친구들과 사이좋게 지내는 방법을 체험하게 되었다. 끝날 무렵에는 모두 헤어지는 것을 아쉬워하였다. 이 상담 과정이 끝난 후에도 이 학생들의 우정은 지속되었으며 친구와 잘 적응을 못했던 학생도 친구들에 대한 우호적인 감정을 보여 주었고 친구들과 사이좋게 지낼 수 있었다.

또래관계 지원을 위한 개별상담, 일상적인 교육활동이 되어야 한다

선생님이 점심시간에 몇 명씩 그룹을 만들어 그룹의 학생들과 차례로 돌아가면서 점심식사를 하는 사례는 종종 있다. 그렇게 되면 적어도 1, 2주에 한 번은 학생과 선생님이 대화를 하게 된다. 또는 일기장 검사를 주기적으로 하면서 일기장에 덕담이나 격려의 글을 적어 주는 선생님도 있다. 또래관계를 위한 상담을 별도로 하기 보다는 일상적인 학교생활 속에서 대화를 하는 가운데 문제점이 발견되면 이에 대해 도움을 줄 수도 있다.

한 번은 필자가 운동장에서 또래놀이 하는 어린이들의 안전관리를 하고 있는데, 한 학생이 불쑥 다가오면서

선생님, 저는 친구가 없어요.

라고 말을 걸어 왔다. 그 때부터 그 학생과 많은 대화를 하고 함께 운동장을 뛰기도 하면서 친구 대신 필자가 함께 놀아 주었다. 그러나 이것은 근본적인 해결책이 되지 못하므로 스스로 친구들과 잘 어울릴 수 있는 힘을 갖도록 해야겠다는 생각을 했다. 그 학생이 친구들과 잘 어울리지 못하는 원인은 분노조절이 안 되어서 친구들과 놀다가도 갑자기 친구를 때리거나 욕을 하기 때문이었다. 이에 대한 해결을 위해서 여러 선생님들과 논의한 끝에 심리 치료를 받도록 하였다. 해당 학생의 학부모님도 불러서 치료의 필요성을 설명해 주고 협조를 요청했다. 그 학생은 부모와 함께 전문 치료 기관에서 치료를 받았으며 학생은 스스로 문제를 인식하고 해결하려는 모습을 보였다.

얼마 전에 15년 전에 필자가 가르쳤던 제자가 찾아 왔다. 그 학생은 늦게 퇴근하는 부모님을 대신하여 동생을 돌보면서 학교생활도 열심히 잘 해서 담임인 나에게도 큰 감명을 준 학생이었다. 그 제자는 내가 일기장에 써 주었던 말을 아직도 기억하고 있었다. 내가 해 준 일에 비해서 그 학생은 필자에게 미안할 정도로 큰 감사의 표현을 했다. 이 학생을 보면서 담임 시절, 학생 한 명 한 명에 대해서 관심을 갖고 대화를 하지 못한 것이 참으로 아쉽고 미안한 생각이 들었다.

현재 많은 학생들이 어려움을 겪고 있다. 때로는 소년, 소녀 가장도 있을 수 있고 부모의 이혼으로 심한 갈등을 겪는 학생도 있고 부모의 파산이나 질병, 실직, 사망으로 큰 충격을 받고 있는 학생도 있다. 또 학업 문제로 부모와 갈등을 겪는 학생, 왕따를 당해서 학교에 오고 싶지 않은 학생도 있을 수 있다. 요즘 청소년들의 상당수가 우울증이 있고 자살 충동을 느낀다는 뉴스를 우리는 종종 접한다. 세상이 막막하고 모든 생활이

재미없고 살아갈 힘도 희망도 없는 학생들이 의외로 많다고 본다. 이러한 학생에게 선생님의 따뜻한 대화가 그 학생에게 세상을 살아갈 새로운 용기와 힘을 줄 수 있다. 많은 학생들에게 선생님의 관심과 사랑이 필요하다.

그런데 하루 종일 아니면 일주일이 다 지나도록 선생님과 단 한 번의 대화도 나누지 못하는 학생들도 있다. 선생님이 제일 대화를 많이 나누는 대상 학생은 그 반에서 가장 말썽을 자주 일으키는 학생이거나 공부를 매우 잘하는 학생 또는 회장이나 부회장을 맡고 있는 학생이다. 말없고 평범한 학생과는 대화를 나누지 못하는 경우가 많다.

이러한 결과를 방지하기 위해서는 학생과의 대화를 한 결과를 체크하는 표시가 필요하다. 학생과 대화를 한 다음에 상담기록장의 해당 학생 난에 대화한 내용을 한 두 줄로 간단히 적어 놓는다. 이 대화기록장을 보면 그 학생과 얼마나 자주 대화를 했으며 어떤 내용의 대화를 했는지 알 수 있다. 이런 기록을 통해서 대화를 하면 선생님과 대화할 기회를 못 갖는 학생이 없이 골고루 선생님이 대화를 할 수 있다.

대화의 내용은 또래관계, 학습, 가정문제, 이성문제, 진로문제, 건강문제 등이 골고루 포함되는 것이 좋다. 특히 저학년일수록 또래관계에 중점을 두어서 상담을 하는 것이 바람직하다. 선생님의 이름을 기억하지 못하는 선생님은 그 학생에게 진정한 스승이라고 말 할 수 없다. 스승이 되기 위해서는 반드시 학생과 개별대화를 해야 한다. 학급 모든 학생에게 스승이 되고자 한다면 반 학생 한 명 한 명과 모두 대화를 하고 긴밀한 인간관계를 맺어야 한다. 지금 선생님의 도움을 필요로 하는 학생이 매우 많다. 그러나 선생님이 학생들과의 개별 대화나 상담을 하지 않는다면 이러한 학생들이 보이지 않고 도울 수도 없을 것이다.

또래문화 속에서 인성이 살아 숨 쉴 수 있다

필자가 초등학교 다니던 시절에는 학부모가 선생님에게 '가끔 우리 아이 바른 사람 만들어 주세요.'라는 말을 종종하였다. 여기서 사람을 만든다는 것은 바로 선생님과의 관계를 정립하고 또래와 사이좋은 관계를 맺는 것을 의미한다고 생각한다. 도덕 교육은 이러한 인간관계 형성과 병행되어야 한다.

필자의 학교에서 2014년 또래 놀이 시간을 하루 30분씩 주어졌을 때, 친구들과 어떻게 어울려 놀아야 할지 모르는 학생이 상당히 많았다. 그래서 선생님이 운동장에 나와서 함께 놀아주고 여러 가지 놀이도 가르쳐 주면서 학생들은 교류하며 놀이 활동을 하였고, 학생들은 적응하며 변화를 보였다. 그것을 보면서 학생들이 친구들과 만나기 어려운 도시 문화와 과열된 사교육에 의해서 자유롭게 어울려 놀 수 있는 시간이 부족하여 사람다운 사람이 될 수 있는 기회를 빼앗기고 있다는 생각이 들었다.

사자도 어릴 때 새끼 사자들끼리 놀이를 통해서 사냥하는 기술과 사냥을 위해서 협력하는 방법을 배운다. 사람이 또래관계로부터 배워야 할 기술은 사자의 수 백 배가 넘는다. 만일 사자에게 또래와 어울릴 기회를 박탈한 다면 이것은 바로 사자의 생존을 위협하는 일이 될 것이다. 마찬가지로 학생들이 또래관계를 충분히 경험할 수 있는 기회를 주지 않는다면 학생들은 미래사회에 적응하기가 매우 힘들 것이다. 또한 인간다운 인성을 갖추기가 어려울 것이다.

우리가 생명을 존속하는데 공기가 중요하지만 생명과 공기의 공급 문제를 주요 관심사로 삼은 적은 없다. 아직 인간이나 동물이 호흡을 위해서 공기가 부족하지 않기 때문이다. 그러나 공기가 부족하다면 공기의 확보가 세계인이 최우선적으로 해결해야 할 문제가 될 것이다. 마찬가지로 오랜 옛날부터 얼마 전까지는 누가 또래시간을 별도로 주지 않아도 아이들은 또래와 충분히 놀면서 인간다운 인간으로 성장해 왔다. 그러나 학생들에게 또래관계 형성의 기회가 주어지지 않는 지금의 상황에서는 또래관계 형성이 비상한 관심의 대상이 되어야 한다. 공기의 공급이 인간생명유지에 중요한 만큼이나 또래관계가 인성교육 형성에 중요하기 때문이다. 따라서 지금까지 또래관계가 정상적으로 이루어지는 것을 전제로 이루어져 온 학교 인성교육의 판을 새로 짜야 한다.

이제는 또래관계 형성이 학교 인성교육의 중심적 위치에 있어야 한다. 학교 인성교육의 첫째 관심사는 어떤 덕목을 교육하기 이 전에 학생들에게 또래와 어울리고 좋은 관계를 맺을 수 있는 체험기회를 충분히 주면서 긍정적인 또래관계 형성을 돕는 데 있어야 한다. 그리고 이러한 또래관계 촉진자로서의 역할을 하기 위해서 선생님은 학생들과 먼저 신뢰와 우호적 감정의 관계를 구축해야 한다. 이러한 학생들과의 인간관계의 힘으로 학급 학생을 하나의 우호적 감정의 공동체로 만든다면 그 선생님은 사람을 만드는 가장 위대한 일을 하고 있다고 생각한다. 이 길이 바로 우리의 제자와 후손에게 배려와 사랑이 넘치는 아름다운 미래사회를 만들어 주는 일이다. 그래서 필자는 선생님들이 학생들의 또래문화 활성화가 인성교육의 바탕이 된다는 것을 공감하고 이를 복원해 줄 것을 기원한다.

팀 빌딩을 위한 교수·학습 과정안

학습주제	• 모둠세우기		시간	80분
학습목표	• 상호의존, 협동의 가치를 인식하기 위한 모둠세우기 활동을 할 수 있다.			
학습단계	동기유발&안내	모둠(정체성) 세우기	2가지 모둠 협력활동 하기	반성 및 정리
활동	동영상 시청/학습 문제, 주요 활동 확인	모둠이름, 구호, 약속, 역할 정하기	모둠협력활동하기 상대편 짝과 비교하기	활동 후 생각 나누기
학습형태	전체	모둠	모둠	전체

학습 단계	학습 흐름	교수 · 학습 활동 교사의 의도된 활동	교수 · 학습 활동 학생의 기대되는 활동	시간 (분)	학습 형태	자료(▶) 및 유의점(※)
안내	동기 유발	● **동영상 확인하기** T: TV 프로그램 '남자의 자격'에서 합창단을 조직해서 공연을 했었죠? 관련 동영상을 잠깐 보겠습니다. T: 합창 소리가 어떻게 들렸나요? 여러 사람의 소리처럼 들렸나요? 한 사람의 소리처럼 들렸나요? T: 처음부터 이렇게 하나의 아름다운 소리가 났을까요? T: 연습과정을 잠깐 살펴볼까요? T: 어떤 생각이 들었나요? T: 우리는 오늘 새로운 모둠친구들을 만났습니다. 앞으로 모둠친구들과 아름다운 '협력의 어울림 소리'를 만들어 나가야 할 텐데요. 좀 더 빨리 친구들과 친해지고, 긍정적인 모둠 분위기를 만들기 위해 '모둠세우기(팀빌딩)'활동을 해보고자 합니다.	S: (선생님이 동영상을 왜 보여주시는지, 그 의도를 생각하며 감상한다.) S: 하나의 소리로 모아져서, 한 사람이 부르는 것처럼 들렸습니다. S: 처음에는 아니었고, 연습을 많이 했을 것 같습니다. S1: 다른 사람과 협력해서 함께 해야 하는 활동의 어려움을 알게 되었습니다. S2: 합창의 결과는 아름답지만, 그 연습과정이 쉽지 않다는 것을 알게 되었습니다.	5	전체 학습	▶ 합창 동영상 (유튜브, 3분) ※개인의 차이를 인정하면서 서로가 도와가며 소리를 하나로 만들어가는 과정에서 수많은 어려움과 연습과정이 있었음을 이해하게 한다.
안내	학습 문제 확인	● **학습 문제 확인하기** **상호의존, 협동의 가치를 인식하기 위한 모둠세우기 활동을 해 봅시다.**		2		
	학습 활동 안내	● **학습 활동 안내하기** • 활동1 – 모둠 세우기 • 활동2 – 2가지 모둠협력활동 하기 • 활동3 – 활동 후 생각 나누기				

학습 단계	학습 흐름	교수 · 학습활동 교사의 의도된 활동	교수 · 학습활동 학생의 기대되는 활동	시간(분)	학습 형태	자료(▶) 및 유의점(※)
활동1	모둠 세우기	♣ 활동 1. 모둠 세우기 ♣				
		● **모둠 이름 정하기** T: 각자 포스트잇에 우리 모둠의 이름을 무엇으로 하면 좋을지 쓰고, 4명이 다쓰면 엄지투표를 통해 모둠의견을 하나로 모아 주세요. ● **모둠 구호, 역할, 약속 정하기** T: 이제 모둠 구호와 4명의 역할, 꼭 지켜야 할 약속들을 협의를 통해 정해 주세요. T: 칠판에 붙여진 모둠안내판을 보고 으뜸모둠을 선정해 주세요.	S: 모둠이름 쓰기 → 각자 이름의 의미를 발표하기 → 엄지손가락 2개로 가장 좋은 의견 결정하기 S: 협의하기 → 4절지에 협의된 내용 정리 → 적당한 그림을 넣어 모둠안내판 완성하기 → 칠판에 붙이기 S: 모둠별로 으뜸모둠 2모둠을 협의하기 → 모둠안내판 아래에 각각 1개씩 별 표시 해주기	33	모둠 학습	※모둠의 사결정을 위해, 양 손의 엄지 두 개를 사용하여 모둠원 4명, 8개의 엄지로 투표를 실시한다.
활동2	모둠 협력 활동 하기	♣ 활동 2. 모둠협력활동 하기 ♣				
		● **마음 맞추기 활동** **1. 모둠 가림막 만들기** 각 모둠은 두 명씩 짝(팀)을 이루어 파일 폴더로 모둠 가림막을 만든다. **2. 보냄이 팀이 새로운 모델 디자인하기** 보냄이 팀은 정해진 시간 동안, 게임 조각(탱그램, 패턴 블록, 컬러 타일, 지오보드와 고무밴드)으로 새로운 모양들을 디자인(배열)한다. **3. 받음이 팀이 모양 맞추기** 보냄이 팀이 모양을 다 맞추고 나면, 받음이 팀이 그 모양 그대로를 똑같이 맞춘다. 똑같은 모양으로 맞추려면 보냄이팀은 자신들이 배열한 모양을 아주 자세히 설명해 주어야 하고, 서로가 최선을 다해 협력해야 한다. **4. 모둠별로 모양 확인하기** 받음이 팀의 활동이 끝나고 모양이 완전히 같을 것이라는 확신이 들 때 서로의 모양을 맞추어 본다. 모양이 같다면 서로 칭찬해주는 즐거운 시간을 갖고, 같지 않다면 무엇이 잘못되었는지, 또 앞으로 어떻게 해야 할지 토론한다.		33	모둠 학습	▶ 게임 조각 ※ 모둠별로 활동이 끝나는 시간이 다르므로, 활동이 빨리 끝난 모둠은 다른 디자인을 만들어 활동을 더 해보거나 보냄이 팀과 받음이팀을 바꾸어 활동을 해볼 수 있다.

학습 단계	학습 흐름	교수 · 학습 활동: 교사의 의도된 활동	교수 · 학습 활동: 학생의 기대되는 활동	시간 (분)	학습 형태	자료(▶) 및 유의점(※)
반성 및 정리	반성 하기	● **상대편 짝과 비교하기** (짝과 함께 어떤 문제에 대한 생각이나 해결방법을 기록한다. 다른 짝과 팀을 이루어 서로의 생각이나 해결방법을 비교한 후 새로운 생각과 해결방안을 찾아본다.) **1. 문제 제시하기** 교사가 다음과 같은 문제를 제시하면 학생들은 자신의 의견을 기록한다. "이끔이를 칭찬해 줄 수 있는 긍정적인 말들을 모두 기록해 보세요. / 우리 모둠하면 생각나는 단어를 모두 찾아 보세요." **2. 번갈아 쓰기** 짝과 함께 번갈아가며 쓰기 구조로 종이를 주고받으면서 자신의 생각을 계속 더해 나간다. **3. 상대편 짝과 비교하기** 짝끼리 함께 생각 목록을 다 작성하고 나면 모둠원 4명이 모여 목록을 비교해본 후 같은 생각은 표시하고 다른 생각이 있으면 자신들의 목록에 추가한다. 상대편 짝과 비교하기는 더 이상 나눌 새로운 생각이 없을 때까지 계속한다. **4. 모둠에서 비교하기** 짝끼리 활동했을 때 미처 생각해내지 못한 새로운 생각을 모둠에서 찾아본다. 이 단계에서는 모둠원 누구나 새로운 생각을 말할 수 있다.		15	모둠 학습	▶생각 목록 ※기록지에 생각이나 의견을 쓸 때, 각 항목 앞에 동그라미나 네모 칸을 만들어놓고 내용을 쓰면 네 명의 모둠원이 함께 모여 비교할 때 중복된 내용, 같은 의견을 표시하기 좋다.
	정리	♣ 활동 3. 오늘 활동에 대한 생각 나누기 ♣				
		● **생각 나누기** T: 오늘 여러 가지 모둠 세우기 활동을 해보았는데, 활동하면서 느꼈던 생각들, 혹은 새롭게 알게 된 사실, 앞으로 새롭게 만들어질 모둠원들과 어떻게 생활하고 싶은지에 대한 여러분의 각오를 들어보고 싶습니다. T: 모둠세우기의 다섯 가지 목표를 잊지 말아주세요. 무엇이 있었죠? T: 네, 잘 기억하고 있군요.	S1: 친구들과 많이 친해진 것 같습니다. S2: 서로 도와주면 모둠에 힘이 생기고 모둠이 잘 굴러갈 것 같습니다. S3: 개인의 차이를 인정해 주면서 각자 해야 할 책임을 성실하게 잘 해야겠다고 생각했습니다. S: 1. 친해지기 / 2. 모둠의 개성 살리기 / 3. 서로 도와주기 / 4. 개인의 차이 인정하기 / 협력하면서 시너지 효과 만들기 등이 있습니다.	10	전체 학습	